Criptomoedas

Criptomoedas

Criptomoedas
ASPECTOS JURÍDICOS

2020

Maria do Carmo Garcez Ghirardi

CRIPTOMOEDAS
ASPECTOS JURÍDICOS
© Almedina, 2020
AUTOR: Maria do Carmo Garcez Ghirardi
DIAGRAMAÇÃO: Almedina
DESIGN DE CAPA: FBA
ISBN: 9786556270357

Dados Internacionais de Catalogação na Publicação (CIP)
(Câmara Brasileira do Livro, SP, Brasil)

Ghirardi, Maria do Carmo Garcez
Criptomoedas : aspectos jurídicos / Maria do Carmo
Garcez Ghirardi. -- São Paulo : Almedina, 2020.

Bibliografia.
ISBN 978-65-5627-035-7

1. Bitcoin 2. Blockchains (Base de dados)
3. Moeda - Inovações tecnológicas 4. Moeda -
Legislação 5. Transferência eletrônica de fundos
I. Título.

20-36515

CDU-34:33:341

Índices para catálogo sistemático:

1. Direito econômico internacional 34:33:341

Cibele Maria Dias - Bibliotecária - CRB-8/9427

Este livro segue as regras do novo Acordo Ortográfico da Língua Portuguesa (1990).

Todos os direitos reservados. Nenhuma parte deste livro, protegido por copyright, pode ser reproduzida, armazenada ou transmitida de alguma forma ou por algum meio, seja eletrônico ou mecânico, inclusive fotocópia, gravação ou qualquer sistema de armazenagem de informações, sem a permissão expressa e por escrito da editora.

Julho, 2020

EDITORA: Almedina Brasil
Rua José Maria Lisboa, 860, Conj.131 e 132, Jardim Paulista | 01423-001 São Paulo | Brasil
editora@almedina.com.br
www.almedina.com.br

SOBRE A AUTORA

Maria do Carmo Garcez Ghirardi
Bacharel, Mestre e Doutora pela Faculdade de Direito da Universidade de São Paulo (USP)
Professora de Direito Internacional e Direito Empresarial
Relatora do Tribunal de Ética e Disciplina da Ordem dos Advogados do Brasil – Secção São Paulo (2004-2009)
Advogada em São Paulo

A meus pais, Maria Emiliana e Pietro, com amor e gratidão eternos.

AGRADECIMENTOS

O trabalho ora apresentado ao público é fruto de anos de preparação para a defesa de tese de doutorado junto à Faculdade de Direito da Universidade de São Paulo.

Quero agradecer inicialmente a meu orientador, Professor Geraldo Miniuci Ferreira Junior, de generosidade que excede qualquer expectativa, cuja orientação dedicada e paciente possibilitou que o trabalho chegasse até o final.

Agradeço igualmente aos professores que compuseram a banca examinadora – Professores Doutores Geraldo Miniuci, José Augusto Fontoura Costa, Raul Jorge de Pinho Curro, Salem H. Nasser, Marcel Leonardi e Fábio Nusdeo (este último meu querido professor de Direito Econômico já no primeiro ano da graduação), que enriqueceram minha visão sobre o tema a partir de suas argutas observações.

A meus amigos e amigas, companheiros nessa caminhada desde os bancos escolares, bem como aos colegas de escritório, que com sua troca de experiências, ideias, inquietações e alegrias, aguçaram a curiosidade que acabou por me levar a pesquisar o tema deste trabalho, meu agradecimento sincero.

Durante o tempo dedicado aos estudos, pesquisas e elaboração do texto, contei com o apoio incondicional de minha família, a quem devo meu maior agradecimento. O companheirismo e entusiasmo de meus irmãos, irmãs, sobrinhos, sobrinhas e meu sobrinho neto foram sempre um suporte inigualável e um conforto nas horas de incerteza e cansaço. A toda essa grande família, porto seguro a qualquer momento, meu muito obrigada.

Nos anos dedicados às aulas para cumprimento de créditos, elaboração de trabalhos, pesquisa doutrinária e acompanhamento das notícias sobre o desenrolar do novel fenômeno objeto da tese, tive sempre o incansável apoio e entusiasmo de minha mãe Maria Emiliana. A memória de meu pai e o carinho constante de minha mãe são estímulos para a incessante busca de aperfeiçoamento que possa resultar na contribuição para uma sociedade mais justa e fraterna. A minha mãe e a meu saudoso pai Pietro devo tudo o que sou e a alegria de viver.

PREFÁCIO

Geraldo Miniuci[1]

Nos dias que correm, o conjunto das relações internacionais pode ser estudado a partir de duas concepções contraditórias de mundo: de um lado, uma concepção estatocêntrica, em que o Estado nacional figura como referência, instância máxima de justiça e fundador da ordem internacional; de outro, há uma concepção supranacional das relações internacionais, em que existem normas, cuja vigência não necessita do prévio consentimento estatal.

Essa concepção supranacional vem sendo, em boa medida, estimulada por fatos desafiadores da ordem estatocêntrica. A atual pandemia que atinge, com maior ou menor intensidade, todo o planeta, as mudanças climáticas e o crime organizado são apenas alguns exemplos de forças que, solapando as fronteiras, desafiam o Estado nacional com novos problemas. Para enfrentá-los, poderão os dirigentes estatais reforçar a concepção estatocêntrica, apegar-se ao nacionalismo e partir para a concorrência com os Estados estrangeiros, ou assumir uma concepção supranacional e, no lugar da competição, buscar a cooperação.

Dentro desse contexto marcado pela existência de forças capazes de enfraquecer o Estado nacional e de reestruturar as relações internacionais, surgem as moedas digitais, tema deste livro que ora prefacio. As também chamadas criptomoedas podem ser analisadas sob, pelo menos, três perspectivas:

---

[1] Professor Associado do Departamento de Direito Internacional e Comparado da Faculdade de Direito da USP

política, econômico-financeira e jurídica. Sob as perspectivas política e econômico-financeira, percebe-se que, ao possibilitarem a transferência internacional de pagamentos, sem que se passe pelo controle de bancos centrais, as moedas virtuais comprometem a capacidade do Estado de controlar seu sistema financeiro – e sua moeda. Disso resulta que, fora da órbita estatal, elas se apresentam como alternativa para poupadores em busca de proteção para os seus investimentos em tempos de instabilidades e para empreendedores em busca de meios mais práticos e baratos de transferência internacional de pagamentos.

Eis, num rápido esboço, o pano de fundo em que se insere o livro da autora, que aceitou o desafio de estudar, no plano do direito, o fenômeno das criptomoedas, tendo como questões orientadoras iniciais sua natureza jurídica: afinal, trata-se de moeda, valores mobiliários ou *commodities*?

A autora, contudo, não se restringiu a esse aspecto conceitual, embora ele seja central em seu trabalho, e, indo além da dogmática, passa da perspectiva de uma operadora do direito para a de uma observadora externa dos fenômenos jurídicos, o que lhe permite tanto perceber o potencial das moedas digitais de modificar e reorganizar a realidade no mundo das finanças, como, em consequência dessa percepção, formular esta pergunta: "estaremos diante de uma nova forma de governança, num mundo totalmente descentralizado?"

Em busca de resposta a essa pergunta, após apresentar o fenômeno das moedas digitais, compará-lo com a moeda que conhecemos e examinar-lhe a natureza jurídica, como inicialmente se propusera, a autora avança na pesquisa e discorre sobre a atitude dos agentes privados e dos agentes estatais perante as criptomoedas e sobre a prática que se construiu com a jurisprudência, a legislação e o que se denomina governança das moedas digitais. Feito isso, retoma o propósito de examinar a natureza jurídica das criptomoedas, formulando hipóteses a respeito do assunto e, como ela mesma diz, "avaliando uma possível linha regulatória com as transformações nos modelos de governança decorrentes do possível impacto sobre as soberanias nacionais no que se refere à emissão de moedas".

Ao tratar dessa possível linha regulatória, a autora avança novamente para além da discussão relativa à natureza jurídica da moeda digital e apresenta a ideia de uma governança global descentralizada, em que a criptomoeda seria regulada não por padrão normativo único, mas de modo descentralizado, por regulamentos particulares que, à medida em que forem sendo produzidos, costurarão indutivamente um padrão regulatório, que abrangerá pouco a pouco todas as variações do fenômeno.

Avaliada sob uma perspectiva utilitarista, a obra de Maria do Carmo Garcez Ghirardi cumpre duas funções: de um lado, ela apresenta, para quem não a conhece, a criptomoeda, e fornece informações essenciais de iniciação sobre o assunto; de outro, porém, para além dos aspectos introdutórios, a autora mostra as moedas digitais como sintoma de mudanças mais profundas nas relações internacionais, ao tratar de sua governança descentralizada, da quebra do monopólio estatal na emissão de moedas e de uma possível transferência desse monopólio para um monopólio particular de emissão de criptomoedas. Abre, com isso, o horizonte para novas pesquisas de caráter interdisciplinar, em que ciência política, economia e direito estejam articulados, para explorar as transformações ora em curso na história da humanidade.

SUMÁRIO

Sobre o Autor 5

Agradecimentos. 9

Prefácio. 11

Sumário. 15

Introdução – Novas tecnologias e soberania – reflexões sobre
a chamada '*criptomoeda*' 17

1. Moedas digitais ou *criptomoedas* – origens e características 23
    1.1 – Origens. 25
        1.1.1. – A gênese das *criptomoedas* 25
        1.1.2. – Aspectos históricos relevantes 27
    1.2 – Funcionamento e usos 34
    1.3 – Tecnologia associada ("blockchain") 36

2. Natureza jurídica das *criptomoedas* – perspectivas doutrinárias 43
    2.1 – Possibilidade e limitação da comparação das *criptomoedas*
        com a moeda em sua acepção atual. 43
    2.2 – Possibilidades e limitações da comparação das *criptomoedas*
        com fenômenos análogos às moedas fiduciárias 56
        2.2.1 – Os chamados "vales" 56
        2.2.2 – Os "pontos" de cartões. 58
        2.2.3 – As "moedas sociais". 60

CRIPTOMOEDAS

3. *Criptomoedas* na prática: percepção do fenômeno
pelos entes privados e estatais. 67
   3.1 – Soberania estatal confrontada com emissores
de "moeda" privados 68
   3.2 – Desenvolvimento, por agentes financeiros, de *criptomoedas*
próprias. 77
   3.3 – As primeiras decisões jurisprudenciais a analisar o fenômeno
ao redor do mundo 82

4.*Criptomoedas* e ordem jurídica: tendências regulatórias e governança 117
   4.1 – A crescente preocupação dos agentes reguladores nacionais
e internacionais 117
   4.2 – Fundo Monetário Internacional. 133
   4.3 – Bancos centrais 152
   4.4 – Novo modelo de governança numa ordem descentralizada? 162

5. Conclusões 177
   5.1 – Hipóteses sobre a natureza jurídica das *criptomoedas*. 177
   5.2 – Avaliação de uma possível linha regulatória local ou global 181
   5.3 – Transformações nos modelos de governança e impactos
sobre as soberanias nacionais quanto à emissão de moedas 187

Anexo I 193

Referências 195

Introdução
Novas tecnologias e soberania – reflexões sobre a chamada '*criptomoeda*'

> "*La moneta costituisce una istituizione tipicamente giuridica e sociale; un elemento di legame nel tempo e tra gli uomini, che non è concepibile se non in una sia pur rudimentale, organizzazione sociale.*"[1]

Há cerca de uma década surgiu um fenômeno que lentamente passou a atrair a atenção de estudiosos de diferentes ramos da ciência, particularmente da economia, do direito e da sociologia. Trata-se do *bitcoin*, alardeado como sendo a primeira "moeda" totalmente desmaterializada, criado por particulares e por eles gerenciada, sem qualquer ingerência do Estado ou de instituições que não o próprio corpo de adeptos dessa nova forma de "moeda".

O novo fenômeno pretendia, a um tempo, facilitar as trocas financeiras, afastando a necessidade de intermediários, prescindindo também daquele que até então se apresentava como o único emissor de moeda: o Estado. A emissão de moedas, com exclusividade, parecia ser o último bastião da soberania Estatal não desafiado pelos avanços tecnológicos. O fenômeno das "*criptomoedas*"

---

[1] ASCARELLI, Tullio. **Studi giuridici sulla moneta**. Milão, Giuffrè Editore, 1952, p. ix (em tradução livre: "A moeda constitui uma instituição tipicamente jurídica e social; um elemento de ligação no tempo e entre os homens que não é concebível senão em uma organização social, por mais rudimentar que seja.")

CRIPTOMOEDAS

parece ter aberto a porta para um questionamento dessa exclusividade, o que pode refletir a fragilidade do conceito atual de Estado soberano.

A perspectiva de se efetuar pagamentos diretamente entre credor e devedor, sem a participação de intermediários, parecia oferecer uma real oportunidade de se reconfigurar custos transacionais, o que só foi possível graças à tecnologia no seio da qual nasce o *bitcoin*.

Essa nova tecnologia, conhecida em sua denominação na língua inglesa como *Distributed Ledger Technology* (DLT) ou, popularmente, *blockchain*, é celebrada como um avanço disruptivo assemelhado àquele propiciado pelo surgimento da *Internet*[2]. As possibilidades de redução de custos de transação, minimizando ainda as assimetrias de informação, estariam centradas no fato de que a nova tecnologia permitiria transações diretas entre partes, dispensando intermediários que desempenhavam papel de provedores da confiança inexistente entre desconhecidos, além de oferecer a todos os participantes da cadeia de blocos um grau de transparência quanto às negociações realizadas até então inimaginável.

Com a revolução do *blockchain*, cujo impacto foi majorado pela difusão da nova "moeda" *bitcoin*, outras "moedas" foram sendo criadas, e cada vez mais indivíduos ou estabelecimentos comerciais passaram a adotar uma ou mais destas "moedas" como forma de pagamento de seus bens ou serviços. O uso crescente do *bitcoin* e outros instrumentos criados a partir da revolucionária tecnologia *blockchain*, acabou por suscitar questões de diversas naturezas, cujas respostas ainda estão por ser totalmente alcançadas.

Muitas são as intrigantes questões relativas às novas "moedas", passando por pontos específicos que vão desde sua nomenclatura incerta, sua independência do emissor estatal, a forma de construção de confiança entre seus adeptos, sua suposta resistência a um controle externo que permita incluir as transações realizadas com a utilização do *blockchain* num arcabouço regulatório específico, entre tantas outras perplexidades que se apresentam com maior vigor à medida em que o fenômeno se alastra.

---

[2] Utilizaremos a expressão *Internet* (decorrente da junção das expressões *interconnected network*) com I maiúsculo para diferenciá-la das redes privadas interconectadas, mas que não têm relação com a rede mundial de computadores, tal como nos lembra Marcel Leonardi ao citar o trabalho de Lydia Parziale e outros (LEONARDI, Marcel. **Tutela e privacidade na internet.** Saraiva, SP, 2012 – nota da p. 23)

INTRODUÇÃO

Diferentes tipos de transação podem ser realizados com as novas "moedas", encantando o grupo inicial de seus adeptos, ávidos pela exclusão total do Estado e da regulação exógena nas negociações entre particulares. Tais transações, no entanto, dadas as particularidades do novo fenômeno, passaram a sofrer questionamentos seja por parte de acadêmicos seja por parte de agentes regulatórios de diversos níveis de governança ao redor do globo.

Essa diversidade de transações, aliada à pluralidade de instrumentos diuturnamente criados por meio da DLT, constantemente denominados "moedas digitais" ou "moedas virtuais", acabou por despertar, não só nos estudiosos, mas também nos agentes regulatórios, a necessidade de um maior aprofundamento sobre o fenômeno, que pudesse identificá-lo e, tanto quanto possível, alocá-lo para o âmbito de categorias já conhecidas e de um arcabouço regulatório existente, ainda que mediante ajustes pontuais.

Em virtude do tempo ainda exíguo de existência do fenômeno e da tecnologia a ele subjacente, estudos específicos sobre o tema podem apresentar conclusões muitas vezes aparentemente contraditórias, fruto da ênfase dada a cada pesquisa. De todo modo, o volume crescente de estudos pouco a pouco parece estar ganhando consistência na busca de um melhor delineamento do instituto, embora ainda não se tenha alcançado um consenso maior. Esse delineamento é feito também por meio de discussões judiciais que, ao se debruçar sobre discussões que surgem acerca do fenômeno, procuram segregar pontos comuns de pontos ainda não facilmente identificáveis quando comparados a categorias institucionais conhecidas.

Estamos diante de uma verdadeira "moeda", tal como a conhecemos hoje? Será esse fenômeno decorrente de um processo de evolução da moeda, cujo alcance só foi possível com a implementação da tecnologia que o sustenta? Ou não se trata de moeda, mas de uma evolução tecnológica de outros institutos jurídicos? Serão as "criptomoedas" na verdade valores mobiliários ou *commodities*?

Seja qual for sua natureza, a configuração de um instrumento que pretende ser autogerido e infenso à regulação institucional desperta a curiosidade dos estudiosos e a reação dos agentes dedicados a um esforço que procura manter o equilíbrio do sistema financeiro internacional, que parece ser desprezado pelo novo fenômeno.

As questões apresentadas aos doutrinadores e agentes regulatórios ao redor do mundo vão além da conceituação do instrumento que parece querer revolucionar as finanças, sendo necessário avaliar a possibilidade e forma de se organizar essa nova realidade. Estaremos diante de uma nova forma de governança, num mundo totalmente descentralizado?

O presente trabalho procura responder estas questões a partir da análise das diferentes percepções doutrinárias e jurisprudenciais do fenômeno. Esta análise passa necessariamente pela avaliação do papel do Estado (em sua função regulatória) frente ao fenômeno, e sua interação na governança global atual. Como o modelo atual de governança internacional tem percebido o fenômeno e que perspectivas antevê para o mesmo são alguns dos aspectos que procuraremos abordar.

Para que possamos fazer uma reflexão consistente, será necessário abordar aspectos diversos de diferentes realidades. Por essa razão, o estudo está dividido em capítulos que propõem uma revisão crítica de pontos específicos, iniciando por apresentar o fenômeno das *criptomoedas* (Capítulo 1) desde a ideia de moeda em sua origem socio econômico jurídica, buscando promover uma comparação da novidade frente à moeda em sua acepção atual – moeda Estatal – a outros fenômenos análogos, com vistas a iniciar um estudo relativo à natureza jurídica das *criptomoedas*, que é apresentado no Capítulo 2. Neste capítulo busca-se confrontar categorias jurídicas conhecidas ao fenômeno em desenvolvimento, procurando avaliar o que há de similar e o que há de díspar entre eles.

Considerando a relevância do Estado na emissão e gerenciamento da moeda, bem como a complexidade do sistema financeiro internacional, procuraremos a seguir avaliar o fenômeno das *criptomoedas* na prática, discorrendo sobre a percepção que entes privados – nacionais ou internacionais – e estatais tem revelado sobre o fenômeno (Capítulo 3). Com essa avaliação prática, decorrente inclusive de decisões jurisprudenciais, avaliaremos em seguida as tendências regulatórias e de governança do fenômeno (Capítulo 4), que em grande parte decorrem das decisões administrativas ou judiciais sobre as *criptomoedas*. Finalmente, com essa moldura evolutiva, procuraremos formular novas hipóteses sobre a natureza jurídica das *criptomoedas*, avaliando uma possível linha regulatória com as transformações nos modelos de governança decorrentes do possível impacto sobre as soberanias nacionais no que se refere à emissão de moedas.

INTRODUÇÃO

O surgimento do fenômeno *criptomoedas* é recente e tem despertado cada vez mais perplexidade e inquietação. Se este será um fenômeno que persistirá e terá reflexos de monta no mundo econômico e jurídico é uma questão a ser respondida num futuro próximo. Esperamos que o trabalho ora apresentado possa estimular o aprofundamento de estudos sobre o tema que revela novos e desafiadores elementos de avaliação a cada dia.

1
Moedas digitais ou *criptomoedas*[3] – origens e características

A moeda desperta ao longo do tempo discussões filosóficas acerca de sua natureza, que parecem estar longe de alcançar um consenso. Sendo uma instituição tipicamente jurídica e social, está estreitamente vinculada seja às modificações sociais, seja às respostas jurídicas que se busca dar a tais modificações. É um instrumento em constante transformação, como de resto também a Sociedade e o Direito encontram-se em mutação perene.

Talvez por isso mesmo, por este caráter mutante, seja difícil encontrar uma definição de moeda na lei, ainda que esta busque disciplinar minuciosamente sua criação e circulação, impondo sua aceitação por seu valor no Estado que a emite, entre outras regras a ela atinentes. A palavra *moeda* (que se acredita tenha origem fenício-púnica) como vocábulo da linguagem corrente, parece ter sido introduzida em nosso idioma através do vocábulo latino *monere*[4],

---

[3] Hoje comumente designadas *"criptomoedas"*, as *"moedas digitais"* são também denominadas *"moedas virtuais"*. A discrepância na designação do fenômeno revela ao mesmo tempo a novidade do tema e a dificuldade em se delimitar a natureza do objeto ainda em desenvolvimento.

[4] "Nel linguaggio corrente (...)il termine moneta – da taluni ritenuto di origine fenicio--punica, ma sicuramente traslato nella nostra lingua da latino *monere* (a Giunone Moneta era dedicato il tempio nel quale venne situata la zecca) – viene usato cmo espressivo di uma pluralità di concetti non omogenei. In considerazione dell'oggetto materiale in cui di norma si esprime, la moneta viene anche identificata con il pezzo di metallo, solitamente a forma di disco, coniato per le necessità degli scambi; o, pìu analiticamente, con un disco di metallo

CRIPTOMOEDAS

sendo indistintamente utilizada para designar uma pluralidade de conceitos não homogêneos, o que certamente dificulta uma definição unívoca de *moeda*.

Dessa forma, considerando que a palavra *moeda* é utilizada em circunstâncias diversas, mas sempre ligadas ao meio de pagamento empregado em determinada transação, ao conjunto de notas bancárias e metal cunhado de determinado país, ou ainda a um complexo de bens, depósitos bancários, títulos de crédito entre outros, o conceito de moeda é geralmente considerado na dinâmica das funções que assume: meio de pagamento, unidade de valor e reserva de valor[5]. Mas até que se chegasse a esta visão funcional, a moeda foi se modificando e – em especial – adequando-se à realidade social de cada região em diferentes épocas.

O fenômeno comumente designado "*moeda digital*", "*moeda virtual*" ou mais frequentemente "*criptomoeda*" apresenta peculiaridades quanto à sua gênese e quanto a seu desempenho cujo estudo, antecedendo uma avaliação mais profunda da evolução da moeda, pode facilitar a análise comparativa entre os dois institutos. Passaremos, portanto, a examinar inicialmente as origens das chamadas *criptomoedas*, considerando os aspectos técnicos acima analisados, para em seguida contemplar com mais vagar a evolução da moeda tal como hoje a conhecemos, de modo a permitir um comparativo mais acurado entre ambos.

---

avente lega, titolo, peso e valore stabiliti, destinato ad essere usato nei pagamenti in cambio di beni o servizi. Va subito detto, però, che non sempre la moneta si materializa in um oggetto: il mondo dele relazioni commerciali ben concosce – e non solo in tempi recenti – le unità di conto e le monete immaginarie." DE VECCHIS, Pietro. **Moneta e carte valori: profili generali e diritto privato**. Enciclopedia Giuridica, Istituto dela Enciclopedia Italiana, vol. XXIII, Istituto Poligrafico e Zecca dello Stato, Roma, 2007, p.1.

[5] A dificuldade na definição de um conceito jurídico de *moeda* é histórica e tem intrigado os mais abalizados doutrinadores. É consenso entre eles, no entanto, que as funções definidoras da moeda na ciência econômica não podem ser descartadas na busca de uma definição jurídica. Veja-se, a título de exemplo, o que nos revela MANN: "The troublesome question, What is Money? has so constantly engaged the minds of economists that a lawyer might hesitate to join in the attempt to solve it. (...) Money is a term so frequently used and of such importance that one is apt to overlook its inherent difficulties, and to forget that the multitude of its functions has led to a multitude of meanings. (...) Lawyers, it is true, accept that, among all the functions of money which economists have analyzed, the basic function is that of serving as a universal medium of exchange, and will take this into account when defining money in the legal sense." MANN, F. A. **The legal aspect of money Clarendon** Press – Oxford, Fifth edition, 1992, pp. 3 e 5.

1. MOEDAS DIGITAIS OU *CRIPTOMOEDAS* – ORIGENS E CARACTERÍSTICAS

1.1 Origens

1.1.1. A gênese das criptomoedas

As chamadas *criptomoedas* surgem a partir de 31 de outubro de 2008, com um artigo denominado *"Bitcoin: A Peer-to-Peer Electronic Cash System"*[6], cujo autor apresentava-se como Satoshi Nakamoto[7].

Ao apresentar seu trabalho, no resumo inaugural, Satoshi Nakamoto[8] deixa claro que sua intenção seria a de possibilitar pagamentos diretamente de um indivíduo ao outro, sem necessidade de qualquer intermediário, particularmente de instituições financeiras[9].

O texto se desenvolve partindo da ideia de que a necessidade de intermediação de pagamentos decorreria de uma desconfiança natural entre as partes, que seria superada pela presença da instituição financeira como fiel da balança. Esta presença da instituição financeira, para o autor, representaria um custo de transação que mereceria ser minimizado, se não eliminado, para o bem do comércio global[10].

Segundo Nakamoto, a participação de uma instituição financeira como intermediária dos pagamentos, ainda que justificável sob o ponto de vista de

---

[6] Numa tradução livre "Bitcoin: um sistema monetário eletrônico ponto a ponto".

[7] Disponível em: <https://nakamotoinstitute.org/bitcoin/> Acesso em 12jun2018.

[8] Trataremos o autor do trabalho como "Satoshi Nakamoto", embora tudo indique que se trata de pseudônimo utilizado pelo criador do programa, que pode ser uma única pessoa mas, ao que parece, é na verdade um grupo de programadores que se dedicou ao desenvolvimento da tecnologia *blockchain* e ao *bitcoin*.

[9] Veja-se a primeira frase do Sumário do artigo: *"A purely peer-to-peer version of electronic cash would allow online payments to be sent directly from one party to another without going through a financial institution."* Resta claro que se buscava apresentar uma alternativa aos meios de pagamento até então existentes, especialmente no que se refere ao comércio *online*, de maneira a evitar a intermediação das instituições financeiras e, em última análise, a supervisão do Estado.

[10] Justificando a necessidade da inovação apresentada, Nakamoto menciona expressamente os custos de transação no formato do comércio eletrônico atual, que impactariam de forma desigual empresas maiores ou menores (pequenos comerciantes): *"The cost of mediation increases transaction costs, limiting the minimum practical transaction size and cutting off the possibility for small casual transactions, and there is a broader cost in the loss of ability to make non-reversible payments for nonreversible services. With the possibility of reversal, the need for trust spreads. Merchants must be wary of their customers, hassling them for more information than they would otherwise need."* NAKAMOTO, Satoshi, op. cit., p. 1,

garantidora da confiança, inibiria a disseminação do comércio eletrônico de menor valor, pois o custo de transação seria excessivo no caso de pequenos pagamentos esporádicos. A inexistência de intermediários em determinada transação é possível e até mesmo corriqueira quando se trata de uma negociação em que as partes estão frente a frente, numa negociação física, presencial, em que se efetua o pagamento em moeda sonante contra a entrega da mercadoria ou serviço. Partindo dessa premissa, o autor se propõe a apresentar uma solução tecnológica que permitiria a partes totalmente desconhecidas (ausente o elemento confiança), mesmo que localizadas em pontos distantes, efetuar pagamentos com segurança e sem a necessidade de incorrer em custos de transação relativos a intermediários.

Evidencia-se, assim, um paralelo feito por Nakamoto entre um pagamento feito em moeda física, numa transação presencial, e um pagamento feito entre ausentes, que muitas vezes sequer se conhecem, sem a necessidade de entrega física de moeda, por meio de algo que ele mesmo conceitua como uma "moeda eletrônica"[11], sem existência fora dos limites nanotecnológicos.

Aqui reside talvez o problema central do fenômeno em estudo. A nova tecnologia apresentada por Satoshi Nakamoto não está a serviço de uma forma alternativa de transferência de valores, pura e simplesmente. Não se trata de transferir, de uma conta a outra, uma determinada moeda já conhecida e utilizada no comércio global. Seja por questões técnicas ou por outras questões[12], o mentor do sistema de pagamento *"peer-to-peer"* embutiu nessa tecnologia uma nova "moeda", com a qual os pagamentos seriam realizados.

---

[11] "We define an electronic coin as a chain of digital signatures." De se notar que há o uso expresso da palavra *coin*, ou moeda. Embora o autor faça alusão a uma "moeda eletrônica", o que poderia levar à identificação de "moeda eletrônica" com as transações realizadas por meios eletrônicos utilizando-se a moeda convencional, essa identificação não nos parece exata. Bem antes do uso desta terminologia para identificar a nova tecnologia apresentada (DLT), as transações bancárias já se valiam de transferências eletrônicas nas diversas modalidades de pagamento, razão pela qual optamos por adotar a terminologia que foi posteriormente disseminada na literatura para diferenciar o novo fenômeno: moedas digitais ou, mais comumente, *criptomoedas*.

[12] Uma das hipóteses mais aceitas para a criação de uma "moeda" específica é a de que o que se pretendia, para além de minimizar os custos de transação, seria na verdade escapar às malhas regulatórias que alcançam as transferências de valores ao redor do mundo, ou seja, escapar à regulação estatal e à governança global do sistema financeiro.

1. MOEDAS DIGITAIS OU *CRIPTOMOEDAS* – ORIGENS E CARACTERÍSTICAS

O fenômeno iniciado timidamente em 2008 foi se expandindo paulatinamente e, mais ainda, foi sendo replicado por outros atores que passaram a desenvolver tecnologia semelhante para transferir suas próprias "moedas". Pouco a pouco o que parecia ser um experimento circunscrito a um restrito conjunto de estudiosos, tornou-se uma febre disseminada por grupos que contestavam a necessidade ou legitimidade dos Estados e de intermediários nas transações financeiras[13]

O *bitcoin* popularizou-se rapidamente, como uma "moeda digital", ganhando concorrentes vários[14], o que acabou por chamar a atenção de instituições financeiras públicas e privadas, bem como dos detentores do poder de emissão de moedas, os Estados.

Cumpre assinalar uma curiosidade: a primeira *"criptomoeda"* surge através de texto apresentado exatamente no ano em que se instaura a avassaladora crise monetária cujo ápice ocorreu nos Estados Unidos, espalhando-se por todo o mundo, conhecida como crise do *"subprime"*. Essa coincidência talvez não seja produto do acaso.

1.1.2. Aspectos históricos relevantes

Considerando o que nos parece ser a inicial intenção deliberada de Nakamoto ao procurar aproximar o *bitcoin* das moedas convencionais, será útil fazer uma breve digressão sobre alguns aspectos históricos da moeda tradicional que nos possam ser úteis no balizamento de parâmetros comparativos moeda e *criptomoeda*.

O desenvolvimento do que hoje conhecemos como *moeda* passa pelo escambo (trocas bem a bem), com a posterior seleção de bens específicos, capazes de facilitar todas as trocas (como o sal, as conchas, o chá etc.), chegando-se finalmente ao uso de metais preciosos, de maior aceitação e, por isso mesmo, passíveis de ampliar as possibilidades de trocas. Aqui nasce o que os economistas costumam designar "moeda metal" ou "moeda mercadoria"[15],

---

[13] E mesmo a prerrogativa estatal exclusiva de cunhagem de moedas.

[14] Apenas para citar alguns (além do *bitcoin*, cujo símbolo é BTC): *ethereum* (ETH), *litecoin* (LTC), *ripple* (XRP), *EOS* (EOS), *stellar* (XLM), *cardano* (ADA), *TRON* (TRX).

[15] Sobre a "moeda mercadoria" ver, entre outros, MAYER, Thomas; Duesenberry, James S.; ALIBER, Robert Z. **Moeda, bancos e a economia** Ed. Campus, RJ, 1993, p. 11 e seguintes.

CRIPTOMOEDAS

cuja aceitação está fundada especialmente na confiança depositada no metal – melhor dizendo, no conteúdo metálico – do bem empregado como meio de troca.

Essa aceitação maior da moeda metal tem, evidentemente, um importante componente: a confiança. Quem recebe a moeda metal em troca de um bem ou serviço o faz por acreditar que o valor indicado naquela peça monetária corresponde exatamente ao conteúdo metálico da mesma. A homogeneidade dos metais e a cunhagem das moedas facilitaram o desenvolvimento das trocas, sendo a confiança no metal de que se constituía a moeda de certo modo ratificada pela cunhagem, que conferia maior credibilidade na medida em que os "produtores" de moedas apunham seu sinal nas peças por eles elaboradas, representando uma "garantia" de origem e credibilidade.

Havia diferentes moedas em circulação, sendo possível aceitá-las justamente porque havia confiança na quantidade de metal contido em cada uma delas, bem como naquele que as cunhava[16]. A moeda metal merecia assim a confiança de seus titulares não apenas pelo fato de – ao menos em tese – expressar exatamente seu conteúdo metálico, mas também pelo fato de o metal do qual era feita contar com a aceitação geral, o que garantia seu poder de troca futura (ou sua reserva de valor)[17].

[16] Interessante desenvolvimento histórico da moeda metal e sua cunhagem pode ser encontrado em GALBRAITH, John Kenneth. **Moeda: de onde veio, para onde foi.** Pioneira, São Paulo, 1997. Desse relato extraímos as seguintes passagens ilustrativas: *"A associação histórica entre moeda e metal é mais do que próxima; para todos os fins práticos, durante a maior parte do tempo, a moeda tem sido representada por um metal mais ou menos precioso."* (p. 6); *"A cunhagem de moedas após os lídios desenvolveu-se bastante nas cidades gregas e em suas colônias da Sicília e da Itália, transformando--se numa importante forma de arte."* (p.6) *"Na antiguidade e na Idade Média, as moedas de jurisdições diferentes convergiam para as principais cidades comerciais."* (p. 8) *"Os mercadores de Amsterdam, no final do século XVI – cem anos após o início do grande fluxo de prata – eram os destinatários de uma coleção variada de moedas, amplamente depreciadas de diversas maneiras imaginosas quanto ao seu conteúdo em ouro e prata. Um manual para negociantes de moeda, publicado pelo parlamento holandês em 1606, enumerava 341 moedas de prata e 505 de ouro. Dentro da República Holandesa, não menos de quatorze casas da moeda estavam então produzindo dinheiro (...)."* (pp. 12/13)

[17] A existência de diferentes moedas em circulação levou a um natural entesouramento das moedas de qualidade superior, mantendo-se em circulação aquelas de pior qualidade, o que foi observado e consagrado pelo que se convencionou chamar de a "Lei de Gresham". De fato, havendo "qualquer disposição para aceitar moedas, inevitavelmente as piores é que eram oferecidas, sendo retidas as boas moedas". Com fundamento nessa percepção "surgiu em 1558 a observação duradoura de Sir Thomas Gresham, feita previamente por Oresme e Copérnico e

1. MOEDAS DIGITAIS OU *CRIPTOMOEDAS* – ORIGENS E CARACTERÍSTICAS

A história da moeda segue com a alteração do centro de poder, anteriormente localizado nas mãos dos senhores feudais – proprietários de terras – para as mãos dos titulares de moedas, que passaram a financiar os reis em suas lutas por unificação e manutenção dos respectivos reinos. Como nos lembra De Chiara,

> *"Enquanto na Antiguidade, sobretudo em Roma, a propriedade fundiária era a via que informava os níveis de riqueza dos diversos segmentos sociais e permitia participar do exercício do poder, com influência nas decisões, iniciava-se na Idade Média, a partir do século XIV uma alteração nesses critérios, passando as disponibilidades financeiras a revestirem-se de maior importância para aferir a riqueza. A riqueza em dinheiro é um novo tipo de riqueza."[18]*

Com a unificação dos reinos a cunhagem de moeda passa a ser subordinada ao poder central. Assim como já ocorria na Antiguidade, o poder de cunhar moeda volta a ser visto como um poder exclusivo da autoridade maior, do soberano. Este, por sua vez, autoriza determinadas pessoas (normalmente aqueles que o socorreram em sua luta por unificação) a cunhar as moedas que serão utilizadas em seu reino, como expressão de seu poder e sua soberania no território conquistado.

Vemos que o fracionamento da autoridade na Idade Média, a estagnação e mesmo retração da atividade mercantil até então existente – ainda que rudimentar –, determina a perda da centralidade da unidade emissora da moeda, que não apresentava grande interesse, na medida em que os feudos mantinham seus próprios regimes de troca e pagamento, prescindindo desse instrumento. A par do movimento de unificação, o que faz ressurgir a necessidade de um meio de pagamento aceito por diferentes comunidades é sem

---

refletida no entesouramento das melhores moedas romanas, de que o mau dinheiro sempre desloca o bom dinheiro. Talvez seja a única lei da Economia que nunca tenha sido discutida, e por jamais ter havido uma exceção digna de nota." (GALBRAITH, op. cit., p. 8)

[18] DE CHIARA, José Tadeu. **Moeda e ordem jurídica**. Tese de Doutorado – FADUSP, 1986 (não publicada) – p. 14

CRIPTOMOEDAS

dúvida o crescimento do comércio e a intensificação das trocas mercantis, que resgatam o interesse e o uso da moeda metal[19].

Os primeiros "banqueiros", responsáveis por armazenar as moedas de determinado comerciante, comprometendo-se a restituí-las mediante a apresentação do recibo de depósito, passam a ser vistos nos ambientes de comércio mais intenso, para minimizar riscos de perda ou roubo das mesmas. Com o tempo, os próprios recibos de depósito acabaram por se tornar um

---

[19] Fascinante estudo sobre a evolução do comércio no período pode ser encontrada em LE GOFF, Jacques. **Mercadores e banqueiros da idade média**. Martins Fontes, SP, 1991. Da referida obra destacamos, a título meramente ilustrativo, os seguintes trechos: *"A revolução da qual a cristandade medieval foi palco, entre os séculos XI e XIII, está ligada a alguns fenômenos gerais com relação aos quais é difícil determinar em que medida foram causas ou efeitos. Em primeiro lugar, o fim das invasões. (...) Aos combates sucedem as trocas pacíficas – aliás, modestamente nascidas em meio às próprias lutas – e esses mundos hostis vão revelar-se como grandes centros de produção ou consumo: aparecem os grãos, agasalhos de pele, escravos do mundo nórdico e oriental que atraem ao mesmo tempo os mercadores das grandes metrópoles ao mundo muçulmano, de onde afluem, por sua vez, os metais preciosos da África e da Ásia."* (p. 7) ; *"Mas no século XIII a grande meta do mercador itinerante são as feiras da Champagne. (...) Havia lá um mercado quase permanente no mundo ocidental. (...) Mercadores e habitantes gozavam de privilégios consideráveis, e a fixação e o desenvolvimento das feiras estão intimamente ligados ao crescimento do poder dos condes da Champagne e ao liberalismo de sua política. (...) Os condes, sobretudo, asseguravam o policiamento das feiras, controlavam a legalidade e a honestidade das transações, garantiam as operações comerciais e financeiras. Criaram-se assim funcionários especiais, os guardas das feiras, funções públicas, mas frequentemente confiadas a burgueses pelo menos até 1284, quando os reis da França, assenhoreando-se da Champagne, passaram a nomear funcionários da coroa. O controle das operações financeiras e o caráter semipúblico dos cambistas contribuíram, além das razões puramente econômicas, para conferir a essas feiras um de seus aspectos mais importantes, 'o papel de uma clearing-house embrionária' – difundindo-se o uso de regular as dívidas por compensação."* (pp. 14/16); *"Durante a Alta Idade Média, a tendência à economia fechada e a pequena amplitude das trocas internacionais reduziram o papel da moeda. No comércio internacional, as moedas estrangeiras que circulavam na Europa – o nomisma bizantino, mais tarde chamado hiperpério e besante no Ocidente, e os dinares árabes – tiveram um papel preponderante. Na Europa cristã, a partir da época carolíngia, apesar de uma tentativa de retorno à cunhagem do ouro, o padrão monetário era a prata, representada sobretudo pelo denário, muito embora, o dirhem muçulmano tenha ocupado provavelmente um lugar de primeiro plano. No século XIII tudo muda com o impulso da revolução comercial. O Ocidente reinicia a cunhagem do ouro. A partir de 1252, Gênova cunha regularmente denários de ouro e Florença, seus famosos florins; a partir de 1266, a França tem seus primeiros escudos de ouro; a partir de 1284, Veneza possui os seus ducados; na primeira metade do século XIV, Flandres, Castela, a Boêmia e a Inglaterra seguem o movimento geral. Doravante, nos pagamentos comerciais, o problema do câmbio passa a primeiro plano. Nesse particular, deve-se levar em conta, além, evidentemente, da diversidade das moedas: a) a existência de dois padrões de certo modo paralelos: ouro e prata; b) o preço dos metais preciosos (...); c)a ação das autoridades políticas (...); d) variações sazonais do mercado da prata (...)"* (pp. 27/28)

1. MOEDAS DIGITAIS OU *CRIPTOMOEDAS* – ORIGENS E CARACTERÍSTICAS

instrumento hábil a efetivar as trocas, como um embrião do "papel moeda", em paralelo às moedas metal cunhadas por autorização do soberano.

Como se vê, há, na evolução do que hoje conhecemos como "moeda", uma tendência à centralização de sua emissão por uma autoridade – o soberano, um senhor feudal ou um delegado dos mesmos – sendo que esta questão, aliada à moldura jurídica da moeda, leva à criação de diferentes doutrinas que buscam explicar tal fenômeno. Relevam, dentre elas, a Teoria Estatal da Moeda, a Teoria Social da Moeda e a Teoria Institucional da Moeda[20].

Cabe lembrar, desde já, que a moeda fiduciária, emitida pelo Estado, é predominante, mas não excludente de outras moedas. Ainda mesmo em situações de curso forçado da moeda estatal não é impossível observar a existência (legal) de outras moedas em curso. A esse ponto voltaremos oportunamente, mas é importante ter em mente que, mesmo sendo o Estado o soberano na definição da moeda que terá curso forçado, nada impede que este mesmo Estado reconheça outras moedas com curso legal em seu território[21].

Também é importante notar que movimentos relativos à emissão (e reconhecimento) de moedas "privadas" não são novidade atinente exclusivamente às chamadas *criptomoedas*. Há relatos recentes de ações nesse sentido, como por exemplo o caso de Bernard von NotHaus na Corte Federal da Carolina do Norte, que ficou conhecido como o caso do "Liberty Dollar". Esta moeda foi judicialmente contestada, sendo interessante registrar que a condenação não teve por fundamento a emissão de uma moeda privada, mas sim

---

[20] Em linhas muito gerais pode-se dizer que a Teoria Estatal está fundamentada na ideia de que a moeda deve ser emitida exclusivamente pela autoridade de um Estado soberano; a Teoria Social considera como moeda tudo aquilo a que a confiança das pessoas ou o uso comercial reconhece como tal (razão pela qual, por motivos óbvios, tem maior comprovação em momentos de caos monetário e hiperinflação); a Teoria Institucional vê a moeda como *"nada mais que um crédito contra um obrigado, cuja aceitação como reserva de valor e meio de pagamento pelo público depende de uma ampla moldura legal que garanta seu poder de compra estável, sua disponibilidade mesmo em tempos de crise bancária e sua capacidade funcional de quitar obrigações monetárias. Não é mais um papel, mas um crédito transferível dentro de uma moldura geral institucional."* (tradução livre – p. 25 de PROCTER, Charles. **Mann on the legal aspect of money**. Oxford University Press, 2012) Detalhes sobre as três teorias podem ser encontrados na mesma obra, às páginas.15/30.

[21] Sobre a distinção entre "curso forçado" e "curso legal", veja-se DE CHIARA, José Tadeu, op. cit., pp. 38/39. A essa distinção voltaremos mais adiante, no item II.2, ao analisarmos as características das moedas em contraposição às *criptomoedas*.

CRIPTOMOEDAS

aspectos atinentes à aproximação das feições desta "moeda" à moeda estatal[22]. A emissão privada de moeda não foi o fundamento da rejeição ao "Liberty Dollar".

Esse desafio à autoridade central emissora de moeda, que por vezes aparece aqui e ali, não é prerrogativa exclusiva de entes privados. Também os entes públicos podem eventualmente agir de modo a desafiar a autoridade emissora de moeda, ainda que não tenham a intenção de contestá-la a ponto de negar sua prevalência. Nesse sentido cabe lembrar também um acontecimento recente ocorrido nos EUA, em que o Senado do Estado de Utah, em março de 2011, estabeleceu uma lei destinada a promover o uso de moedas de ouro e prata como moeda de curso forçado dentro das fronteiras daquele estado[23]. Esta lei demonstrava preocupação com a queda do valor da moeda norte-americana, em decorrência ainda do episódio conhecido como "a crise dos *subprime*"[24].Evidentemente o valor de mercado de moedas de ouro ou prata do Estado de Utah seria bem maior do que seu valor de face, o que tornou a lei em questão um ato quase simbólico, destinado a demonstrar a

---

[22] Este caso foi julgado em 2011 e refere-se à emissão, por von NotHaus, de uma moeda privada para uso nos Estados Unidos da América (EUA). As notas de papel seriam garantidas por reservas de ouro e prata mantidas pela empresa emissora, podendo ser por elas trocadas a critério de seus detentores. Levado à Corte, o caso foi considerado como sendo uma contrafação, não por se considerar ilegal a emissão de tais títulos (tidos por seu emissor como "moedas privadas"), mas sim pelo fato de as notas ostentarem o símbolo $, a expressão "*dollars*" ("liberty dollars") e ainda a frase "*Trust in God*". Considerando a proximidade com os símbolos da nota de dólar emitida pelo Governo dos EUA, a condenação teve por base o entendimento de que se tratava de uma falsificação de moeda. Conforme relatado por PROCTOR, Charles. **Mann on the legal aspect of money**. Oxford University Press – Seventh Edition, UK, 2012, (item 1.13) p. 14

[23] Cf. PROCTOR, Charles, op. cit. (item 1.14) p. 14. É importante notar que a Constituição dos EUA, em seu Art. 1, § 10, autoriza os estados a emitirem moedas de ouro e prata com curso legal dentro de seus limites, como segue: "No State shall .emit Bills of Credit [or] make any Thing but gold and silver Coin a Tender in Payment of Debts."

[24] Com relação à crise dos *subprime* recomenda-se o documentário "*Inside Job*", que faz um excelente apanhado do surgimento, crescimento e estouro da "bolha financeira" assim identificada. **TRABALHO INTERNO**. Direção: Charles Ferguson. Produção: Audrey Marrs. Entrevistados: Paul Volker; George Soros; Eliot Spitzer; Barney Frank, Christine Lagarde, entre outros. Narração: Matt Damon. 2010 Sony Pictures Classics Inc. Trailer: <www.insidejobfilm.com>

1. MOEDAS DIGITAIS OU *CRIPTOMOEDAS* – ORIGENS E CARACTERÍSTICAS

preocupação dos governantes locais com relação à crescente desvalorização da moeda fiduciária norte americana[25].

No desenvolvimento histórico da moeda é preciso destacar alguns aspectos que interessam mais de perto ao objeto de nosso estudo. Vemos por exemplo que, em diferentes momentos, atribuir-se as funções de meio de troca, unidade de conta e reserva de valor a um determinado bem pode fazer com que este seja considerado *moeda* sob o ponto de vista econômico, ainda que sob o aspecto jurídico isso possa não ser exato. Nesse sentido, as *criptomoedas* procuram reproduzir quanto possível tais funções, de modo que seu uso possa desempenhar – de forma mais ou menos adequada – o papel que o senso comum atribui à moeda.

Porém a evolução histórica nos mostra também que o controle sobre a moeda traduz um poder que acaba por ser transferido a uma autoridade central, dada a complexidade crescente das trocas mercantis e do tecido social ao longo do tempo. Assim, para que um bem seja reconhecido como *moeda* no seio de uma comunidade organicamente estruturada, é indispensável que suas funções econômicas sejam apoiadas numa moldura normativa dentro da qual tais bens sejam formalmente adotados como *moedas* por toda a coletividade, que as reconhece e aceita como tal, com fundamento no poder atribuído à autoridade central.[26]

Aqui encontra-se um dos principais questionamentos acerca das *criptomoedas*. Mesmo que desempenhem as funções econômicas geralmente atribuídas à moeda, visto que não são emitidas por um ente centralizado ao qual se atribui tal poder, mas são emitidas e gerenciadas de forma descentralizada, podem ser consideradas, sob o ponto de vista jurídico, verdadeiramente *moedas*? Se as funções econômicas estiverem presentes, bastará um reconhecimento legal e um enquadramento legislativo para que tais *criptomoedas* sejam consideradas

---

[25] A título meramente ilustrativo, registre-se que também o estado da Virgínia adotou lei semelhante, manifestando preocupação com os rumos da moeda dos EUA naquele período.
[26] "For anything which is treated as 'money' purely in consequence of local custom or the consent of the parties does not represent or reflect an exercise of monetary sovereignty by the State concerned, and thus cannot be considered as 'money' in a legal sense." – PROCTER, op. cit., p.15. Em tradução livre: "Pois qualquer coisa que seja tratada como 'moeda' puramente em consequência de costumes locais ou de consenso entre as partes não representa ou reflete um exercício de soberania pelo respectivo Estado e, portanto, não pode ser considerada como 'moeda' num sentido legal."

CRIPTOMOEDAS

verdadeiras *moedas*? Estaremos diante de um novo patamar da evolução da história da moeda em que será dispensável uma autoridade central responsável pela emissão e gerenciamento da moeda (mesmo que através de delegação de seu poder)?

Os cultores das *criptomoedas* assim entendem e não veem qualquer prejuízo na pulverização da emissão e gerenciamento destes *tokens*. Se analisarmos o fenômeno com menos paixão e mais distanciamento, no entanto, veremos que esta conclusão parece excessivamente simplista, não levando em consideração implicações decorrentes do mecanismo subjacente às *criptomoedas*, que podem apresentar efeitos colaterais indesejados. Para que possamos empreender uma análise mais serena sobre possíveis efeitos colaterais da conclusão dos adeptos das *criptomoedas*, faz-se necessário ter uma compreensão mínima da tecnologia a partir da qual elas são emitidas e gerenciadas.

1.2 Funcionamento e usos

Em um primeiro momento as chamadas *criptomoedas* foram apoiadas grandemente por aqueles que se opunham ao controle e emissão de moedas pelos Estados e seus respectivos governos. A ideia dos *cyber anarquistas*, como era conhecido esse grupo, parecia ser a de substituir as moedas nacionais até então aceitas por esse novo instrumento, ao qual procuraram atribuir todas as funções conhecidas da moeda fiduciária[27].

Procurando mimetizar as moedas tradicionais, os cultores das *criptomoedas* passaram a utilizá-las especialmente como meio de pagamento, efetuando sua transferência de um ponto a outro do planeta, sem a necessidade de qualquer intermediação para que tal movimentação ocorresse de forma ágil e segura.

Com a utilização da tecnologia associada às *criptomoedas*, a falta de segurança frequentemente verificada nas trocas entre duas pessoas que não se conhecem, localizadas em pontos distantes do globo, parecia superada. Uma das principais razões de ser dos intermediários financeiros – o oferecimento

---

[27] Neste trabalho as expressões "moeda fiduciária", "moeda estatal", "moeda convencional" ou "moeda tradicional" são utilizadas para identificar a moeda tal como a conhecemos hoje, em contraposição à *criptomoeda*.

de segurança na negociação – desaparecia e permitia assim um ganho efetivo, com a redução dos custos de transação envolvidos nos demais meios de pagamento.

Divulgava-se também a comodidade no que se refere à divisão do valor unitário das *criptomoedas* que, por não terem uma existência física semelhante à das moedas fiduciárias, poderiam apresentar desdobramentos infinitesimais sem qualquer dificuldade. Ao contrário das moedas fiduciárias, cuja divisão em centavos depende da emissão, pelo órgão competente, de seu correspondente físico, nas *criptomoedas* esta divisão é feita pelo próprio pagador, na medida em que transfere apenas um percentual da moeda digital por ele titulada.

A questão que parece ensejar maiores debates quanto às funções das *criptomoedas*, no entanto, diz respeito à constante variação de seu valor, às funções de unidade e reserva, características das moedas fiduciárias e que parecem não se apresentar com tanta clareza assim nas *criptomoedas*, como veremos mais adiante.

Importa destacar, neste passo, que a origem das *criptomoedas* está ligada a uma revolução tecnológica que permitiu a transferência de valores de uma pessoa a outra de forma direta, segura e rápida, sem a incidência de taxas como usualmente ocorre quando se vale de uma instituição intermediária para a conclusão do negócio. Sua concepção, ademais, procurou, tanto quanto possível, adotar todas as características da moeda fiduciária, de modo a se apresentar como um substituto viável desta.

Assim, não parece fortuito o fato de Nakamoto ter procurado atrair adeptos à novidade acenando com uma nova "moeda" que lhes oferecia agilidade, segurança e, em termos práticos, supostamente os mesmos efeitos de uma moeda tradicional, sem os entraves e embaraços burocráticos ou regulatórios que sobre esta recaiam. A evidente intenção de conferir ao *bitcoin* características que permitissem sua identificação com a moeda fiduciária, especialmente quanto à função meio de pagamento, provavelmente contribuiu para sua rápida difusão e utilização[28].

---

[28] Não obstante essa aparente intenção inicial de identificar o *bitcoin* como um sucedâneo da moeda tradicional, o surgimento de outras supostas *criptomoedas*, com características distintas, trouxe elementos complicadores no estabelecimento de uma identidade única para o fenômeno, como se verá ao longo do trabalho.

CRIPTOMOEDAS

1.3 Tecnologia associada (*"blockchain"*)

Como já mencionado, o surgimento das *criptomoedas* está intimamente ligado à evolução tecnológica que lhes dá sustento. A tecnologia que permite a criação das *criptomoedas* revela um avanço sem precedentes, cujo impacto por muitos é equiparado ao do surgimento da rede mundial de computadores, a *Internet* e que de certa forma justifica a indagação sobre a possibilidade ou não do surgimento de outros bens capazes de preencher as funções econômicas da moeda como hoje conhecida e de serem assim percebidos e recepcionados pela comunidade global.

Estudos sobre esta tecnologia revelam sua importância e crescente interesse. Um dos mais abalizados é o trabalho realizado pelo Banco Mundial, editado em outubro de 2017, sob o título *"Blockchain – Opportunities for Private Enterprises in Emerging Markets"*[29]. De forma bastante objetiva e clara, o *blockchain* é assim apresentado no referido trabalho:

> *"Blockchain é um livro diário base de dados que funciona como uma rede distribuída. É frequentemente mencionado como um livro diário distribuído* [distributed ledger] *que pode que pode registrar, por meio de membros de uma rede, blocos de dados criptograficamente seguros e à prova de adulteração. Esta estrutura única oferece cooperação quase sem atrito entre essas entidades, permitindo-lhes transferir valor ou informação sem necessidade de uma autoridade ou intermediário central. Ela tem o potencial de gerar ganhos de produtividade para vários setores, do setor financeiro aos mercados de energia, cadeias de suprimento, gerenciamento de propriedade intelectual, setor público e muito mais"*[30]

[29] NIFOROS, Marina, RAMACHANDRAN, Vijaya e REHERMANN, Thomas. **Blockchain – Opportunities for private enterprises in emerging markets**. International Finance Corporation (IFC) – World Bank Group, 2017 – acessível em ifc.org/ThoughtLeadership (Numa tradução livre: "Cadeia de blocos – Oportunidades para empreendimentos privados em mercados emergentes")

[30] op. cit. p. 6 – Tradução livre. No original: *"Blockchain is a database ledger that functions like a distributed network. It is often referred to as a* distributed ledger *that can register blocks of cryptographically-secure, tamper-proof data with members of a network. This unique structure offers near--frictionless cooperation between these entities, allowing them to transfer value or information without need of a central authority or intermediary. It has the potential to deliver productivity gains to multiple industries, from the financial sector to energy markets, supply chains, intellectual property management, the public sector, and beyond."*.

1. MOEDAS DIGITAIS OU *CRIPTOMOEDAS* – ORIGENS E CARACTERÍSTICAS

A tecnologia associada às *criptomoedas* tem um potencial imenso a ser explorado, razão pela qual é muitas vezes comparada à tecnologia que propiciou o surgimento, implementação e manutenção da *Internet*. O paralelo entre as tecnologias *blockchain* e *Internet* parece de fato bastante elucidativo. No campo das comunicações o contato entre dois indivíduos que se encontravam em locais distantes era inicialmente difícil e demorado, dependendo do envio de cartas ou da via telefônica ainda incipiente, sendo paulatinamente agilizado por meio de novas tecnologias, como o telex ou o fax, até que se chegasse à construção da *Internet*.

Hoje quase não se concebe mais uma negociação cujos trâmites transcorram por longo período de tempo, entre a postagem de uma proposta, por exemplo, e o recebimento da aceitação, da contraproposta ou da recusa. Tudo é feito de modo quase que instantâneo, não sendo necessário mais do que algumas horas para que se conclua um contrato. Mesmo as negociações mais complexas ganharam muito em velocidade com o advento da tecnologia das comunicações, que permitiu não apenas a rápida comunicação entre as partes, mas também o compartilhamento imediato de documentos que podem ser alterados ou confirmados por todos os participantes, sem a necessidade da presença física de qualquer deles para o sucesso da empreitada.

A tecnologia *blockchain*, por sua vez, permite que todos os participantes tenham acesso a todos os dados que circulam pela plataforma, em tempo real e de forma transparente. A troca de *criptomoedas* ocorre num ambiente acessível a todos e funciona como um "livro diário" público. Cada transação é "anotada" na plataforma e fica ali registrada para consultas futuras e, mais que isso, para permitir as próximas transações, já que uma transação não pode ser validada sem que se vincule o novo passo ao passo anterior[31].

No sistema *blockchain* cada participante pode verificar diretamente os registros dos demais, sem necessidade de qualquer intermediário. Cada participantes tem condições de verificar se a transação em curso pode ser "encaixada, encadeada" na transação anterior e, portanto, ser validada, ou se há algum

---

[31] Na verdade, como nos lembra o trabalho do Banco Mundial, há muita confusão sobre a estrutura, utilidade e aplicação do *blockchain*, seja entre o público em geral, os empresários ou os formuladores de políticas. "*The term blockchain is often used interchangeably with the term distributed ledger technology, and the technology is still associated with its first incarnation, bitcoin.*" (op. cit., p. 9)

ponto discrepante na transação que se pretende concluir, de modo que a mesma deva ser rejeitada, não integrando a cadeia de blocos.Tudo se passa de forma transparente e direta. Cada ponto armazena informações e as repassa para os demais, não havendo, desta forma, um ponto (uma "autoridade") central, encarregado de validar as transações de forma exclusiva.

Para maior clareza quanto ao alcance de uma tal tecnologia, recorremos à imagem abaixo, que diferencia redes centralizadas, descentralizadas e distribuídas, conforme a capacidade de cada participante ter (ou não) acesso ao *mesmo* registro de *todas* as transações[32].

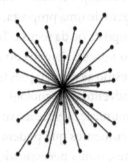 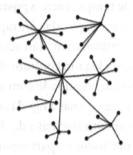 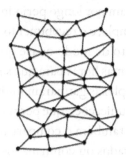

CENTRALIZADO **DESCENTRALIZADO** **DISTRIBUÍDO**

Um corpo central tradicional controla as transações e registros. Outros participantes mantêm suas próprias cópias.

Intermediários mantêm registros locais da transação. Outros participantes mantêm suas próprias cópias.

Todas as partes podem manter o mesmo registro de cada transação.

As transações ocorridas no âmbito do *blockchain* são registradas de forma perene, pois sua validação se dá a partir do "encaixe" dos dados em informações anteriormente registradas. Tal como num quebra-cabeças, não há como desfazer uma ação sem causar uma ruptura do todo. Cada transação, sendo registrada no *blockchain*, não pode ser revertida, pois as transações seguintes estarão a ela vinculadas e assim sucessivamente, numa cadeia lógica e verificável por seus participantes. Alterar uma transação registrada implicaria alterar

---

[32] Figura reproduzida (e textos em tradução livre) do trabalho do Banco Mundial acima mencionado (p. 10). Fonte da figura: BARAN, Paul, On distributed communications networks, 1964 e NIFOROS, Marina, 2017.

1. MOEDAS DIGITAIS OU *CRIPTOMOEDAS* - ORIGENS E CARACTERÍSTICAS

todas as transações anteriores, realizadas por outras partes, sem nenhuma necessária ligação com as partes da transação que se quer alterar. Ou seja, reverter uma transação significaria anular transações de terceiros, fora do alcance dos atuais negociadores, o que seria inviável.

A irreversibilidade dos registros está fundamentada na ideia de que "[v]ários *algoritmos de abordagens computacionais são implementados para garantir que a gravação no banco de dados seja permanente, cronologicamente ordenada e disponível para todos na rede.*[33]"

Cada ponto (ou usuário ou *nó* como é usualmente chamada uma conexão) do *blockchain* tem comunicação direta com os demais, sendo identificado através de um endereço alfanumérico exclusivo de 30 caracteres. Assim como nas trocas de mensagens via *Internet* os usuários são identificados por endereços de *e-mail* (também alfanuméricos), na troca de "moedas" via *blockchain* os usuários são identificados pelo endereço alfanumérico que se convencionou chamar de "carteira"[34]. Cada usuário da *Internet* tem uma "caixa postal" de "correio eletrônico" e cada usuário do *blockchain* na troca de "moedas" tem uma "conta" no "livro caixa público", o *blockchain*.

Ao gerar um ponto individual (um "nó") de uma *criptomoeda* para uso na rede ponto a ponto, através da criação de sua "carteira virtual", o usuário pode utilizar uma conexão padrão de *Internet* e acessar a estrutura de dados *blockchain*, a partir da qual poderá verificar toda a atividade anterior da *criptomoeda* de seu interesse.

A tecnologia desenvolvida, no entanto, não se limita à utilização para transações com *criptomoedas*. A identificação do usuário no *blockchain* e na tecnologia DLT pode ter múltipla utilidade, razão pela qual muitos a consideram a verdadeira revolução que se tornou conhecida apenas por uma de

---

[33] IANSITI, Marco e LAKHANI, Karim R. – **A verdade sobre a blockchain** *in* Harvard Business Review Brasil, abril 2017, p. 79

[34] Uma "carteira" é um programa destinado a enviar e receber *criptomoedas*. Para isso, a "carteira" deve armazenar chaves públicas e privadas, sem as quais não é possível efetuar transações no *blockchain*. Embora a designação "carteira" possa dar ideia de que há um armazenamento de *criptomoedas* em algum local, é importante lembrar que as *criptomoedas* não têm existência física e assim as "carteiras" guardam as **ferramentas** para que o titular das *criptomoedas* possa indicar, na cadeia de blocos, que deseja efetuar a transferência de um número determinado de *criptomoedas* ou que está apto a recebê-las de um terceiro. A transferência efetuada será registrada no *blockchain* e o saldo das carteiras emitente e receptora serão alterados de acordo.

suas faces – as *"criptomoedas"*. O potencial de utilização da tecnologia que se convencionou chamar *blockchain* é enorme. Os tipos de dados que podem ser armazenados e transacionados com base numa rede confiável, descentralizada e perene são muito variados.

Embora o uso primordial da tecnologia DLT esteja hoje voltado para a transação entre partes com a utilização de determinadas *"criptomoedas"*, o fato é que o *blockchain* tem sido estudado para utilização revolucionária também em outras áreas, tais como, por exemplo, a área de saúde, para que os registros dos exames e intervenções a que se submeteu determinado paciente sejam acessíveis a uma ampla rede de profissionais, o que permitiria ao paciente apresentar-se em determinado hospital sem necessidade de "transferir" seu prontuário de uma instituição para outra. O ganho se daria nos dois lados: do paciente, que sabe que seu histórico estará disponível aos médicos da rede pública, por exemplo, e dos profissionais da saúde, que saberão imediata e exatamente qual o prontuário do paciente desde seu ingresso na rede pública. Tudo estaria ali anotado, o que diminuiria em muito as falhas de comunicação e os custos de transação envolvidos.

A tecnologia *blockchain* parece estar se desenvolvendo de forma muito semelhante à tecnologia da *Internet*. O *blockchain* começa como base de transação de uma "moeda digital", enquanto a *Internet* começa como base para a troca de mensagens num restrito grupo de pesquisadores.

Hoje a utilização da rede mundial de computadores como ferramenta de negócios, comunicação ou entretenimento é inegável. A tecnologia alterou o modo de vida em seus atos mais corriqueiros, fazendo com que pouco a pouco fossem desaparecendo as cartas enviadas por correio para trocar confidências ou para fechar negócios, em seguida suplantando o que até então parecia o "moderno" método de envio de mensagens por telégrafo ou telex. O modo como se adquirem bens, como se leem livros ou se assistem filmes foi radicalmente alterado com o advento da tecnologia da *world wide web*.

A tecnologia *blockchain*, igualmente, parece estar apenas engatinhando se levarmos em conta os diversos campos de aplicação que já começam a ser explorados por acadêmicos, negociantes, banqueiros e autoridades governamentais ao redor do mundo. Para mencionarmos apenas um exemplo recente, veja-se a criação de um consórcio público-privado denominado ID2020, integrado por governos (EUA, Reino Unido, Japão, União Europeia) empresas do porte de Accenture Plc e Microsoft Corp, além de organizações não governamentais, voltado para a formação de uma rede de identidade digital utilizando a tecnologia *blockchain*, como parte de um projeto apoiado pelas Nações Unidas para conferir identidade legal a 1,1 bilhão de pessoas ao redor do mundo sem qualquer documento oficial[35].

Todo esse potencial tem seu ponto de partida na utilização dessa nova ferramenta como suporte das transações por meio de *criptomoedas* tais como o *bitcoin*. A segurança, transparência e velocidade associadas ao *blockchain* têm sido objeto de curiosidade e aplicação inovadora por entes públicos e privados, especialmente do setor financeiro, como se verá mais adiante.

Cabe resgatar o aspecto revolucionário de uma tecnologia que permite trocas imediatas e diretas (com substancial redução dos custos de transação), cuja confiabilidade reside na possibilidade de todos os participantes verificarem diretamente as negociações efetuadas (descentralização que permitiria uma redução da assimetria de informações), e que fundamenta o surgimento de um *token* com o qual é possível preencher funções hoje vinculadas essencialmente à moeda fiduciária. O acesso público a um livro caixa permanentemente alimentado e validado pelos próprios participantes da rede parece oferecer uma oportunidade inédita para se refletir sobre o papel da moeda, dos intermediários financeiros e das autoridades monetárias.

---

[35] Mais detalhes sobre a parceria, o projeto e seu alcance ver os seguintes *links*:
https://id2020.org/partnership/ (acesso em 10.08.2018)
https://www.reuters.com/article/us-microsoft-accenture-digitalid/accenture-microsoft-team-up-on-blockchain-based-digital-id-network-idUSKBN19A22B (acesso em janeiro de 2017)

2
Natureza jurídica das *criptomoedas* – perspectivas doutrinárias

Neste cenário tecnológico de descentralização e transparência, o papel da moeda – e particularmente sua natureza jurídica – tem sido objeto de crescentes indagações ao redor do mundo. Fenômeno social que encontra seus fundamentos na economia, as *criptomoedas* despertam o interesse de estudiosos dos mais diversos ramos de atividade. O mecanismo que permite transações com *criptomoedas* aguça o interesse de destacados autores devotados à tecnologia da informação. Os aspectos funcionais das *criptomoedas* dividem estudiosos da economia que procuram avaliar qual a melhor qualificação para o fenômeno. Não poderia ser diferente quanto ao Direito, que procura aprofundar o conhecimento do fato com o apoio das demais ciências, de forma a estruturá-lo na conformação de um desenvolvimento social de convívio pacífico e harmonioso, como veremos a seguir.

2.1 Possibilidade e limitação da comparação das *criptomoedas* com a moeda em sua acepção atual

Os aspectos econômicos e jurídicos da moeda, tal como hoje a conhecemos, são as balizas a partir das quais podemos efetuar um estudo comparativo da mesma com o novo fenômeno conhecido como *"moeda digital"*, *"moeda virtual"* ou *"criptomoeda"*.

Sob o ponto de vista econômico, relembremos que a moeda costuma desempenhar ao menos três funções básicas: (a) meio de pagamento; (b) unidade de conta; e (c) reserva de valor[36]. A história evolutiva da moeda nos mostra que vários elementos desempenharam essas funções em diferentes épocas, desde as mais remotas, cujos exemplos corriqueiros são o sal, conchas ou o gado. Mesmo nesses primórdios era possível identificar as funções econômicas da moeda, pois quem detinha certa quantidade de sal, conchas ou gado, por exemplo, poderia trocar estes elementos por outros bens de que necessitasse ou que lhe interessassem (exercendo assim a função meio de pagamento ou meio de troca). Por outro lado, esse elemento "moeda" desempenhava a função de unidade de conta na medida em que se estabelecia que determinados bens poderiam ser trocados por X quilos de sal, X conchas ou X cabeças de gado, por exemplo. E, finalmente, a função reserva de valor é clara na medida em que a manutenção do sal, das conchas ou do gado garantia a seu titular a possibilidade de trocá-los, no futuro, por outros bens.

Deste estágio inicial de escambo (troca de bem por bem) a moeda evolui lentamente em direção a bens passíveis de facilitar as trocas, de forma que a *"aceitação plena de um bem enquanto equivalente geral para trocas consolida-se a partir da concordância tácita quanto ao uso de metais preciosos. Trata-se a primeira associação que se conhece entre moeda e metal, nascendo assim o que os economistas denominam moeda mercadoria ou moeda metálica"*[37].

Percebe-se que os passos evolutivos da moeda tal como hoje a conhecemos estão intimamente ligados à evolução da tecnologia. Basta lembrar que o ouro

---

[36] Como bem nos lembra o Prof. Fábio Nusdeo, a primeira das funções da moeda (que por ele é identificada como *intermediação de trocas*) *"confunde-se com a sua própria definição, sendo as outras duas corolários naturais daquela, pois a existência de um elemento intermediário nas trocas automaticamente cria um padrão de medida para os bens em presença, que será responsável pela possibilidade de se diferirem os pagamentos por permitir a utilização de moeda num tempo futuro. Já a reserva de valor possibilitará manter a moeda como um ativo, pronto para ser trocado por qualquer outro bem"*. (NUSDEO, Fabio. **Curso de Economia. Introdução ao Direito Econômico**. RT, SP, 2000, p. 300) Ou seja, a principal função da moeda é a de intermediar trocas. Sem essa característica não estaremos diante de uma *moeda*, sob o ponto de vista econômico.

[37] BAROSSI Filho, Milton e SZTAJN, Rachel. **Natureza jurídica da moeda e desafios da moeda virtual**. *In* RJLB, Ano I (2015), nº 1, p. 1673.

2. NATUREZA JURÍDICA DAS *CRIPTOMOEDAS* – PERSPECTIVAS DOUTRINÁRIAS

foi utilizado como meio de troca amplamente aceito (e ainda hoje o é), sendo que o surgimento da moeda metal foi possível a partir do desenvolvimento das técnicas de cunhagem, que requeriam maior destreza e precisão que aquelas até então conhecidas para fins de ferragem usual. Mantendo ainda um olhar puramente econômico e realizando um salto temporal considerável, podemos ver que o papel moeda e, mais ainda, a chamada moeda eletrônica[38], são fruto do desenvolvimento de técnicas destinadas a facilitar as trocas minimizando seus custos de transação sem descurar dos aspectos de segurança indispensáveis para o sucesso da adoção destas novas formas de "moedas".

Talvez em razão da dinâmica tecnológica de desenvolvimento da moeda, a primeira das chamadas *criptomoedas* – o *bitcoin* – tenha sido designada como "moeda digital" e não moeda eletrônica. A moeda eletrônica estava já relacionada às movimentações e transferências de valores realizados por meios eletrônicos sem a necessidade de presença física da moeda. Porém, no caso da moeda eletrônica, estamos diante de uma *realização contábil de transferência da moeda fiduciária*, ou seja, da moeda emitida pelo Estado, o que não ocorre com o *bitcoin*. Esse aspecto, no entanto, volta-se a questões de ordem jurídica, que serão vistas adiante, sendo aqui mencionado apenas para promover uma reflexão acerca da nomenclatura que se tem utilizado para denominar as *criptomoedas*.

Inicialmente denominadas *moedas digitais* ou *moedas virtuais*, por não terem existência física em papel ou metal, mas apenas no mundo virtual, essa denominação das "moedas" foi depois contestada justamente pelo fato de a moeda eletrônica ter também um aspecto "digital" ou "virtual", na medida em que circula sem necessidade de um suporte físico. Passou-se então a adotar

---

[38] A designação "moeda eletrônica" é utilizada pelos doutrinadores para se referir à moeda (e suas respectivas operações) transferida por meio de computadores, sem a necessidade de entrega e recebimento da moeda física, em metal ou papel. Como nos adverte o Prof. Luiz Olavo Baptista, já nos idos de 1986, com o aperfeiçoamento dos computadores e a crescente utilização dos mesmos pelos bancos, "[e]stava se armando, desse modo, o cenário para o aparecimento das transferências eletrônicas de fundos, e para a morte ou desaparecimento progressivo do papel. À moeda escritural sucederá a eletrônica". (BAPTISTA, Luiz Olavo. **Aspectos jurídicos das transferências eletrônicas de fundos**. Tese apresentada ao concurso para livro docente de Direito Internacional Privado do Departamento de Direito Internacional da Faculdade de Direito da Universidade de São Paulo. 28.03.1986, pp. 71-72

CRIPTOMOEDAS

a denominação "criptomoedas", pondo em relevo o ponto tecnológico de segurança dessas "moedas": a criptografia.

Feita essa digressão sobre a nomenclatura das *criptomoedas*, cabe avaliar, ainda com base nas funções econômicas, se o termo *moeda* seria apropriado para descrever o novo fenômeno. Cabe, portanto, avaliar se as *criptomoedas* desempenham as funções de meio de troca, unidade de conta e reserva de valor.

A análise em questão se torna mais difícil uma vez que há diferentes *criptomoedas* em circulação e muitas outras podem surgir a qualquer momento. Isto porque a forma de emissão de cada uma delas determina, em grande parte, sua maior ou menor possibilidade de aproximação com as moedas tradicionalmente utilizadas ao redor do mundo. Vale lembrar que atualmente há mais de 1.900 (mil e novecentas) *criptomoedas* em circulação, sendo que cada uma delas tem uma forma de emissão que, via de regra, determina a maior parte de suas características[39]. A análise que se segue busca extrair os pontos comuns entre diferentes *criptomoedas* que possam demonstrar (ou não) sua proximidade com as moedas tal como as conhecemos hoje. O primeiro destes

---

[39] A quantidade de *criptomoedas* em circulação pode ser atualizada por meio de acesso à seguinte página: <https://coinmarketcap.com/all/views/all/> Acesso:17 de março de 2020, quando o número de *criptomoedas* chegava a 5.216 (para que se aquilate a velocidade com que são criadas criptomoedas, tenha-se em mente que em acesso de 20 de setembro de 2018 à mesma página, o número de *criptomoedas* então existentes era de 1.977.)
A forma de criação das *criptomoedas* determina a maior parte de suas características. Os bitcoins, por exemplo, são emitidos a partir da chamada "mineração" (que corresponde – grosso modo – à criação de novas moedas como recompensa pelo trabalho de validação de transações efetuadas). Essa forma de criação de *criptomoedas* que deu origem à tecnologia *blockchain* também é utilizada para a emissão de outras criptomoedas (como o *ethereum*, v.g.). Nesse imenso universo de *criptomoedas*, no entanto, há aquelas que são emitidas em contrapartida à fruição de determinados direitos, por exemplo, o que as aproxima dos valores mobiliários mais do que às moedas (na página acima indicada é possível identificar várias *criptomoedas* que são *"not mineable"*, como mencionado ao final da lista ali apresentada). É preciso ter em mente a pluralidade de *criptomoedas* hoje existentes (e a quantidade de novas quase que diariamente criadas) para não perdermos de vista que, sob essa aparente unicidade vocabular existe uma plêiade de instrumentos que não são necessariamente iguais em suas características e funções. Como veremos adiante, não é por outro motivo que diferentes órgãos reguladores se preocupam igualmente com as *criptomoedas*, que ora podem se aproximar mais das moedas (como meios de pagamento, por exemplo), ora podem estar mais próximas dos valores mobiliários (como ações ou *tokens* de fruição).

2. NATUREZA JURÍDICA DAS *CRIPTOMOEDAS* – PERSPECTIVAS DOUTRINÁRIAS

pontos em comum será tido como sua capacidade de ser utilizada como meio de pagamento, como acima indicado.

De todas as *criptomoedas* em circulação, sem dúvida o *bitcoin* é a mais conhecida e a mais relevante. Isso não apenas pelo fato de já ter mais tempo em campo, sendo experimentada e sujeita a mais críticas que as demais, mas também por ser pioneira no desenho da tecnologia *blockchain* e pela forma de emissão com que foi criada. Por maiores que sejam as críticas ao *bitcoin*, parece unânime o reconhecimento de que desempenha adequadamente a função de meio de pagamento[40]. Essa característica será tida como parâmetro para que se procure efetuar a comparação de qualquer chamada *criptomoeda* com as moedas fiduciárias nacionais. Dessa forma, uma *criptomoeda* que não se preste a exercer a função de meio de pagamento não poderá ser analisada como uma verdadeira moeda, podendo ser talvez enquadrada em outra categoria, como a dos valores mobiliários, por exemplo.

A adoção da função de meio de pagamento como parâmetro para a comparação entre as *criptomoedas* e a moeda tal como a conhecemos hoje nos leva a uma primeira conclusão: não há unicidade de natureza jurídica entre os diversos instrumentos a que se convencionou chamar genericamente de *moeda digital*, *moeda virtual* ou *criptomoeda*. Há criptomoedas que desempenham a função de meio de pagamento e há outras que não preenchem esta função, o que desde logo as afasta da possibilidade de serem consideradas *moedas* tal como hoje as concebemos[41].

Das funções da moeda fiduciária, a função meio de pagamento é desempenhada pelo *bitcoin*, além de outras hoje existentes[42]. Assim, sob este aspecto,

---

[40] BAROSSI FILHO, Milton e STAJZN, Rachel, op. cit. – p.1681

[41] A doutrina é uníssona ao indicar a função meio de pagamento como essencial à moeda. Se retomarmos a evolução da moeda, veremos que desde sua forma mais rudimentar até a moeda eletrônica, estará presente a função meio de troca. Deste modo, como dissemos acima, não haverá moeda sem tal função, embora o inverso não seja necessariamente verdadeiro.

[42] A comparação tomará como base o bitcoin, por ser a primeira das *criptomoedas* e por pretender ser – ao menos aparentemente – um novo conceito de moeda, em substituição ou ao lado das moedas nacionais fiduciárias. É certo, porém, que o bitcoin não é a única *criptomoeda* que desempenha esta função. Para um panorama mais abrangente sobre as *criptomoedas* que abarcam ou não tal função, veja-se a relação de *criptomoedas* já emitidas em https://coinmarketcap.com/, onde é possível verificar quais as *criptomoedas* "mineráveis" e quais não, como

a comparação se mostra positiva, na medida em que ambas – moeda fiduciária e *criptomoeda bitcoin* – desempenham uma mesma função.

É claro que a função meio de pagamento desempenhada pelo *bitcoin* é limitada pelo fato de que o volume de estabelecimentos ou prestadores de serviços que aceitam o *bitcoin* é ainda incomparavelmente menor que o das moedas fiduciárias, sejam elas de curso forçado ou não. De todo modo, o número de estabelecimentos que aceitam *bitcoins* como pagamento de seus bens ou serviços tem crescido com enorme rapidez[43]. Um mapa nos mostra os locais onde há estabelecimentos que aceitam *criptomoedas* (não apenas *bitcoins*) em pagamento, mapa este que sofre alterações quase que diárias[44]:

indicativo de quais procuram desempenhar a função de meio de pagamento e quais não, já que em princípio apenas as "mineráveis" procuram se equiparar às moedas fiduciárias.

[43] Ver reportagem da Folha de São Paulo relativa ao pagamento de taxis com *bitcoins* em Buenos Aires e também a seguinte reportagem do mesmo jornal, que indicava a aceitação de bitcoins por taxistas de Budapeste já em 2016 : https://www1.folha.uol.com.br/tec/2016/02/1739004-taxistas-de-budapeste-passam-a-aceitar-bitcoin-como-forma-de-pagamento.shtml

[44] Para uma visão atualizada dos estabelecimentos que aceitam *criptomoedas* como forma de pagamento sugerimos acessar o portal http://coinmap.org, vez que o panorama se altera com enorme rapidez. Navegando pelo mapa é possível identificar em cada cidade quais estabelecimentos aceitam *criptomoedas*. Como se trata de um endereço *open source*, os interessados em divulgar essa aceitação podem adicionar seu estabelecimento (ou excluí-lo) como e quando quiserem. É possível, portanto, que o número de estabelecimentos que aceitam *criptomoedas* seja ainda maior, pois não há uma obrigatoriedade de inserção de cada estabelecimento disposto a trabalhar com *criptomoedas* em tal mapa, que serve apenas como um indicativo, sem a pretensão de cobrir todas as possibilidades. Também para fins de avaliação de crescimento no número de estabelecimentos que aceitam *criptomoedas*, cabe indicar que em acesso de setembro de 2018, o número de estabelecimentos era de 13.606, o que demonstra um incremento de 5.534 novos estabelecimentos em dezoito meses.

2. NATUREZA JURÍDICA DAS *CRIPTOMOEDAS* – PERSPECTIVAS DOUTRINÁRIAS

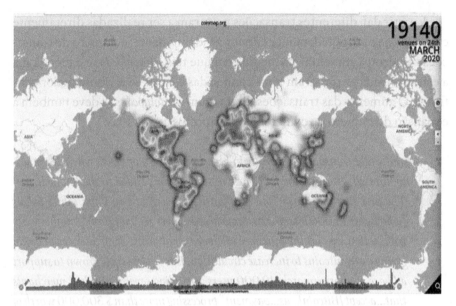

As áreas sombreadas no mapa mostram a distribuição espacial dos estabelecimentos que operam com *criptomoedas*. Quanto mais escura a sombra, maior o número de estabelecimentos que aceitam *criptomoedas*.

As *criptomoedas*, em particular o *bitcoin*, têm desenvolvido a função meio de troca não apenas no que se refere a trocas por moedas fiduciárias, mas, como se vê, também por bens e serviços de diferentes tipos. Considera-se como uma das primeiras transações comerciais realizada com *criptomoedas* a compra de uma pizza de US$ 25.00, em fevereiro de 2010, que foi paga com 10.000 bitcoins[45]. A transação teria como objetivo demonstrar a possibilidade de se efetuar compra de bens por meio da utilização de *bitcoins*.

---

[45] Note-se que a primeira taxa de câmbio estabelecida para o bitcoin, em outubro de 2009, indicou a paridade US$ 1.00 = 1,3 bitcoins, o que tornou famosa a transação mencionada, especialmente quando a variação da taxa de câmbio atingiu, em 2013, US$ 1,000.00 = 1 bitcoin. A esse respeito, veja-se menção às trocas realizadas com bitcoins no artigo de Marco Aurélio Fernandes Garcia e Jean Phelippe Ramos de Oliveira – *To bit or not to bit? – vires in numeris*. **Propostas de regulação do uso de criptomoedas em transações comerciais**, acessível em http://www.bidforum.com.br/PDI0006.aspx?pdiCntd=239802 – acesso em 25 de abril de 2018, do qual transcrevemos o seguinte trecho:
"*Após sua entrada em funcionamento, o bitcoin não foi empregado imediatamente como meio de troca, mas, sim, para consumo direto. Na primeira troca de bitcoins registrada, em 12 de janeiro de 2009, Satoshi Nakamoto transferiu 50 BTC para Hal Finney, que agiu como "comprador" da moeda para a consecução*

A partir daí, diferentes transações passaram a ser realizadas diretamente com *criptomoedas*, notadamente *bitcoins*. Evidentemente, o número de transações começou a aumentar na medida em que tais *criptomoedas* e a tecnologia a elas associada se tornaram mais conhecidas e a elas se atribuiu maior confiança. O aumento das transações diretas com *criptomoedas* se deve também à expansão do número de comerciantes dispostos a aceitá-las.

> *"Informal transactions in Bitcoin began in January of 2009 when Nakamoto, himself, "mined" the first block of transactions added to the public ledger. The first Bitcoin transaction was for the delivery of two Papa John's pizzas (which cost 10,000 bitcoins current valued at over $5.9 million). Another early transaction was for the purchase of alpaca wool socks. Some users even began giving away bitcoins to increase circulation. Bitcoin has since grown to support a "base of approximately 10,000 users, including several hundred merchants that...accept [Bitcoin]...as...payment" processing more than $ 300,000 worth of Bitcoin transactions every day. Moreover, the value of a bitcoin has also grown exponentially, reaching a high value of $1200."*[46]

de um fim determinado, provavelmente testar o sistema. Na transação mais simbólica do surgimento do sistema, é considerado que um indivíduo chamado Laszlo comprou duas pizzas da rede Papa John's com a transferência de 10.000 BTC para um voluntário na Inglaterra, que fez e pagou o pedido com cartão de crédito internacional (o valor das pizzas atualizado seria superior a $ 220.000 USD)." – p. 9
E ainda, com maior precisão de detalhes, revelando que a "compra" da pizza se deu em duas etapas:
"Actually, the first successful Bitcoin transaction took place in May 2010, when a software engineer named Laszlo Hancez offered to exchange 10,000 bitcoins for two pizzas – a transaction which required the "buyer" to accept the bitcoins and order Papa John's using a conventional credit card (so, at this stage, the vendor of the actual goods still had no contact with the digital currency). However, Bitcoin advocates cheered this successful maiden transaction as "a great milestone", recognizing it as proof of at least someone having faith in the value of Bitcoin (demonstrated by his willingness to accept the digital cash as payment)." [Yily Zhang, **The Incompatibility of Bitcoin's Strong Decentralization Ideology and Its Growth as a Scalable Currency**, 11 N.Y.U. J.L. & Liberty 556, 599 (2017) – pp. 570-571]
[46] Kevin V. Tu & Michael W. Meredith. **Rethinking virtual currency regulation in the bitcoin age**. – Disponível em http://ssrn.com/abstract=2485550 – acesso em 31.05.2017 – p. 285 – Em tradução livre: "As transações informais com *Bitcoin* começaram em janeiro de 2009, quando o próprio Nakamoto "minerou" o primeiro bloco de transações adicionado ao razão público. A primeira transação com *Bitcoin* se deu com a entrega de duas pizzas de Papa John (que custaram 10.000 *bitcoins*, atualmente avaliados em mais de US $ 5,9 milhões). Outra transação inicial foi a compra de meias de lã de alpaca. Alguns usuários começaram a

2. NATUREZA JURÍDICA DAS *CRIPTOMOEDAS* – PERSPECTIVAS DOUTRINÁRIAS

De fato, embora ainda não tenham uma difusão extraordinária, é inegável que as *criptomoedas* – e, em particular, o *bitcoin* – passaram a ser aceitas em diferentes partes do mundo para pagamento dos mais diversos serviços ou produtos. Assim, há vários segmentos que aceitam as *criptomoedas* como forma de pagamento, o que vem crescendo ao longo dos anos. Do Canadá à Dinamarca, do México à Alemanha, da Argentina ao Brasil, é crescente o número de estabelecimentos que trabalham com *criptomoedas* sem qualquer dificuldade[47]. A variedade de produtos e serviços passa por hotéis na Europa, taxis na Argentina e até mesmo academias de ginástica no Brasil[48].

A função meio de pagamento, inerente às moedas, parece estar assim preenchida, como reconhece mesmo a doutrina mais abalizada[49]. O reconhecimento dessa função econômica importa também à avaliação da natureza jurídica das *criptomoedas* vez que, como já vimos, o aspecto jurídico da moeda não prescinde da verificação de suas funções econômicas, que lhe dão suporte.

doar *bitcoins* para aumentar sua circulação. Desde então, o *Bitcoin* cresceu para suportar uma "base de aproximadamente 10.000 usuários, incluindo várias centenas de comerciantes que ... aceitam [*Bitcoin*] ... como ... pagamento", processando mais de US $ 300.000 em transações de Bitcoin todos os dias. Além disso, o valor de um *bitcoin* também cresceu exponencialmente, atingindo o alto valor de US $ 1200."

[47] O número de estabelecimentos físicos que aceitam pagamento em bitcoins cresceu velozmente ao longo dos anos por todo o mundo. Em fevereiro de 2013 havia só 03 (três) estabelecimentos ao redor do planeta que aceitavam criptomoedas como forma de pagamento. Em novembro do mesmo ano havia 1.003 estabelecimentos cadastrados na página coinmap. org (destinado a indicar estabelecimentos em que as criptomoedas são aceitas como forma de pagamento), enquanto em setembro de 2018 este número subiu para 13.214 estabelecimentos ao redor do mundo. Fonte: coinmap.org – acesso em 13 de setembro de 2018. Como visto, o número subiu ainda mais, chegando a 19.140 em março de 2020. Ou seja, em 07 (sete) anos o número de estabelecimentos ao redor do mundo que aceitam *criptomoedas* saltou de 03 (três) para 19.140.

[48] A esse respeito consultar o mapa *open source* coinmap.org, com indicação dos diversos estabelecimentos aptos a receber pagamentos em *criptomoedas*, bem como notícias veiculadas em diferentes publicações, como, por exemplo, o jornal Folha de São Paulo, em sua edição de 04 de julho de 2016, com o título "Com crise e inflação, Buenos Aires lidera em bitcoin na América Latina. Instabilidade monetária e restrições à compra de dólar impulsionam uso de moeda virtual." E, em seu subtítulo – "Site aponta 126 lugares que aceitam bitcoins como pagamento, ante apenas 34 em São Paulo e 11 no Rio de Janeiro" (Caderno TEC, p. A20)

[49] Barossi, Milton e Stajzn, Rachel, op. cit. pp. 1686

As críticas à possibilidade de se classificar as *criptomoedas* como moedas estão centradas mais nas outras duas funções da moeda: unidade de conta e reserva de valor.

Iniciemos por analisar a função de unidade de conta, ou seja, a possibilidade de estabelecer um padrão de valor a partir do qual podem ser medidos os valores dos bens em geral [50]. Claro está que a mera possibilidade de funcionar como unidade ou padrão de conta não é suficiente para determinar que tal medida ou padrão seja necessariamente uma *moeda*. Nem toda unidade de conta é moeda. Mas toda moeda deve encerrar em si uma função de unidade de conta.

Estabelecer uma unidade de conta deve ser assim uma das características das *criptomoedas* para que se possa perquirir sobre sua natureza como real *moeda*. Como se sabe, desde seu lançamento em 2008 as *criptomoedas* – o *bitcoin* em particular – têm apresentado oscilação constante de valor. Sua cotação, ancorada em moedas fiduciárias como o dólar ou o euro, demonstrou volatilidade surpreendente, o que fez com que muitos estudiosos considerassem que tais *criptomoedas* nada mais fossem do que uma "bolha" ou uma "pirâmide financeira" ("*ponzi scheme*")[51].

---

[50] "The unit of account provides a standard of value against which the value of *commodites* can be measured." PROCTOR, Charles. **Mann on the legal aspect of money**. Oxford University Press, 2012, p. 32 Em tradução livre: "A unidade de conta fornece um padrão de valor com base no qual o valor das mercadorias pode ser medido."

[51] Em 12 de setembro de 2017 o CEO do JPMorgan Chase, Jamie Dimon, por exemplo, manifestou sua desconfiança com relação ao bitcoin que, segundo ele, seria uma fraude, prestes a "explodir". (Cf. "JPMorgan CEO Jamie Dimon says bitcoin is a 'fraud' that will eventually blow up" – acessível em https://www.cnbc.com/2017/09/12/jpmorgan-ceo-jamie-dimon-raises-flag--on-trading-revenue-sees-20-percent-fall-for-the-third-quarter.html?utm_source=MIT+Tech nology+Review&utm_campaign=134961918d-The_Download&utm_medium=email&utm_term=0_997ed6f472-134961918d-153875273 – ultimo acesso 13.09.2018)
O Bank of International Settlements (BIS) também indicou, em junho de 2018, através de seu diretor geral, Agustin Carstens, que o bitcoin é *"a combination of a bubble, a Ponzi scheme and an environmental disaster"*. (https://www.reuters.com/article/us-crypto-currencies-bis/the-bigger--cryptocurrencies-get-the-worse-they-perform-bis-idUSKBN1JD0QF – acesso em 18.06.2018)
A razão pela qual se identifica uma fraude financeira como sendo um esquema "Ponzi" tem uma explicação histórica, como nos lembram Maria Letizia Perugini e Cesare Mioli: "*Si tratta di uno schema truffaldino in base al quale um sedicente promotore finanziario propone a cliente normalmente poco versati nelle questioni econcomiche un investimento ad alto retorno; in un primo momento vengono versati ingenti interessi che sono prelevati diretamente dal denaro raccolto; gli investitori, ignari della manovra pubblicizzano con il passaparola l'attività del truffatore che raccoglie così ulterior investimenti:*

2. NATUREZA JURÍDICA DAS *CRIPTOMOEDAS* – PERSPECTIVAS DOUTRINÁRIAS

Por essa razão, estudiosos refutam a adequação da função unidade de conta às chamadas *criptomoedas*[52]. A volatilidade de que se revestem não permitiria encontrar nas mesmas uma unidade de conta e, consequentemente, uma reserva de valor. Vários economistas[53] indicam a impossibilidade de se associar às *criptomoedas* as funções básicas da moeda fiduciária, reservando alguma pequena exceção para a função meio de troca ou meio de pagamento[54].

quando l'attività ha fruttato abbastanza denaro, l'impostore si dilegua. Lo schema porta il nome di Charles Ponzi, un italiano emigrato negli Stati Uniti che a Boston nel 1920 si accaparrò con questo sistema una cifra di quasi $30.000.000; al collasso dello schema gli investitori ricevettero solo 30 centesimi per dollaro investito con una perdita totale di oltre $ 20.000.000; Ponzi venne arrestato per trufa e, al rilascio, mise in atto lo schema nello Stato della Florida, venendo arrestato di nuovo; questi fatti si ripeterono più volte nel corso della sua vita finché morì in povertà a Rio de Janeiro nel 1949. In tempi recenti, Bernard Madoff, presidente del NASDAQ *(il listino dei titoli tecnologici statunitensi), ha applicato lo Schema di Ponzi prometendo ai propri investitori un interesse del 10% e raccogliendo oltre $ 65.000.000.000; nel 2008, il collasso dello schema ha portato all'arresto per turfa di Madoff che, nel 2009 è stato condannato a 150 anni di prigione, il massimo della pena e il triplo rispetto a quanto richiesto dall'accusa: secondo quanto affermato dal Giudice Danny Chin della District Court of New York, la misura esponenziale dei danni provocati richiedeva l'intervento di uma condanna esemplare.* (**Bitcoin: tra moneta virtuale e commodity finanziaria** – acessível em http://ssrn.com/abstract=2526207)

A descrição do que seria um "Ponzi scheme" é também detalhada por Charles Kindleberger em seu **Manias, Panics and Crashe**s(Wiley, 2005), em que faz ainda uma crítica à impunidade reinante no Brasil, sob seu ponto de vista: "*The Ponzi schemes generally involve promises to pay an interest rate of 30 or 40 or 50 percent a month; the entrepreneurs that develop these schemes always claim they have discovered a new secret formula so they can earn these high rates of return. They make the promised interest payments for the first few months with the money received from their new customers attracted by the promised high rates of return. But by the fourth or fifth month the money received from these new customers is less than the monies promised the first sets of customers and the entrepreneurs go to Brazil or jail or both.*" (p.13)

[52] A título meramente exemplificativo, veja-se:
BAROSSI-FILHO, Milton; SZTAJN, Rachel. **Natureza jurídica da moeda e desafios da moeda virtual** *In* RJLB, Ano I (2015), nº 1, p. 1686: "*A bitcoin, cryptocurrency, não é dotada de uma das funções usuais de qualquer moeda fiduciária, a capacidade de expressar uma unidade de conta. Ao serem escrituradas recorre-se a alguma moeda de curso forçado.*"

[53] A título exemplificativo, ver YERMAK, David **Is bitcoin a real currency? An Economic Appraisal**. Acessível: https://www.nber.org/papers/w19747 – Acesso: 22nov2017, do qual extraímos as seguintes passagens: "*Bitcoin faces a number of obstacles in becoming a useful unit of account.*" (p. 11); "*For bitcoin to become more than a curiosity and establish itself as a bona fide currency, its daily value will need to become more stable so that it can reliably serve as a store of value and as a unit of account in commercial markets.*" (p. 16)

[54] Gustavo Loyola, ex presidente do Banco Central do Brasil é enfático ao descartar qualquer possibilidade de se atribuir às *criptomoedas* as funções de unidade de conta e reserva de valor, ao estatuir que "*o bitcoin é imprestável como reserva de valor, por causa da excessiva volatilidade de*

Embora muitos adeptos das *criptomoedas* vejam nas mesmas uma fonte de ganho, que para eles seria compatível com a função "reserva de valor", fato é que a oscilação da cotação das *criptomoedas* não permite antever alguma estabilidade de seu valor, o que lhes retiraria esta função econômica e, ao mesmo tempo, desnaturaria outra função, a de "unidade de conta", na medida em que não seria possível estabelecer um parâmetro razoavelmente estável de valoração de bens com base na unidade de uma *criptomoeda*.

Há que se considerar, porém, que das três funções indicadas, a função meio de pagamento parece ser a que mais se destaca na avaliação do que venha a ser *moeda*, tal como hoje a conhecemos. De fato, há quem ressalte o fato de que, mesmo havendo três funções que caracterizariam a moeda, não há necessariamente uma coexistência permanente destas três funções como regra imutável para que se identifique a moeda. Veja-se o interessante pensamento de Rosenn, para o qual

> *"Os sistemas legais dependem do dinheiro para desempenhar três funções essenciais: o dinheiro serve como (1) um meio de pagamento, facilitando a troca de bens e serviços; (2) uma medida de valor, permitindo um método comum para determinar o valor de bens e serviços; e (3) uma reserva de valor, facilitando a economia e o pagamento diferido de obrigações. Portanto, pode-se definir dinheiro como todos os ativos que executam essas três funções. É prontamente aparente, no entanto, que **nenhum ativo isolado executa exclusivamente essas três funções; nas economias modernas, uma variedade de ativos desempenha algumas ou todas essas funções em graus variados.** Cheques ou cartões de crédito podem ou não ser aceitos como meio de pagamento. Mesmo o dinheiro pode não servir como meio de pagamento, como quando alguém tenta pagar gasolina a uma hora tardia com uma nota de cinquenta dólares. Dependendo da taxa de inflação, o dinheiro pode ou não ser uma reserva de valor ou uma medida de valor."*[55]

---

seu preço, que pode variar mais de 20% num só dia. Pela mesma razão, seu uso como unidade de conta é inviável." (LOYOLA, Gustavo. **Bitcoin: criptomoeda ou pseudomeda?** – publicado no Valor Online em 05.02.2018 – acessível em http://www.gsnoticias.com.br/noticia-detalhe/bitcoin-criptomoeda-ou-pseudomoeda)

[55] ROSENN, Keith S. **Law and inflation** University of Pennsylvania Press – Philadelphia, 1982 (p. 36 – grifamos) Tradução livre. No original: *"Legal systems depend upon money to perform*

2. NATUREZA JURÍDICA DAS *CRIPTOMOEDAS* – PERSPECTIVAS DOUTRINÁRIAS

Sendo assim, o fato de as *criptomoedas* ainda não desempenharem (ao menos não de forma mais ampla ou perfeitamente) as funções de unidade de conta e reserva de valor, na atual configuração do fenômeno, não parece autorizar, de forma categórica, a rejeição perene das mesmas como *moedas*, na medida em que podem alcançar um desempenho satisfatório como unidade de conta e reserva de valor se sua evolução apontar para uma estabilização suficientemente adequada ao preenchimento de tal função.

Essa possiblidade prende-se, grosso modo, a dois fatores principais: (a) para que uma *criptomoeda* possa desempenhar a função de unidade de conta, será indispensável que alcance uma estabilidade maior. A variação do valor atribuído às *criptomoedas* (e ao *bitcoin* em particular) não permite, até agora, uma adequada valoração de bens tendo por base exclusivamente esse critério; (b) da mesma forma, não sendo possível estabelecer uma adequada valoração de bens frente às *criptomoedas*, dada sua volatilidade persistente, não é possível também identificar aí a função de reserva de valor. Ora, se não há uma estabilidade valorativa da *criptomoeda*, não se pode imaginar que esta represente uma reserva futura, uma vez que sua cotação pode ser maior ou menor em períodos muito frequentes e sem um indicativo, até o momento, de que será possível alcançar a necessária estabilidade.

De toda forma, como análise comparativa, parece-nos interessante ter em mente a ponderação de Rosenn, acima mencionada, quando avaliamos por exemplo a situação da moeda fiduciária em tempos de inflação galopante, como lamentavelmente já experimentamos por aqui. A moeda, neste caso, continua exercendo sua função de meio de pagamento, mas perde suas funções de unidade de conta e reserva de valor. Nem por isso, no entanto, deixa de ser *moeda*. Mas nesse caso sua manutenção como *moeda* liga-se mais à sua conformação jurídica do que sua estruturação econômica. O que nos leva a

---

three essential functions: money serves as (1) a means of payment, facilitating the exchange of goods and services; (2) a measure of value, permitting a common method of determining the value of goods and services; and (3) a store of value, facilitating savings and the deferred payment of obligations. Hence, one can define money as all assets which perform these three functions. It is readily apparent, however, that no single asset uniquely performs these three functions; in modern economies, a variety of assets perform some or all of these functions in varying degrees. Checks or credit cards may or may not be accepted as means of payment. Even cash may not serve as a means of payment, such as when one tries to pay for gasoline at a late hour with a fifty dollar bill. Depending on the inflation rate, cash may or may not be a store of value or a measure of value."

CRIPTOMOEDAS

uma ideia de que mesmo uma moeda que não preencha as três funções pode, esporadicamente, ser considerada moeda, sob o ponto de vista *jurídico*, desde que se reconheça seu curso legal e seu curso forçado, desde que a ordem jurídica reconheça neste instrumento um meio de pagamento legal e obrigatório.

As *criptomoedas*, portanto, podem se aproximar da moeda fiduciária de modo mais claro quando se avaliam suas funções econômicas e, em particular, a função meio de troca ou meio de pagamento. Já quando nos voltamos a aspectos jurídicos da moeda, um arcabouço legal que a regulamente e, principalmente, uma autoridade central que a emita e gerencie, a comparação entre ambas parece se distanciar, fazendo supor que, na conformação atual do que juridicamente se considera moeda, as *criptomoedas* não encontrariam guarida.

2.2 Possibilidades e limitações da comparação das *criptomoedas* com fenômenos análogos às moedas fiduciárias

Se partirmos da premissa acima ventilada, acerca da possível não coexistência das três funções da moeda, veremos que outros fenômenos, além das *criptomoedas*, podem também se aproximar das moedas fiduciárias, no que se refere à análise puramente econômico funcional.

De fato, há outros fenômenos que coexistem com a moeda nacional e que exercem em algum momento ao menos alguma das funções da moeda. É notória a existência de instrumentos que desempenham funções de troca que corriqueiramente são tidas como moeda, não em sua acepção técnica, mas na visão generalizada de seus detentores.

2.2.1 Os chamados "vales"

Os vale-transporte, vale-refeição e outros instrumentos do gênero, embora desenvolvidos para desempenhar uma determinada função (função de troca por um bem determinado: transporte ou alimento, nos exemplos dados) são muitas vezes desvirtuados e acabam por ser transformados em "quase moeda", na medida em que são "vendidos" com deságio, muitas vezes para fazer frente à necessidade de outros bens cuja troca dependa da moeda corrente, da moeda convencional.

2. NATUREZA JURÍDICA DAS *CRIPTOMOEDAS* – PERSPECTIVAS DOUTRINÁRIAS

Tal como a moeda, o vale-transporte ou o vale-refeição, ou ainda o vale-alimentação, para ficarmos nestes exemplos, podem ser tidos como "meios de pagamento" dos serviços correspondentes. A função meio de pagamento, nestes casos, poderia, num primeiro momento, levar à ideia de que tais instrumentos são próximos da moeda. Porém, diferentemente da moeda, estes instrumentos não se prestam a exercer a função meio de pagamento *geral*. Apenas e tão somente com relação a determinados bens ou serviços poderão (ou não) ser aceitos como forma de pagamento. Da mesma forma, as funções unidade de conta e reserva de valor não se aplicam a estes instrumentos, seja por sua limitada aplicação a determinados serviços ou bens, o que lhes retira a possibilidade de serem tidos como unidades de conta, seja por não garantirem a mesma possibilidade de aquisição em determinado momento no futuro[56].

A compreensão desse fenômeno requer a distinção entre curso legal e curso forçado dos instrumentos sob análise. Diferentemente da moeda, os vale-transporte, vale-refeição ou vale-alimentação, embora perfeitamente inseridos no sistema legal, não são de aceitação obrigatória irrestrita, ou seja, não têm curso forçado necessário e inafastável. Não se pode obrigar determinado estabelecimento a aceitar um vale-refeição ou vale-alimentação, por exemplo, mas o vale-transporte, dentro de determinado limite geográfico, pode ser de aceitação obrigatória. Essa diferença entre os diversos "vales" está ligada ao fato de que o transporte público é gerido pelo Poder Concedente, ao passo que a refeição e a alimentação são oferecidas pelos particulares, em sistema de mercado livre. Ou seja, o titular do vale-transporte não pode escolher utilizar esse instrumento no transporte público ou privado. Apenas o

---

[56] É interessante notar também que tais instrumentos são dotados de pouca liquidez, já que não são facilmente transformados em moeda. A questão da liquidez acaba por nos auxiliar a avaliar quais bens funcionam como moeda e quais funcionam como quase-moeda:"*(...) a distinção entre moeda e 'outros' não é clara. Em qualquer momento dado, pode haver alguns artigos que estejam a meio caminho do processo de se transformarem em moeda. A linha de demarcação entre moeda e não-moeda é, portanto, imprecisa. (...) Não importa o grau de amplitude ou estreiteza em que se defina a moeda, sempre há alguns ativos que, embora excluídos da definição de moeda, ficam muito próximos da fronteira. A moedicidade é um moto contínuo. Portanto, chamamos os itens que são excluídos da definição de moeda mas se parecem muito com itens que são incluídos de quase-moedas.*" Cf. MAYER, Thomas; Duesenberry, James S.; ALIBER, Robert Z. **Moeda, bancos e a economia** Ed. Campus, RJ, 1993, pp. 14/15.

CRIPTOMOEDAS

transporte público está obrigado a aceitar o vale transporte, por força de lei[57]. Em outras palavras: o transporte público, ainda que operado sob concessão, não pode recusar o vale-transporte, mas o serviço de táxis não está obrigado a aceitá-los, pois não se qualifica como serviço público de transporte.

Assim, embora os diferentes "vales" possam apresentar contornos de meio de pagamento, esta função seria limitada a determinadas situações, podendo efetivamente cumprir essa função apenas quando apresentados para os fins aos quais a lei atribui validade e eficácia. Não se pode comprar alimentos com "vales transporte", por exemplo, nem acessar serviços de transporte com "vales refeição". Nisso também se distinguem das *criptomoedas*, que foram concebidas com o objetivo de desempenharem a função meio de troca de forma indiscriminada: quaisquer bens ou serviços podem, em princípio, ser adquiridos por meio de *criptomoedas*, sem que se delimite uma situação específica para seu uso.

2.2.2 Os "pontos" de cartões

Fenômeno mais recente e que de certa forma pode também ser comparado à moeda diz respeito à aquisição de certos direitos ou vantagens a partir da utilização de determinado serviço ou bem. Trata-se dos "pontos" atribuídos a quem realiza compras ou contrata serviços frequentemente nos mesmos estabelecimentos ou em estabelecimentos "parceiros". O usuário dos estabelecimentos – ou, mais frequentemente, o titular de determinados cartões com os quais efetua os pagamentos em tais estabelecimentos – são agraciados a cada nova compra ou pagamento de serviços com um número determinado

---

[57] No Brasil, a Lei 7.418/85, que institui o vale-transporte é explícita ao conferir aos operadores do sistema de transporte a capacidade para emitir e comercializar o instrumento: *"Art. 5º – A empresa operadora do sistema de transporte coletivo público **fica obrigada a emitir e a comercializar o Vale-Transporte, ao preço da tarifa vigente, colocando-o à disposição dos empregadores em geral e assumindo os custos dessa obrigação,** sem repassá-los para a tarifa dos serviços."* Sua obrigatória aceitação como forma de pagamento do transporte público está evidenciada no artigo 3º do regulamento de referida lei (Decreto 95.247/87): *"Art. 3° O Vale-Transporte é utilizável em todas as formas de transporte coletivo público urbano ou, ainda, intermunicipal e interestadual com características semelhantes ao urbano, operado diretamente pelo poder público ou mediante delegação, em linhas regulares e com tarifas fixadas pela autoridade competente. Parágrafo único. Excluem-se do disposto neste artigo os serviços seletivos e os especiais."* (grifamos)

de "pontos", que se acumulam ao longo do tempo. Estes "pontos" podem ser utilizados posteriormente pelo titular como forma de obter outros bens ou serviços, conforme estipulado pelo estabelecimento fornecedor dos pontos ou pelo emissor do cartão.

Trata-se, como se vê, de uma forma de fidelizar a clientela, através da qual estabelecimentos comerciais ou emissores de cartões captam a preferência dos clientes oferecendo-lhes benefícios ou vantagens com a utilização frequente de seus produtos ou serviços. Embora no momento da troca de pontos por produtos ou serviços o cliente possa ter a sensação de que está "comprando" o produto, tal como se o estivesse pagando com moeda (equiparando-se os "pontos" a moeda), trata-se na verdade de uma transação diversa da compra e venda. Não há liberdade por parte do cliente quanto à utilização dos "pontos", na medida em que não pode escolher os produtos ou os estabelecimentos para efetuar a troca. Há um rol de produtos e serviços previamente selecionados pelo próprio estabelecimento ou emissor do cartão, sendo que o número de pontos necessários para efetuar a troca é também determinado unilateralmente pelo estabelecimento (ou emissor do cartão).

A confusão que muitas vezes se observa no discurso quotidiano ocorre pelo fato de que o titular dos "pontos" afirma que "comprou" uma passagem aérea, por exemplo, com "pontos". Na verdade, não houve compra. Houve uma troca mediada seja pela própria companhia aérea seja pelo emissor do cartão de crédito. Todo o arcabouço dessa premiação centra-se num relacionamento entre os estabelecimentos e os emissores de cartão que, buscando fazer com que a clientela continue a efetuar suas compras em determinados locais ou com o uso de certos cartões, efetuam um cálculo de probabilidades e de margem de lucro que levam em conta a vantagem financeira da manutenção do cliente (considerando sua média de gastos, por exemplo) versus o custo do benefício ofertado.

Assim, embora muitas pessoas pensem estar "comprando" bens ou serviços por meio de pontuação em cartões, estes "pontos" em nada se assemelham à moeda, pois faltam-lhes todas as funções típicas de qualquer moeda. Não exercem a função de unidade de conta e tampouco de reserva de valor, não preenchendo sequer a função meio de pagamento, já que estão limitados a um universo de bens e serviços definidos e, via de regra, são utilizáveis por período de tempo determinado.

Este fenômeno, portanto, não guarda qualquer semelhança com as *criptomoedas* no que respeita sua aproximação à moeda fiduciária. Quando muito, pode-se dizer que haveria alguma proximidade (e ainda assim remota) entre os "pontos" de cartões e as *criptomoedas* no que se refere à transação por meios digitais. Hoje a maior parte dos "pontos" são acumulados em cartões ou plataformas digitais e a troca por benefícios só pode ser feita através do acesso a páginas de *Internet*, com o apoio da tecnologia destinada a identificar o real titular dos pontos em questão. A semelhança – se é que há alguma – estaria centrada no uso da tecnologia para gerenciar a emissão e resgate de pontos e no fato de que a administração e gerenciamento dos "pontos" está a cargo de particulares mas, ainda assim, no caso dos pontos, de forma centralizada no emissor do cartão ou no estabelecimento e sempre sob a malha legislativa vigente[58]. As *criptomoedas*, diferentemente dos "pontos", não são administradas e gerenciadas por um ente central, mas pela comunidade do *blockchain* e, diferentemente dos "pontos", podem ser utilizadas em qualquer estabelecimento que as aceite, para a compra de qualquer bem ou serviço, a critério de seu titular.

2.2.3 As "moedas sociais"

Dentre todos os fenômenos que possam se assemelhar de algum modo à moeda, um dos mais interessantes é o das chamadas "moedas sociais". As "moedas sociais", como se sabe, são emitidas não por autoridades governamentais constituídas, mas por pequenos grupos, pequenas comunidades, nas quais circulam tal qual a moeda convencional estatal. Com elas os indivíduos compram e vendem bens e serviços, efetuam pagamento de salários e aluguéis e, enfim, promovem todas as trocas usualmente efetivadas por meio de moedas nacionais[59].

[58] As operações realizadas por meio de troca de pontos acumulados são vinculadas a um contrato subjacente, entre o emissor do cartão (ou dos "pontos") e o beneficiário das vantagens, estas estabelecidas de forma unilateral, o que, portanto, restringe a liberdade de escolha da outra parte. Não parece haver, portanto, um paralelo factível entre "pontos" ou "milhas" e moedas.

[59] Interessante estudo apresentando aspectos econômicos e históricos da moeda social pode ser encontrado em SOUZA, Henrique Pavan Beiro de. **Moedas sociais e desenvolvimento: uma discussão teórica.** Acessível: https://socialcurrency.sciencesconf.org/conference/

2. NATUREZA JURÍDICA DAS *CRIPTOMOEDAS* – PERSPECTIVAS DOUTRINÁRIAS

Surgem, de forma mais expressiva, no Canadá, na década de 1980, com a instituição dos "Local Exchange Trading Systems"[60] ("LETS"). A ideia por trás da moeda social é integrar a população de determinada região e possibilitar a geração de desenvolvimento local. O sistema é administrado pelos próprios usuários, o que pauta a circulação das moedas sociais na confiança existente entre os membros da comunidade. Hoje as chamadas moedas sociais são encontradas em diferentes países como Brasil, México, Argentina, Inglaterra, Espanha e Estados Unidos, por exemplo[61].

No Brasil os exemplos mais conhecidos encontram-se na região Nordeste. As moedas sociais (há várias diferentes) circulam com lastro em reais, sendo emitidas por bancos comunitários, apoiados e estimulados pelo governo federal. Os bancos comunitários têm relações contratuais com instituições bancárias, que podem se dar como correspondentes bancários ou como agentes de microcrédito. Assim, embora a administração das moedas se dê de forma "privada", pelos agentes locais, estas moedas são acompanhadas pelo Banco

---

socialcurrency/pages/MOEDAS_SOCIAIS_E_DESENVOLVIMENTO_PAVAN.pdf. Acesso: 31maio2018, que procura abordar o assunto sob o ponto de vista econômico e social, como se vê, por exemplo, nas seguintes passagens: "(...) *para além de questões meramente "economicistas", a moeda social supostamente possibilita integração social com adensamento de redes de confiança, inclusão financeira, aumento da autoestima, empoderamento e geração de capital social."* (p. 3); *"Dado o alto risco e custos que as instituições financeiras tradicionais caracteristicamente enfrentam (ou acreditam enfrentar) ao procurar atingir clientes em nível micro localizado tanto na esfera geográfica como na social, as moedas sociais desempenham um papel de inclusão essencial."* (p. 8); *"As moedas sociais devem ser encaradas como mecanismos de indução do desenvolvimento socioeconômico tanto por suas características propriamente monetárias e econômicas, como por questões sociais. A própria noção de desenvolvimento já não comporta tão somente preocupações acerca do crescimento econômico e da industrialização em níveis macroeconômicos e macrossociais. Questões relativas à economia local e a atributos como capital social e coprodução entram na agenda de uma preocupação mais disseminada e democrática acerca dos rumos da economia."* (p. 14)

[60] Em tradução livre: Sistemas de Trocas Comerciais Locais.

[61] Sobre o surgimento e evolução das moedas sociais ao redor do mundo ver, entre outros: DE PAULA, Carolina Gabriel. **Do território ao lugar: bancos comunitários, moedas locais e o circuito inferior da economia urbana em São Paulo – SP**. Dissertação de Mestrado na área de Geografia Humana da Faculdade de Filosofia, Letras e Ciências Humanas da Universidade de São Paulo, 2015, particularmente a partir da p. 68; e ainda SCALFONI, Ariádne. **Moedas sociais e bancos comunitários no Brasil: aplicações e implicações, teóricas e práticas** Tese de Doutorado apresentada à Escola de Administração da Universidade Federal da Bahia em fevereiro de 2014 (histórico pode ser encontrado a partir da p. 48)

CRIPTOMOEDAS

Central, com o objetivo de ampliar a inclusão financeira no País, mediante estudos da evolução do uso de moedas socias no Brasil e obtenção de informações sobre o mesmo tema em outros países.

É importante destacar que inicialmente houve, com relação às chamadas "moedas sociais", uma desconfiança e preocupação que levaram à solicitação de providências das autoridades para que se avaliasse possível ilícito financeiro[62]. A experiência que propõe a "emissão de moeda" (papel moeda, inicialmente) paralela à moeda fiduciária nacional, foi detidamente analisada e não foi tida como abusiva ou ilícita, passando a ser acompanhada pelas autoridades competentes. A ideia de seus criadores não era (supostamente ao contrário do que se imagina ter sido a ideia original dos criadores do *bitcoin*) a de desafiar o poder central e tampouco esquivar-se do pagamento de obrigações por meio da moeda fiduciária, mas sim promover o desenvolvimento local com a geração de emprego e renda na região.

Diversamente do que se poderia imaginar, a emissão das moedas sociais não se dá ao talante dos diferentes bancos comunitários, mas vincula-se ao montante de moeda corrente circulante. O lastro das moedas sociais é a moeda fiduciária. A questão é facilmente compreendida quando se toma como exemplo a moeda social "palmas":

> *"Todas as operações feitas com a moeda social circulante local palmas estão lastreadas na proporção 1 x 1 em relação aos reais, ou seja, só são emitidas palmas que estejam lastreadas em moeda corrente. Como incentivo ao uso da moeda local, os pagamentos e as compras feitas com uso de palmas recebem desconto de 5% no seu valor de face. Dessa forma, boa parte do produto da região fica*

---

[62] De fato, em 2001 o Banco Central do Brasil comunicou ao Ministério Público indícios de infração penal em decorrência de suposta emissão de moeda pela Associação de moradores do Conjunto Palmeira, em Fortaleza. Esse episódio, que envolve um dos pioneiros na concessão de crédito comunitário no Brasil – o Banco Palmas, cujas atividades começaram em 1988 – deu início aos estudos levados a cabo pelo Banco Central e a constatação de que o intuito dessa comunidade não era o de imprimir moeda, mas sim de incentivar o desenvolvimento local com base em concessão de crédito mais barato para uma população que não tinha acesso aos insumos financeiros dos grandes centros. A esse respeito ver o relato contido nos "Anais do I Forum do Banco Central sobre Inclusão Financeira – 2009", em especial o título referente às moedas sociais, bancos comunitários e outras iniciativas, em particular a página 78.

2. NATUREZA JURÍDICA DAS *CRIPTOMOEDAS* – PERSPECTIVAS DOUTRINÁRIAS

retida e é utilizada para retroalimentar e ampliar a circulação de bens e serviços na economia local.[63]"

Um dos pioneiros no estudo e estímulo às "moedas sociais" e, mais precisamente, à economia solidária, foi o Professor Paul Singer. Como ele bem nos lembra, a *"economia solidária exige que as pessoas acreditem umas nas outras, que tenham confiança nas coisas. Exige também conhecimento pessoal, diferentemente dos grandes bancos, que procuram levantar dados sobre as pessoas para conceder crédito. Esses dados, em geral, são "abstratos", impessoais e podem estar errados.[64]"*

É importante que se reforce, no entanto, que a moeda social é complementar à moeda fiduciária nacional e nesta tem seu lastro. No Brasil, o primeiro banco comunitário foi o Banco Palmas, criado em 20 de janeiro de 1988 no Conjunto Palmeiras, bairro de Fortaleza, Ceará. No dizer dos próprios criadores do banco, que hoje conta já mais de trinta anos de existência, para *"aqueles que acompanham as revoluções das moedas digitais, seria uma espécie de BlockChain de papel"* [65]. O formato dessa nova "moeda" mostrou-se muito promissor e logo houve uma diversificação de serviços, com o oferecimento de crédito em reais para os pequenos empreendedores, a juros muito reduzidos, e crédito em moeda social ("palmas") para os consumidores locais.

Verifica-se, portanto, que tal como as *criptomoedas*, essas moedas sociais tiveram sua origem fora do sistema institucional, mas por uma necessidade extrema de desenvolvimento local, cuja solução não parecia possível seja pela distância física das instituições financeiras, seja pelo alijamento da comunidade do círculo de interesse destas mesmas instituições, visto ser formada majoritariamente (senão exclusivamente) por pessoas desprovidas de qualquer possibilidade de oferecer garantias de pagamento ou contrapartidas usualmente requeridas para os financiamentos corriqueiros. A partir das análises das autoridades, houve não apenas o reconhecimento da licitude de sua utilização, como se procurou inserir este instrumento de desenvolvimento social

---

[63] "Anais do I Forum do Banco Central...." – p. 79.
[64] "Anais do I Forum do Banco Central...." – p. 89
[65] Manifesto "20 anos do Banco Palmas", p. 4, acessível em https://pt.scribd.com/document/369586788/Manifesto-20-Anos-Banco-Palmas#download&from_embed

CRIPTOMOEDAS

cada vez mais no sistema financeiro como um todo, de modo a promover o desenvolvimento local com maior garantia jurídica[66].

Embora as moedas sociais, em certa medida, se assemelhem aos "vales" (pois circulam num território definido e não podem ser trocadas por reais, a não ser pelos próprios bancos comunitários), o fato é que são tidas como verdadeiras moedas, com as quais a comunidade local efetua compras e faz pagamentos, inclusive de salários e tributos.

Vemos, portanto, que as moedas sociais apresentam pontos em comum com as *criptomoedas*. A começar pelo fato de não serem emitidas por uma autoridade central, embora sejam (e aqui de forma diferente do que ocorre hoje com as *criptomoedas*) coordenadas e acompanhadas por agentes estatais, que delas têm pleno conhecimento. Veja-se que se trata de coordenação e acompanhamento, em perfeita sintonia com as comunidades locais, o que não retira das moedas sociais seu aspecto de autogestão. A ausência de uma regulação formal também aproxima as moedas sociais das *criptomoedas*, sendo que o início das moedas sociais foi igualmente conturbado, passando mesmo pela tentativa de proibição de circulação destas moedas paralelas, até a aceitação de sua existência e a observação de seu desenvolvimento com sua absorção pelo sistema, o que pode talvez sugerir um caminho semelhante para as *criptomoedas*.

A forma de gestão das moedas sociais também pode se mostrar mais próxima das *criptomoedas*, na medida em que numa e noutra há ideia de autogestão, sem o controle de um órgão superior centralizado. Há uma ideia de governança que parece aproximar as duas realidades, não obstante sua distância conceitual e tecnológica. A busca por regulação que se vê no âmbito interno quanto às moedas sociais pode eventualmente nos dar um norte para uma avaliação de potencial regulação das *criptomoedas*, em sua formulação de governança descentralizada sem prescindir do Estado.

De forma resumida podemos dizer que os "vales", os "pontos" e as "moedas sociais" podem apresentar características aproximadas às da moeda fiduciária,

---

[66] Veja-se, como exemplo, Projeto de Lei Complementar apresentado na Câmara do Deputados em 02 de agosto de 2007, que "Estabelece a criação do Segmento Nacional de Finanças Populares e Solidárias e dá outras providências." Tal projeto encontra-se com parecer favorável da Comissão de Finanças e Tributação da mesma Casa, datado 26/06/2018 (https://www.camara.leg.br/proposicoesWeb/fichadetramitacao?idProposicao=361065 – acesso em 16.10.2018)

sendo que os "pontos" parecem ser os que dela mais se afastam, por não preencherem nenhuma das funções econômicas atribuídas àquele instituto. Já os "vales" podem ter uma aproximação maior na medida em que desempenham ao menos parcialmente a função meio de pagamento, embora de modo muito limitado. Por sua vez, as "moedas sociais" parecem ter proximidade maior com as moedas tradicionais, na medida em que desempenham a função meio de pagamento, a função unidade de conta e a função reserva de valor (atrelada, é verdade, à moeda de referência).

Do mesmo modo, as *criptomoedas* podem guardar aspectos semelhantes aos institutos apresentados, sem que, no entanto, a eles se conformem integralmente. Não há, como vimos, identidade entre "vales" e *criptomoedas*, especialmente em razão da limitação do espaço de uso ou do objeto de aquisição de que se revestem os "vales". Os "pontos" não se assemelham às *criptomoedas* senão pelo fato de ambos terem existência estritamente virtual. As moedas sociais, por sua vez, guardam maior semelhança com as *criptomoedas*, visto que exercem as funções da moeda fiduciária (ainda que limitadas no espaço e sob supervisão Estatal), tal como as *criptomoedas* pretendem fazer. Temos nas moedas sociais aparentemente um exemplo de moedas privadas bem sucedidas e que, com o passar do tempo, encontraram uma forma de convivência com a moeda fiduciária, com base numa governança capaz de coordenar atores de diferentes áreas para a consecução de um fim comum. Trata-se de uma experiência rica no que se refere à reflexão sobre a possibilidade de coexistência pacífica e proveitosa entre moedas paralelas às moedas estatais, a sugerir uma possível governança adequada a eventos semelhantes, como as *criptomoedas*.

3
Criptomoedas na prática: percepção do fenômeno pelos entes privados e estatais

Desde o surgimento da primeira das *criptomoedas* – o *bitcoin* – o fenômeno tem merecido crescente atenção, seja no que se refere à sua utilização cada vez mais difundida, seja no que se refere à possibilidade ou necessidade de avaliar teoricamente como tratar tal fenômeno em termos regulatórios ou de governança.

A denominação da primeira das *criptomoedas* parecia indicar desde logo a intenção de seus criadores de aproximá-la o mais possível às moedas tal como as conhecemos hoje. De fato, a junção do prefixo *bit*, que na linguagem do mundo digital tem conotação específica[67] de unidade mínima, com o sufixo *coin*, vocábulo da língua inglesa que designa moeda, não parece aleatória. Há, visivelmente, clara intenção de revestir o instrumento então criado da roupagem de uma "moeda digital".

A perplexidade frente às chamadas *criptomoedas* está vinculada também ao fato de a moeda tradicional ter uma vinculação estreita com o Estado, sendo que a sua criação é considerada parte integrante da soberania estatal. O surgimento de uma "moeda" desvinculada de qualquer poder estatal, desafiando os controles monetários até então conhecidos, traz um certo incômodo

---

[67] Em termos computacionais, um *bit* é a menor unidade de informação mantida na memória do computador (O ou 1). Uma série de *bits* formam um *byte*.

e determina cautela em sua avaliação, para possibilitar a exata compreensão de um fenômeno ainda incipiente e que atua à margem dos regulamentos aplicáveis às moedas nacionais. Procuraremos analisar a seguir quais têm sido as posturas dos diversos atores frente ao novo fenômeno, com vistas a buscar possíveis caminhos regulatórios capazes de abarcá-lo de forma adequada.

3.1 Soberania estatal confrontada com emissores de "moeda" privados

O Estado, em sua concepção clássica, é dotado de soberania, exercendo seu poder dentro de certos limites territoriais, sobre determinada população[68]. Embora sua origem possa ser fixada no período medieval, por volta do século XIII, e o conceito de soberania tenha sofrido modificações constantes, fato é que ainda hoje o Estado é detentor de poderes específicos sobre seus nacionais.

Dentre os poderes do Estado encontra-se o de cunhar sua moeda e a ela conferir força circulatória e liberatória dentro de seu território. A moeda é, portanto, uma instituição puramente nacional, como já asseveravam Carreau e Flory:

> *"A moeda é o tipo de instituição puramente nacional. Sua área de circulação se limita estritamente ao território do Estado emissor. Internamente, tem plena validade e poder liberatório; externamente, nada mais é senão uma mercadoria*

---

[68] Sobre a gênese do Estado e do poder atribuído pelos cidadãos à autoridade reconhecida, sugere-se o texto de SKINNER, Quentin. **A genealogy of the Modern State**. Acessível :. http://www.his.ncku.edu.tw/chinese/attachments/article/291/8Quentin_Skinner_A_Genea-logy_of_the_Modern_State_.pdf Uma interessante passagem que contrapõe a fragilidade e a força do Estado pode ser encontrada na página 347 : « *As soon as we grasp the concept of an attributed action, it is easy in Hobbes's view to appreciate how it comes about that the person of the state, in spite of its fragile and essentially ficitonal character, can nevertheless be a figure of sunsurpassable force and might. When the members of a multitude covenant to instittute a sovereign, they assign him the fullest possible powers to act for the common good. But the sovereign upon whom these powers are conferred is merely 'personating' the state : whatever actions he performs in his official capacity are always attributed to the state and count as actions of the state. It is therefore the person of the state who must be regarded as the true possessor of sovereignty.* »

3. CRIPTOMOEDAS NA PRÁTICA: PERCEPÇÃO DO FENÔMENO PELOS ENTES PRIVADOS E ESTATAIS

como qualquer outra. Em resumo, a moeda é um dos elementos essenciais da soberania do Estado moderno."[69]

Mesmo em seu desenvolvimento histórico, a produção da moeda encontra-se sujeita ao controle de um poder local já sob o feudalismo, *"com base no sistema fechado de acesso à propriedade"*, ou antes até, em Roma, durante a República, em que a profissão de banqueiro mereceu especial atenção, sendo regulamentada pelo Estado[70].

Há historicamente, portanto, uma vinculação entre o Estado e a produção de moeda, que revela o papel destacado da *"moeda como elemento indispensável de consideração na estrutura do poder"*[71].

> O *"poder emissor é, com efeito, uma parcela do poder político, do poder do Estado, atribuído àquele que cria o instrumento monetário de acordo com regras e especificações que fazem deste instrumento monetário um elemento da ordem jurídica e que pode ser utilizado validamente no jogo dos mercados."*[72]

A emissão da moeda, que até então era socialmente reconhecida como privilégio dos banqueiros, senhores feudais, ourives ou monarcas, no século XIX passa a integrar o poder do Estado, como sua prerrogativa *exclusiva* e sujeita a regulamentação.

Esse poder de emissão exclusivo do Estado teria como consequência, entre outras, a construção de sistemas monetário e financeiro que, sob o ponto de vista cultural e econômico, estariam dentre as maiores conquistas da sociedade humana. Como nos adverte Ann Pettifor,

---

[69] CARREAU, Dominique; FLORY, Thiébaut; JUILLARD, Patrick. **Droit International Économique**. L.G.D.J., Paris, 1990. (p. 322) Tradução livre. No original: *"La monnaie constitue le type même d'une institution purement nationale. Son aire de circulation se limite strictement au territoire de l'Etat émetteur. À l'intérieur, elle possède pleine validité et pouvoir libératoire, a l'extérieur, elle ne constitue qu'une marchandise comme une autre. En bref, la monnaie est bien l'un des éléments essentiels de la souveraineté de l'Etat moderne."*

[70] DE CHIARA, J. T. **Moeda e ordem jurídica**...p.10

[71] DE CHIARA, J. T. Ibid. p. 15

[72] DE CHIARA, J. T. Ibid., p. 18

*"[a] criação da moeda através de um sistema monetário e bancário bem desenvol-
vidos, primeiro em Florença, depois na Holanda e finalmente na Grã-Bretanha,
com a fundação do Banco da Inglaterra em 1694, pode ser vista como um grande
avanço civilizatório",*[73]

avanço este que permitiu a democratização do acesso às finanças, reduzindo o "preço" ou a taxa de juros praticada sobre empréstimos.

A moeda surge assim, sob uma perspectiva sociojurídica, como processo
organizacional de um grupo de indivíduos que *reconhecem uma determinada
autoridade central*. Vemos evidências de grupos em diferentes períodos da história que se organizavam ao redor de reis ou conselhos, estruturas de governo
mais ou menos representativas, que de certa forma conseguiam estabelecer
regras e organizar a coletividade em torno de sua força de defesa e proteção.
A construção jurídica da moeda, tal como hoje a conhecemos, é mais facilmente compreensível quando se tem em mente a atividade coletiva que vincula
indivíduos e comunidades.

Em sua feição atual, a criação da moeda ocorre quando uma autoridade
reconhecida pela coletividade usa sua situação de liderança para marcar de
modo comum as contribuições díspares da sociedade[74]. A moeda, nesse caso,
nada mais é que uma espécie de recibo de contribuições efetuadas ao líder,
antes mesmo de seu vencimento, sendo importante destacar que estes "recibos" (ou *"tokens"*, pois poderiam ser objetos de natureza variada: metal, pedra,
madeira, papel etc, conforme o local e o costume de cada época), tornam-se
ativos de interesse coletivo na medida em que são aceitos pelo líder como pagamento de novas ou outras contribuições.

Assim, para que determinado ativo se torne moeda, é importante que ele (a)
seja aceito por quem o emite como forma de cumprir determinadas obrigações
(poder liberatório); e (b) represente um valor estabelecido e conhecido de todos,
pelo qual é aceito (unidade de conta). Com isso, os ativos não ficam limitados a

---

[73] PETTIFOR, **Ann The production of money – how to break the power of bankers** Verso,
UK, 2017, p. 5. Tradução livre. No original: *"[t]he creation of money by a well-developed monetary
and banking system, first in Florence, then in Holland, and finally in Britain with the founding of the
Bank of England in 1694, can be viewed as a great civilizational advance"*
[74] DESAN, Christine. **Making money, coin, currency and the coming of capitalism**.
Oxford University Press, Oxford, 2014, pp. 69/70

uma relação vertical, líder-liderado, mas passam a circular também nas relações horizontais, entre os diversos componentes da mesma comunidade.

Essa evolução histórica muito bem detalhada por Christine Desan revela, além da construção da moeda, a construção de um sistema financeiro que permite a circulação da moeda e a definição de valores dos bens de uma determinada comunidade. De fato, cada moeda emitida deve representar recursos atuais que foram destinados ao centro do poder, o que significa que cada moeda tem uma referência material, uma vez que indica a quantidade de bens ou serviços alocados e que servirão para quitar contribuições de igual valor (sejam tributos, renda, honorários, penalidades ou qualquer outra forma de obrigação) em futura ocasião. Sendo assim, *"pouco importa o material do qual é feita a moeda, se essa moeda é feita de prata ou papel, se é uma mercadoria ou uma forma 'fiduciária'* ", uma vez que a mais poderosa âncora dos regimes monetários são os impostos. De fato, Desan sugere que a referência material do *token* (ou da moeda) é simplesmente seu valor fiscal[75].

A estabilidade do valor da moeda, por outro lado, está também ligada à necessidade de a unidade de conta ser durável e de difícil falsificação, para que não ocorra um desequilíbrio entre entradas e saídas, fornecimento e demanda, créditos e pagamentos de impostos, que criam o valor estável. A criação de moedas cunhadas em metal raro, como o ouro ou a prata, tem ligação com essa necessidade (durabilidade e dificuldade de falsificação). Claro está que a cunhagem demanda um trabalho normalmente controlado pela autoridade central. Os custos de produção podem ser estabelecidos por esta mesma autoridade, que pode também impor uma taxa sobre a emissão das moedas, a fim de fazer frente ao referido custeio.

Essa narrativa em que a coletividade organizada sob uma autoridade tem na moeda uma figura central pode explicar como cada uma das funções da moeda (unidade de conta, reserva de valor e meio de pagamento) expressa, no fundo, uma forma de governar (uma forma de exercer o poder). O estabelecimento de qual *token* será utilizado como forma de pagamento, expressão de unidade de conta e ainda reserva de valor (passando a ser moeda), é atribuição exclusiva da autoridade à qual os demais membros da comunidade se submetem.

---

[75] DESAN, Op. cit., pp. 71 e 73. Texto em tradução livre. No original: *"whether that money is made of silver or paper, whether it takes a commodity or a "fiat" form"*

A coletividade, então, passa a utilizar tais *tokens* em suas transações privadas, contando com a segurança do apoio da autoridade para que estes sejam aceitos como forma de extinguir obrigações. A possibilidade de se levar à autoridade uma disputa envolvendo determinado pagamento com a certeza de que os *tokens* serão reconhecidos como unidade de conta e meio de pagamento faz toda a diferença na disseminação do uso desta moeda.

Podemos dizer que há duas formas de ver o desenvolvimento da moeda: (a) aquela que considera a moeda um meio de troca cuja origem remonta à sua ligação valorativa com os metais preciosos de que era cunhada; e (b) uma visão mais consistente com a visão legal da moeda, que a entende como uma criação da lei, dando ênfase ao papel da autoridade na base de sua origem e evolução. À primeira visão filiam-se os partidários da "Teoria Metalista", enquanto à segunda encontram-se filiados os adeptos da "Teoria Cartalista ou Teoria Estatal" da moeda[76].

A corrente dos "Cartalistas" teve grande impulso com a contribuição de Knapp, Innes, Keynes, Minsky e Lerner, com novos subsídios mais recentes de autores do porte de Goodhart e Ingham, desenvolvendo assim o que se conhece hoje como a Moderna Teoria da Moeda (MTM).

A evolução da moeda seguindo a tradição "Metalista" já foi explorada no breve histórico apresentado no início do trabalho, em que se mostrou a evolução dos diversos bens que ao longo do tempo serviram de intermediários nas trocas dentro de cada comunidade. A visão Cartalista ou Estatista, ao invés de enfatizar a ligação valorativa com os metais de que era cunhada a moeda, leva em consideração alguns aspectos específicos, como identificado por Mann: a qualidade de moeda é atribuível a todos os bens móveis que (a) tenham sido emitidos sob autoridade da lei em vigor no Estado respectivo; (b) sob os termos dessa mesma lei sejam denominados por referência a uma unidade de conta; e (c) sob os termos da lei sirvam como meio universal de troca dentro do Estado emissor[77].

---

[76] A respeito das diversas teorias monetárias ver, entre outros, MANN, F. A. **The legal aspect of money.** Clarendon Press – Oxford, Fifth edition, 1992; PROCTOR, Charles. **Mann on the legal aspect of money.** Oxford University Press, UK, 2021; GALBRAITH, J. Kenneth. **Moeda: De onde veio, para onde foi.** Ed. Pioneira, SP, 1997.

[77] PROCTOR, Charles. Mann on the legal aspect of money Oxford University Press, UK, 2012, p. 15

3. *CRIPTOMOEDAS* NA PRÁTICA: PERCEPÇÃO DO FENÔMENO PELOS ENTES PRIVADOS E ESTATAIS

A Teoria Estatal (ou Cartalista) desenvolvida por Georg F. Knapp afirma que apenas os bens emitidos pela autoridade legal do Estado podem adquirir o caráter de "moeda", cujo valor é atribuído por lei ao invés de estar vinculado ao valor do material empregado em sua produção. Essa teoria se desenvolveu como consequência do poder soberano sobre a moeda que os Estados adquiriram e mantiveram ao longo do tempo e que quase invariavelmente passou a ser estabelecido nas modernas constituições. Assim, o direito de emitir moeda tem hoje fundamento em bases legais, constitucionais, sendo reservado ao Estado.

Vale acrescentar também que a evolução da cunhagem da moeda de uma forma difusa e particular para uma forma centralizada e estatal teve ainda como pano de fundo a dificuldade de se promover o comércio em meio a uma profusão de moedas de origem diversa ou de valor aviltado. O surgimento do primeiro banco de que se tem notícia, como nos relata Adam Smith, ocorreu em Amsterdã, em 1609, justamente para eliminar os inconvenientes de uma tal miríade de moedas ou de moedas que não continham a exata quantidade de metal que indicavam. Num movimento que parecia retornar aos primórdios da moeda, o banco as recebia por seu valor intrínseco, deduzindo uma pequena taxa de cunhagem e administração. O valor remanescente era creditado nos livros do banco em favor do titular da moeda entregue. *"Assim surgiu, para regulamentar e limitar o abuso da moeda, o primeiro banco público digno de nota"*[78].

A importância e influência dos bancos na evolução da história da moeda é inegável. Sua segurança e confiabilidade fez com que se aumentasse cada vez mais a prática de depositar dinheiro nos bancos. O depósito de determinado montante de moedas em um banco tinha a dupla utilidade de evitar o traslado de quantia valiosa, sujeitando-se assim aos perigos de perda do valor – por mero descuido ou por pilhagem – aliada à vantagem de se poder efetuar a transferência desse montante a quem quer que seja, mediante a simples assinatura, pelo depositante original, de um documento em que se ordenava o pagamento de certa quantia a determinada pessoa.

Os depósitos ociosos acabaram se tornando fonte de empréstimos a tomadores diferentes do depositante original, revelando assim a capacidade de que

---

[78] GALBRAITH, J. Kenneth. **Moeda: De onde veio, para onde foi.** Ed. Pioneira, SP, 1997, p. 13

CRIPTOMOEDAS

são dotados os bancos de *"criar moeda", mediante a simples indicação contábil das transferências havidas e emissão de uma nota resgatável em dinheiro."* [79]

A capitalização dos bancos por meio de empréstimos ao tesouro, da emissão de notas e o sucesso da "criação de moeda" acabaram por estreitar os laços entre as autoridades locais e os bancos, que passaram a receber a concessão do Estado para cunhar moedas. Em 1719 é que se tem notícia da primeira concessão *monopolística* de cunhagem de moeda por um banco, o Banque Royale, de John Law, na França[80].

Esta evolução da concessão múltipla para a concessão monopolística está ligada aos riscos de uma emissão desenfreada de papéis conversíveis em metal, que acarretaram diversas medidas tendentes a coibir tal prática, culminando com a autorização de emissão restrita a um único banco. Assim ocorreu na Inglaterra, em que a evolução dos bancos levou à unificação desta atividade emissora junto ao Banco de Londres, originalmente um banco como os demais e que, com sua crescente reputação de solidez e confiabilidade, acabou assumindo as funções modernamente atribuídas aos bancos centrais.

O Estado garantia assim a um banco – o banco central – o monopólio da emissão de notas e a supervisão dos demais bancos, inclusive para evitar que o excesso de empréstimo por parte destes acabasse por comprometer as reservas do tesouro. Muitas são as atribuições do banco central em sua estreita relação com o Estado, dentre as quais[81] releva, para nosso estudo, a de "emprestador de última instância", ou seja, a de garantir uma fonte segura de fundos inteiramente aceitáveis quando, por qualquer motivo, houver necessidade de resgate de depósitos.

---

[79] A "criação de moeda" pelos bancos é possível em situações em que o sistema permite a manutenção de reservas fracionadas, tal como ocorre na maior parte do mundo hoje. Num sistema de reservas integrais não seria possível "criar moeda". A ressalva nos mostra a importância da regulação na boa condução das finanças e o quanto uma regulação menos rígida pode levar a riscos elevados (como relata Ann Petifor na obra já mencionada).

[80] A esse respeito ver o detalhado relato de Galbraith, op. cit., p. 21

[81] Além do poder de emitir as notas, o banco central tem o poder de promover operações de mercado aberto (vendendo títulos públicos a fim de controlar as reservas ou fundos que podem ser emprestados pelos demais bancos – comerciais ou "comuns"), o poder de estabelecer a "taxa interbancária" ou a "taxa de redesconto", o que lhe permite facilitar ou dificultar a recuperação dos saldos de caixa dos demais bancos, por meio de empréstimos, sem sacrifício do banco central.

3. *CRIPTOMOEDAS* NA PRÁTICA: PERCEPÇÃO DO FENÔMENO PELOS ENTES PRIVADOS E ESTATAIS

A função de "emprestador de última instância" tem especial importância dada a forma como se "cria moeda", acima destacada, e só pode ser adequadamente desempenhada se houver, por parte do Estado, a garantia do monopólio da emissão do papel moeda, da supervisão dos demais bancos, da operação do mercado aberto e do estabelecimento da taxa de redesconto. Em outras palavras: apenas com um banco central sólido é possível ao Estado manter sua economia em níveis de atividade compatíveis com suas reservas e evitar os riscos sistêmicos que constantemente ameaçam as finanças ao redor do mundo. Nesse sentido é que se avalia que o sistema monetário pode ser tido historicamente como um avanço civilizatório, como já nos referimos acima, citando Ann Pettifor[82].

No entanto, esse avanço civilizatório, ora inserido dentre os poderes do Estado, precisa ser regulamentado de forma adequada, sob o risco de graves distorções na vida econômica dos cidadãos e, por via de consequência, do próprio Estado. Num mundo altamente conectado e globalizado, é preciso também que haja uma comunicação eficiente e harmoniosa entre os diversos sistemas monetários e financeiros nacionais, para que se evite que o descontrole de um acabe por "contaminar" todos os outros.

Em recentes episódios, infelizmente, vimos que "bolhas" especulativas têm o condão de contaminar a economia de diferentes países, por mais distintos e longínquos que sejam. Tais "crises sistêmicas" têm origem normalmente dentro de um determinado Estado e acabam por atingir os demais, em prejuízo de todos os cidadãos que, por vezes, sequer ouviram falar nas hoje renomadas "bolhas especulativas"[83].

A coordenação global dos diversos sistemas é importante para tentar minimizar os impactos de eventuais disfunções sistêmicas ocorridas em algum ponto, de forma a evitar sua propagação em larga escala ou, alternativamente,

---

[82] PETTIFOR, Ann. **The production of Money – how to break the power of bankers.** Verso, UK, 2017, p. 5.

[83] Como já mencionamos, a gênese e desenrolar da recente crise dos "subprime" podem ser vistos no ótimo documentário "Trabalho Interno" – TRABALHO INTERNO. Direção: Charles Ferguson. Produção: Audrey Marrs. Entrevistados: Paul Volker; George Soros; Eliot Spitzer; Barney Frank, Christine Lagarde, entre outros. Narração: Matt Damon. 2010 Sony Pictures Classics Inc. Trailer: <www.insidejobfilm.com>

CRIPTOMOEDAS

oferecer instrumentos que possam auxiliar na rápida reparação dos danos causados.

De toda forma, na evolução histórica mencionada, o papel do Estado é inafastável, sendo ele, ainda hoje, o senhor da emissão e controle da moeda nos limites de sua jurisdição, mesmo que a "criação da moeda" seja feita por diferentes agentes, mas todos dentro de um sistema coordenado pelo agente central. A coordenação dos diversos sistemas também apresenta uma importância crescente, seja no mundo do Pós Guerra do século passado, seja no mundo das transferências instantâneas do século XXI.

Um sistema monetário sólido e sujeito à regulação adequada é vital para o desenvolvimento saudável de qualquer sociedade. É um bem público tão vital como ar e água puras, nas palavras de Ann Pettifor[84]. Dessa forma, toda a engrenagem estabelecida para o bom e duradouro funcionamento do sistema monetário precisa ser constantemente lubrificada e avaliada para que não haja panes súbitas. E esse sistema funciona hoje na interconexão dos diversos bancos centrais sob a coordenação de institutos internacionais devotados a manter a saúde monetária ao redor do globo, como veremos adiante.

Destaquemos que não obstante as transformações tecnológicas experimentadas, o Estado se mantém soberano na criação da moeda, ainda que seja possível atribuir ao sistema bancário a "criação da moeda" em situações de reservas fracionárias, ou seja, de regulação menos rigorosa quanto às reservas que os bancos são obrigados a manter. É o Estado – e não o agente privado "criador de moeda" – que estabelece qual montante de reservas deverá ser mantido pelos bancos e quanto deverá ser por estes mantido junto ao próprio banco central, numa engenharia regulatória que tem por fim manter o equilíbrio financeiro do Estado e, em última instância, de toda a coletividade. A centralidade do Estado na coordenação da criação e gerenciamento da moeda tem inafastável relevância na preservação de um saudável sistema financeiro.

---

[84] PETTIFOR, Ann, op. cit., p. 7 – "If the banking system is properly regulated by public authorities, and operated in the interests of the economy as a whole, there need never be a shortage of finance for sound productive activity.
That is why sound banking and modern monetary systems – just as sanitation, clean air and water – can be a great 'public good'."

Essas considerações são importantes para avaliarmos o fenômeno das *criptomoedas*, vez que estas não se enquadram nesta engrenagem sistêmica e, portanto, podem representar, a um só tempo, uma ameaça à soberania Estatal e um risco para as reservas da coletividade. Por outro lado, como vimos, é possível agregar novos fenômenos ao sistema em vigor. A existência de diferentes "criadores de moeda", todos orquestrados sob a coordenação de um ente centralizado, permite, em tese, que até mesmo moedas privadas possam ser emitidas e circular com validade jurídica se houver um arcabouço regulatório que lhes confira a chancela estatal, como ocorre com as "moedas sociais". No estágio atual, as *criptomoedas*, no entanto, não parecem apresentar indícios decisivos de que estariam prestes a participar da engrenagem financeira existente.

3.2 Desenvolvimento, por agentes financeiros, de *criptomoedas* próprias

Ao longo do tempo, como vimos, a criação do papel moeda passa a ser coordenada pelo Tesouro dos respectivos Estados, sendo sua impressão feita pelas chamadas casas da moeda, que recebem autorização (o mais das vezes exclusiva) para desenvolver esta atividade. O Tesouro em seguida repassa essa moeda para o banco central, que efetua um crédito em sua conta. É o banco central, por sua vez, que repassa a moeda aos diversos bancos comerciais na medida de suas necessidades. A cada repasse há a anotação de um débito em sua conta de reserva. Esse montante de papel moeda, no entanto, resume-se ao que é comumente conhecido como "meio circulante". Não se confunde com os depósitos, que ultrapassam em muito o meio circulante, justamente por força da criação múltipla de depósitos[85].

O depósito realizado em determinado banco permite ao sistema bancário "multiplicar" o valor recebido, uma vez que o montante que é anotado como débito em um banco é anotado como crédito em outro. Assim, é possível dizer que o sistema bancário tem a capacidade de "criar moeda", como já mencionamos, pela simples sequência entre empréstimos e depósitos subsequentes. Essa maneira de "criar moeda", já muito conhecida, acabou por se ajustar aos

---

[85] GALBRAITH, J. Kenneth. **Moeda: de onde veio, para onde foi.** Pioneira, São Paulo, 1997

novos tempos e, ao invés de contar com o valor de determinado depósito para só então efetuar um empréstimo, os bancos fazem os empréstimos mesmo sem contar com um depósito prévio e criam as contas de débito correspondente. No entanto, embora os bancos comerciais criem moeda através de empréstimos, eles não podem fazê-lo livremente e sem limites[86], ao menos não em um sistema bancário sólido e competitivo. Afinal, repetindo Pettifor, *"se o sistema bancário for adequadamente regulamentado pelas autoridades públicas e operado no interesse da economia como um todo, nunca haverá escassez de financiamento para uma atividade produtiva sólida"*[87].

Essa forma de criação de moeda demonstra o quanto os bancos deixaram de ser intermediários do capital (função que a eles coube no início de sua estruturação) para um patamar de verdadeiros agentes indutores da economia, por meio de empréstimos realizados independentemente dos depósitos anteriores. Essa visão é partilhada por diretores do Banco da Inglaterra, quando afirmam que *"ver os bancos simplesmente como intermediários ignora o fato de que, na realidade, na economia moderna, os bancos comerciais são os criadores de depósitos em dinheiro"*.[88] A realidade assim delineada conferiu aos bancos comerciais enorme poder, uma vez que a limitação do montante de moeda a ser criado também está, de certa forma, nas mãos dos próprios bancos.

As recentes crises econômicas, em particular a de 2008, levaram à compreensão de que, em última análise, tal como os empréstimos precedem os depósitos, também a decisão do quanto será ofertado como empréstimo precede a demanda de moeda aos bancos centrais.

---

[86] McLEAY, Amar Radia e THOMAS, Ryland. **Money creation in the modern economy** *in* Bank of England Quarterly Bulletin, vol. 54(1), 2014, p. 15. Acessível: www.bankofengland. co.uk. Acesso: 15ago2018.

[87] PETTIFOR, Ann. op. cit., p. 7. Tradução livre. No original: *"If the banking system is properly regulated by public authorities, and operated in the interests of the economy as a whole, there need never be a shortage of finance for sound productive activity."*

[88] McLEAY, Michael; RADIA, Amar and THOMAS, Ryland. **Money creation in the modern economy**. Bank of England Quarterly Bulletin, vol. 54(1), 2014, p. 15. Acessível: www. bankofengland.co.uk. Acesso: 15ago2018 Tradução livre. No original: *"viewing banks simply as intermediaries ignores the fact that, in reality in the modern economy, comercial banks are the creators of deposit money."*

"Os bancos primeiro decidem quanto emprestar, dependendo das oportunidades de lucro sobre os empréstimos que estão disponíveis – o que dependerá basicamente da taxa de juros estabelecida pelo Banco da Inglaterra. São essas decisões de empréstimo que determinam quantos depósitos bancários são criados pelo sistema bancário. A quantia de depósitos bancários, por sua vez, influencia a quantidade de moeda do banco central que os bancos desejam manter em reserva (para atender saques do público, efetuar pagamentos a outros bancos ou atender aos requisitos regulatórios de liquidez), que é, então, em épocas normais, fornecidos pelo Banco da Inglaterra conforme solicitado."[89]

A ideia largamente difundida de que os bancos centrais são responsáveis pela "impressão" da moeda é falsa. Tanto as moedas, as notas, quanto os depósitos, são criados em sua grande maioria pelos bancos privados e não pelos bancos centrais[90]. Em vista do enorme poder transferido para os bancos comerciais, um sistema monetário deve ser adequadamente regulado, sob pena de se enfrentar graves riscos, ligados à desvalorização da moeda, às reservas insuficientes e quebras bancárias, tudo a acarretar a falência do sistema financeiro.

De toda forma, o que nos importa no momento é delinear o fato de que a criação da moeda está hoje vinculada muito estreitamente aos bancos comerciais[91], que estão inseridos no sistema econômico de cada país. Desfrutando de uma posição privilegiada, no que se refere à "criação da moeda", os bancos

---

[89] McLEAY, Amar Radia e THOMAS – op. cit., p. 14 Tradução livre. No original: *"Banks first decide how much to lend depending on the profitable lending opportunities available to them – which will, crucially, depend on the interest rate set by the Bank of England. It is these lending decisions that determine how many bank deposits are created by the banking system. The amount of bank deposits in turn influences how much central bank money banks want to hold in reserve (to meet withdrawals by the public, make payments to other banks, or meet regulatory liquidity requirements), which is then, in normal times, supplied on demand by the Bank of England."*

[90] De acordo com Ann Pettifor, 95% da moeda (aí compreendidos moedas, notas e depósitos financeiros) é criada pelos bancos comerciais, sendo os bancos centrais responsáveis pela emissão de 5% (ou menos) da moeda de cada país. A esse respeito ver Pettifor, Ann, op. cit., p. 3.

[91] O que é constatado por diversos autores, tais como GALBRAITH, J. Kenneth. **Moeda: de onde veio, para onde foi.** Pioneira, São Paulo, 1997; PETTIFOR, Ann. **The production of Money – how to break the power of bankers** Verso, UK, 2017; PROCTOR, Charles. **Mann on the legal aspecto f Money.** Oxford University Press – Sevnth Edition, UK, 2012, entre outros.

CRIPTOMOEDAS

viram com desconfiança a chegada de um fenômeno que se auto intitulava *"criptomoeda"*, associada a uma tecnologia inovadora.

Os avanços tecnológicos não se apresentavam como uma incógnita para os atores privados do sistema monetário. A "moeda eletrônica" é uma realidade há muito difundida em todo o mundo. Porém, o novo fenômeno *criptomoeda* não encerrava em si a mera "desmaterialização" da moeda, que já era de todos conhecida, seja pelos lançamentos eletrônicos bancários (débitos e créditos que prescindem da moeda física), seja pela "criação de moeda" através de cartões eletrônicos, de crédito ou débito, que revelam a existência inconteste de uma "moeda eletrônica" largamente utilizada.

O fenômeno das *"criptomoedas"* chamou a atenção dos bancos comerciais por dois fatores primordiais: (a) a revolucionária tecnologia que as revelou ao mercado; e (b) a crescente aceitação e utilização de tais *"criptomoedas"* nas atividades diárias tanto nacionais como transfronteiras. Como e porque as *"criptomoedas"*, desvinculadas do sistema monetário de qualquer país, sem qualquer tipo de subordinação ou coordenação com o Sistema Financeiro Internacional e sem respaldo algum de governos ao redor do mundo conseguiam tal avanço foi talvez a primeira fonte de inquietude a chamar a atenção dos "criadores de moeda".

Os estudos que a partir de então foram se desenvolvendo, especialmente no âmbito dos bancos privados, levaram à conclusão de que a tecnologia *blockchain* representava, de fato, uma revolução no que se refere à segurança e agilidade na transferência de valores. Poderia ser, portanto, uma poderosa aliada dos bancos privados no repasse e recebimento de fundos. Isto quanto ao primeiro ponto de perplexidade acima indicado[92].

A aceitação cada vez maior destas *"criptomoedas"* como meio de pagamento acabou por intrigar os tradicionais "criadores de moedas", levando à experimentação em termos de criação de moedas "próprias", ou seja, de ativos desvinculados do poder regulatório dos respectivos bancos centrais, ainda que a eles formal e indiretamente subordinados, na medida em que os bancos privados inserem-se no sistema monetário respectivo.

---

[92] Quanto às *"criptomoedas"*, os estudos centraram-se mais detalhadamente na primeira delas, o *bitcoin*, seja por seu caráter ao menos aparentemente inovador, seja pelo tempo mais dilatado de sua experimentação, que conferia maior segurança nas análises efetuadas.

3. CRIPTOMOEDAS NA PRÁTICA: PERCEPÇÃO DO FENÔMENO PELOS ENTES PRIVADOS E ESTATAIS

Muitas têm sido as experiências nesse sentido, que vão desde a aceitação e gerenciamento de *"criptomoedas"*, como o caso dos bancos suíços Falcon Private Bank e Maerki Baumann & Co. AG – Private Banking[93], como a junção de grandes agentes financeiros para o desenvolvimento de uma *"criptomoeda"* comum. Nesse último caso estão quatro dos maiores bancos mundiais, a saber: Santander, Deutsche Bank, UBS e BNY Mellon que, com o apoio da corretora Icap e da *startup* Clearmatics, esperam lançar idealmente em 2018 um produto comercial destinado a clientes institucionais: a moeda digital denominada Utility Settlement Coin – USC[94].

A USC funcionará com base na tecnologia *blockchain* e está em desenvolvimento pelo grupo de instituições financeiras mencionadas, que mantêm totalmente informados os bancos centrais respectivos, pois pretendem que o novo produto esteja em consonância com os requisitos regulatórios aplicáveis. A ideia é tornar a USC um instrumento de pagamentos virtual que se torne regra para todo o sistema financeiro. O Banco da Inglaterra, o Federal Reserve e o Banco do Canadá já estão avaliando o projeto, que procura agilizar e tornar mais eficiente o atual sistema de transações, especialmente no que se refere aos procedimentos de compensação e liquidação. Essa agilização das transferências se daria por força da liquidação de obrigações ou ações sem ter que aguardar pela transferência da moeda fiduciária, sendo que a conversão da USC naquela moeda seria feita diretamente nos respectivos bancos centrais.

Assim como as *"criptomoedas"* originárias de entes não financeiros –o *bitcoin*, o *ethereum*, o *litecoin*, o *ripple* e outras – a USC depende de sua crescente aceitação para que atinja seu objetivo. O *bitcoin* e demais *criptomoedas* só terão futuro, entre outros fatores, se forem largamente aceitas nas mais diversas transações ao redor do mundo. A USC, por sua vez, só fará sentido se for aceita por mais e mais instituições como "moeda virtual" que no mínimo atenda aos procedimentos de compensação e liquidação sem se ater a fronteiras geográficas. Se a USC chegará a ser o instrumento desejado ainda é uma incógnita, mas é certo que há uma curiosidade cada vez maior dos bancos privados sobre as

---

[93] Como anuncia a página do próprio banco: https://www.falconpb.com/en/blokchain--asset-management e ainda https://www.falconpb.com/en/blockchain-solutions Acesso em 16mai2018.

[94] https://www.reuters.com/article/us-banks-blockchain-ubs-idUSKCN10Z147; http://www.valor.com.br/financas/4684507/instituicoes-articulam-adocao-de-moeda-virtual

criptomoedas. O Goldman Sachs chegou a anunciar a criação de uma *criptomoeda* própria (SETLcoin), mas acabou por postergar o projeto, devido às incertezas regulatórias[95]. Da mesma forma o Citi Bank iniciou estudos para desenvolver sua própria *criptomoeda* (Citicoin)[96] como anunciado em 2015, mas os custos envolvidos e o lançamento de soluções semelhantes por parte de concorrentes fez com que a instituição abandonasse o projeto no início de 2019.

O fenômeno das *criptomoedas* parece estar ganhando adeptos no meio das instituições financeiras mais respeitáveis. Sendo os bancos privados os detentores do poder de criação de moeda e tendo *know-how* específico neste campo, o surgimento de "concorrentes" não bancários atraiu a atenção dos agentes financeiros, o que nos leva a imaginar que o novo fenômeno está em pleno processo de evolução, tateando a melhor forma de se integrar ao sistema em funcionamento de modo a trazer-lhe melhorias significativas, que compensem os ajustes que se farão necessários no caso de absorção dessa novidade.

3.3 As primeiras decisões jurisprudenciais a analisar o fenômeno ao redor do mundo

O mundo jurídico não poderia deixar de enfrentar a situação que tem chamado a atenção das instituições financeiras ao redor do globo. As reações ao fenômeno, surgido em 2008, têm variado, mas não há quem seja indiferente a uma realidade que hoje já conta dez anos de experiência. Seja através de medidas legais que procuram banir o uso de tais *criptomoedas*" – o que foi feito por alguns países -, seja através do estudo e paciente espera para aguardar o desenvolvimento dos fatos, o aspecto jurídico das *criptomoedas* não pode ser negligenciado.

Nos países em que não houve um banimento inicial das *criptomoedas*, as transações envolvendo as mesmas transcorreram de modo semelhante às demais novidades sociais, chegando aos tribunais apenas quando há alguma

---

[95] Interessante artigo da FORBES sobre a decisão tomada em setembro de 2018, adiando o projeto do Goldman Sachs pode ser encontrado em https://www.forbes.com/sites/stevenehrlich/2018/09/05/the-meaning-behind-goldman-sachs-crypto-180/#68ad7cfa69e4

[96] https://www.ccn.com/citibank-developing-cryptocurrency/ – Acesso em 09mai2017

3. *CRIPTOMOEDAS* NA PRÁTICA: PERCEPÇÃO DO FENÔMENO PELOS ENTES PRIVADOS E ESTATAIS

insatisfação quanto ao resultado pretendido[97]. Enquanto os participantes do jogo consideram-se satisfeitos, procuram se esquivar das autoridades, a elas recorrendo quando não conseguem dirimir uma divergência que lhes pareça substancial. Foi assim que em países diferentes começaram a surgir, aqui e ali, decisões sobre as transações com *criptomoedas*, que procuravam avaliar o fenômeno sob o ponto de vista de legalidade e, se e quando possível, sob o ponto de vista de qualificação jurídica – o que se mostrou mais difícil e mais raro.

É importante ressaltar que a judicialização das *criptomoedas* ocorreu mais fortemente, ao menos no início, sob o ponto de vista criminal. Um dos casos mais rumorosos envolvendo o *bitcoin* é o conhecido caso da plataforma de câmbio (*"exchange"*) "MtGox", que ficou famosa tanto por ser uma das maiores empresas de câmbio de *criptomoedas*, como por ter causado enormes prejuízos a seus clientes, com a perda de milhares de *bitcoins*, devido supostamente a um roubo ou desvio acarretado por falha na referida plataforma. O caso ainda se desenrola nas cortes do Japão (onde se encontra a sede da MtGox) com a falência da plataforma em processamento e a condenação do francês controlador da empresa ao ressarcimento de valor em torno de US$ 1 bilhão aos antigos clientes[98].

Simultaneamente ao advento da MtGox (que iniciou suas atividades em 2009) surgiu também uma forte utilização de *criptomoedas* – particularmente do *bitcoin* – em atividades ilícitas, como aquisição de drogas e armas, além do suposto financiamento de grupos terroristas, na plataforma que ficou conhecida como *"silk road"* ou "rota da seda", em alusão à rota de mercadores da antiguidade, que traziam este tecido e especiarias orientais para o Ocidente.

Sendo uma plataforma *online* devotada a atividades ilícitas, com a possibilidade de atuação anônima, evidentemente o *"silk road"* não trabalhava com moedas fiduciárias, evitando meios de pagamento que pudessem facilitar o

---

[97] Sobre a regulamentação (banindo ou tentando regulamentar) das *criptomoedas*, ver o trabalho minucioso de FOBE, Nicole Julie. **O bitcoin como moeda paralela – uma visão econômica e a multiplicidade de desdobramentos jurídicos**. Dissertação de mestrado apresentada à Escola de Direito da Fundação Getúlio Vargas (FGV Direito SP), 2016, especialmente o quadro da página 81.

[98] Em 12 de dezembro de 2018 o jornal Japan Times trouxe reportagem sobre o andamento do processo. Acessível: https://www.japantimes.co.jp/news/2018/12/12/national/crime-legal/prosecutors-seek-10-year-prison-term-former-ceo-bitcoin-exchange-mt-gox-embezzlement--charges/ Acesso: 20dez2018.

rastreamento dos compradores ou vendedores. Por essa razão, e considerando que a identificação do titular de uma carteira de *bitcoins* é feita por uma cadeia alfanumérica, houve farta utilização desta *criptomoeda* nas transações ali realizadas. A utilização do *bitcoin* na plataforma de *deep web* devotada aos negócios do crime, aliada ao episódio da plataforma "MtGox", acabou por propagar uma ideia de que o *bitcoin* seria destinado única e exclusivamente a atividades ilícitas.

Na verdade, como nos lembram Tu e Meredith, o potencial de utilização inadequada do *bitcoin* para fins criminosos não justifica sua proibição ou banimento, na medida em que qualquer moeda fiduciária ou serviço financeiro legítimo podem também ser mal utilizados, com o cometimento de crimes[99]. Essa vinculação das *criptomoedas*" com a noção de que serviriam apenas para atividades ilícitas decorre, portanto, de uma equivocada vinculação das mesmas com uma plataforma específica, voltada para atividades ilícitas, e que foi fechada pelo *Federal Bureau of Intelligence – FBI*.

O fechamento da plataforma criminosa, no entanto, não teve como consequência o encerramento das transações comerciais com *criptomoedas*, o que mostra que, assim como a moeda fiduciária, não é o dinheiro que é lícito ou ilícito. É o seu uso que pode ser destinado a fins lícitos ou ilícitos. Pode-se ganhar ou investir dinheiro de forma lícita ou ilícita. Os investimentos podem ser feitos na produção de bens ou no oferecimento de serviços lícitos ou ilícitos. O que determina a licitude ou ilicitude da atividade não é a nota bancária, a moeda (fiduciária, eletrônica ou *criptográfica*), mas os fins e os meios para os quais é utilizada.

Prescindindo das questões criminais, que não são objeto detido deste estudo, é importante lembrar que as *criptomoedas* são hoje utilizadas por diferentes

---

[99] TU, Kevin V. e MEREDITH, Michael W. **Rethinking virtual currency regulation in the bitcoin age** Washington Law Review, vol. 90, no. 1, 2015, p. 311+. *Acaemic OneFile*, go.galegroup.com/ps/i.do? p=AONE&sw=w&u=capes&v=2.1&id=GALE%7CA414692541&it=r&asid=9 5c295e8bca724ac58b0dfde87dd10d9. Acesso em 19 de julho de 2017.
Número do documento Gale: GALE|A414692541
(*"(...) the potential for misuse of the Bitcoin service for criminal purposes does not justify the outright prohibition or banning of it. As noted above, the possibility of using a legitimate financial service for a criminal purpose is not something new or unique."*)

3. CRIPTOMOEDAS NA PRÁTICA: PERCEPÇÃO DO FENÔMENO PELOS ENTES PRIVADOS E ESTATAIS

atores do comércio global, desde grandes conglomerados comerciais[100] até pequenos prestadores de serviço autônomos.

Nesse universo comercial em que diferentes transações são feitas com a utilização das *criptomoedas*, tal como acontece com as transações realizadas com a utilização de qualquer moeda fiduciária, há situações em que as partes se desentendem (seja por força de distintas percepções quanto ao cumprimento das respectivas obrigações extra monetárias, seja por questões vinculadas à moeda de pagamento). Nesse momento, não sendo alcançada uma solução amigável, não restará alternativa senão recorrer à autoridade judiciária para que se resolva definitivamente a divergência.

As decisões relativas a questões envolvendo *criptomoedas* têm se avolumado, na medida em que estas se tornam mais conhecidas e mais utilizadas nas diversas transações ao redor do mundo. Com as disputas entre particulares, o Estado passa a ter maior percepção da necessidade de abarcar o fenômeno, para que esta "nova moeda" reverta para a autoridade central, tal como ocorre com a moeda tradicional. Algumas decisões judiciais podem nos mostrar como as *criptomoedas* têm sido vistas em diferentes jurisdições e qual o tratamento que a elas tem sido dispensado.

As decisões judiciais iniciais diziam respeito a atividades de intermediação das *criptomoedas*, geralmente com oferecimento de vantagens financeiras consideráveis, como o acréscimo de juros substanciais ao montante investido. O acréscimo de juros a determinada transação em *criptomoedas* não parece oferecer maiores indagações que o acréscimo de juros que comumente ocorre em investimentos realizados em moeda fiduciária. A questão que inicialmente levou grande parte dos detentores de *criptomoedas* aos tribunais não foi, portanto, a possibilidade ou não de se aplicar juros a um dado investimento, mas sim a qualidade e a confiabilidade do investimento em si ou do agente que oferece essa modalidade de ganho.

Tendo em vista a novidade do fenômeno, houve quem cautelosamente se aproximasse do mesmo, procurando conhecer um pouco mais seus fundamentos e os riscos envolvidos, mas ao mesmo tempo houve quem visse no

---

[100] O *bitcoin* tem aceitação em diferentes estabelecimentos, já tendo sido aceito por empresas do porte da Microsoft (https://support.microsoft.com/pt-br/help/13942/microsoft-account--how-to-use-bitcoin-to-add-money-to-your-account), Tesla, Bloomberg, Wordpress, entre outras.

desconhecimento geral do novel mecanismo uma oportunidade de ganho fácil, explorando a boa-fé alheia.

Assim foi que os primeiros julgados (ou ao menos os mais rumorosos) envolvendo *criptomoedas* diziam respeito a trapaças como as que se convencionou chamar "pirâmides financeiras" ou *ponzi schemes*. Sempre houve e infelizmente parece que sempre haverá quem acredite em ganho fácil, sem esforço próprio e sem nada produzir. E enquanto houver quem se disponha a acreditar em tal falácia, haverá quem ofereça aos incautos um porvir inundado de riquezas a partir de uma contribuição ínfima, que se multiplicará quase que por magia. Os novos alquimistas das *criptomoedas* espalharam-se pelo mundo e conseguiram fazer crer a muitos que o novo fenômeno permitiria, finalmente, alcançar riqueza extrema sem necessidade de esforço algum.

Um dos primeiros julgados nos Estados Unidos da América, conhecido como *"SEC vs Trendon Shavers"*[101] surgiu por iniciativa da *Securities and Exchange Commission* (SEC) ao notar que o operador de uma empresa denominada Bitcoin Savings and Trust (BCST) oferecia oportunidades de investimento em *bitcoins*, chegando a deter BTC 700.000 (setecentos mil *bitcoins*) na ocasião em que seu fundador, Trendon Shavers, foi preso. Shavers prometia aos investidores um retorno de 7% por semana, retorno esse que teria origem em atividades de arbitragem no mercado.

Em novembro de 2011 Shavers publicou um anúncio procurando por financiadores na plataforma online *Bitcoin Forum*, oferecendo juros de um por cento ao dia para os "empréstimos" iguais ou superiores a 50 *bitcoins*. Em seus repetidos anúncios, Shavers propagandeava o negócio como muito rentável e com risco quase zero.

A investida falhou em agosto de 2012, quando ao menos 48 dos 100 "investidores" perderam mais de 265.000 *bitcoins* avaliados, na época, em US$ 149 milhões. A acusação feita pela SEC era a de que Shavers não tinha estratégia de arbitragem no mercado, mas ao contrário, utilizava os *bitcoins* dos novos investidores do BCST para pagar os juros prometidos para antigos investidores do BCST, além de desviar os investimentos em *bitcoins* para seu uso pessoal.

---

[101] U.S. v. Shavers, U.S. District Court, Southern District of New York, No. 15-cr-00157

Shavers foi condenado à prisão, ao pagamento de multa de US$ 150.000,00 e ao ressarcimento de US$ 40 milhões aos prejudicados, com base no valor do *bitcoin* à época da fraude. O julgamento acabou por dar origem à orientação FIN-2013-G991 da FinCEN (Financial Crimes Enforcement Network) do Departamento do Tesouro dos EUA, emitida em 18 de março de 2013, que buscava esclarecer o alcance do Bank Secrecy Act ("BSA") quanto às pessoas que *"criam, obtêm, distribuem, trocam, aceitam ou transmitem moedas virtuais"*[102]. É interessante notar a preocupação da FinCEN no que se refere à distinção entre moeda "real" e moeda "virtual", estabelecida nestes termos:

> *"Os regulamentos do FinCEN definem moeda (também denominada moeda "real") como "a moeda e o papel-moeda dos Estados Unidos ou de qualquer outro país que [i] seja designada como tendo curso legal e que [ii] circule e [iii] seja normalmente usada e aceita como meio de troca no país de emissão. "*
> *Ao contrário da moeda real, a moeda "virtual" é um meio de troca que opera como uma moeda em alguns ambientes, mas não possui status de curso legal em nenhuma jurisdição. Esta orientação trata da moeda virtual "conversível". Esse tipo de moeda virtual tem um valor equivalente em moeda real ou atua como um substituto para a moeda real."*[103]*

---

[102] FIN-2013-G001 – Application of FinCEN's Regulations to Persons Administering, Exchanging – "The Financial Crimes Enforcement Network ("FinCEN") is issuing this interpretative guidance to clarify the applicability of the regulations implementing the Bank Secrecy Act ("BSA") to persons creating, obtaining, distributing, exchanging, accepting, or transmitting virtual currencies."

[103] Department of the Treasury Financial Crimes Enforcement Network – Guidance – FIN-2013-G001, March 18, 2013. **Application of FinCEN's Regulations to Persons Administering, Exchanging, or Using Virtual Currencies.** Acessível: https://www.fincen.gov/sites/default/files/shared/FIN-2013-G001.pdf Acesso: 12set2017 Tradução livre. No original: *"FinCEN's regulations define currency (also referred to as "real" currency) as "the coin and paper money of the United States or of any other country that [i] is designated as legal tender and that [ii] circulates and [iii] is customarily used and accepted as a medium of exchange in the country of issuance." In contrast to real currency, "virtual" currency is a medium of exchange that operates like a currency in some environments, but does not have legal tender status in any jurisdiction. This guidance addresses "convertible" virtual currency. This type of virtual currency either has an equivalent value in real currency, or acts as a substitute for real currency."*

O esclarecimento acima tem estreita relação com parte do voto do Juiz Amos L. Mazzant no caso judicial citado, ao estabelecer que é

"claro que o bitcoin pode ser usado como moeda. Ele pode ser usado para comprar bens ou serviços e, como Shavers afirmou, pode ser usado para despesas corriqueiras das pessoas. [...] ele pode também ser trocado por moedas convencionais, tais como o dólar norte-americano, o euro, o yen e o yuan. Assim, bitcoin é dinheiro ou uma forma de moeda e investidores que queiram investir na BTCST promoveram um investimento em dinheiro[104]."

A questão é importante sob o ponto de vista de ressarcimento de danos, pois quem entregou seus *bitcoins* à BTCST esperava um retorno prometido em *bitcoins* e, sob o ponto de vista dos investidores, havia aí uma relação claramente monetária. Já para a empresa, seria conveniente descaracterizar o *bitcoin* como moeda, pois isto a afastaria tanto da regulação bancária e financeira como do ônus de reembolsar os investidores com base numa variação cambial que à época poderia lhe ser muito desfavorável.

Com a indicação de que os *bitcoins* eram moeda, o juiz Mazzant estabeleceu que os danos causados aos investidores deveriam ser reparados com base na média diária do preço do *bitcoin* na época em que a fraude foi identificada, o que resultou, em 2014, no valor de aproximadamente quarenta milhões de dólares norte-americanos, como já mencionado.

Outro julgamento nos EUA, em 2014, indicou o reconhecimento do *bitcoin* como moeda, desta vez num caso envolvendo a transferência de *bitcoins* para usuários da plataforma *Silk Road*. Trata-se do caso *"US vs Faiella"*[105], no qual o Juiz Jed Rakoff considerou o *bitcoin* como moeda para condenar Charlie Sherm, CEO da extinta empresa de câmbio BitInstant, e Robert Faiella, como operadores não licenciados de um negócio de transmissão de moeda, lavagem de dinheiro e sonegação de dados de atividade suspeita.

---

[104] U.S. v. Shavers, U.S. District Court, Southern District of New York, No. 15-cf-00157 Tradução livre.

[105] UNITED STATES OF AMERICA v. Robert M. FAIELLA, a/k/a "BTCKing", and Charlie Shrem, Defendants. No. 14-cr-243 (JSR). United States District Court, S.D. New York. Signed August 18, 2014. Filed August 19, 2014. Acessível: <https://casetext.com/case/united-states--v-faiella> Acesso: 04out2018.

3. *CRIPTOMOEDAS* NA PRÁTICA: PERCEPÇÃO DO FENÔMENO PELOS ENTES PRIVADOS E ESTATAIS

A atuação dos réus foi portanto enquadrada em regras aplicáveis a *transações monetárias*, pois a imputação que lhes foi feita admitia a necessidade de uma submissão às regras atinentes às empresas regulares de câmbio, e ainda às regras destinadas a coibir a lavagem de dinheiro, inclusive mediante indicação de atitudes suspeitas por parte de terceiros.

Mais uma vez os argumentos dos réus procuraram descaracterizar o *bitcoin* como moeda, na tentativa de afastar a condenação por transferência ilícita de dinheiro. O juiz Rakoff, no entanto, rejeitou tais argumentos, afirmando que *"[m]oeda, no linguajar comum, significa 'algo geralmente aceito como um meio de troca, uma medida de valor ou um meio de pagamento'. [...] Bitcoin claramente se qualifica como 'moeda'.*[106]*"*

Como se vê, a qualificação do *bitcoin* como moeda facilitaria aos juízes norte-americanos coibir a proliferação de empresas que, sob o manto da zona cinzenta regulatória, procuram se eximir do cumprimento de regras que se impõem às instituições financeiras em geral. Por outro lado, julgamentos que buscam descortinar a natureza jurídica do *bitcoin* e indicar sua qualificação como *moeda* ajudam os gestores a formular normativas mais abrangentes, que possam alcançar também o novo fenômeno.

No entanto, essa perspectiva adotada por determinadas Cortes não é de aplicação imediata em todo o território dos EUA. Em outro caso, desta vez na Flórida, a *Bitcoin Foundation* pediu para atuar como *amicus curiae* numa demanda do Estado da Flórida contra Pascal Reid e Michell Abner Espinoza, que estariam envolvidos em lavagem de dinheiro, por força da transferência de fundos em *bitcoins* sem observância da regulamentação aplicável às instituições financeiras aptas a efetuar tais transações.

O caso foi julgado pela *Circuit Court of the Eleventh Judicial Circuit in and for Miami-Dade County, Florida*[107], em 22 de julho de 2016, ou seja, cinco anos após o julgamento de Shavers e dois anos após o julgamento de Faiella e Sherm.

---

[106]   United States of America v. Robert M. Faiella et all. Acessível: <https://casetext.com/case/united-states-v-faiella> Acesso: 04out2018 Tradução livre. No original: *"(...) "money" in ordinary parlance means "something generally accepted as a medium of exchange, a measure of value, or a means of payment." [...] Bitcoin clearly qualifies as "money" (...)."*
[107]   The State of Florida vs Michell Abner Espinoza, criminal division, case nº F14-2923, Section 13, Judge Teresa Pooler.

CRIPTOMOEDAS

Neste caso, Ricardo Arias, um detetive da polícia de Miami, juntamente com o agente especial Gregory Ponzi, do Serviço Secreto dos EUA, acessaram a página eletrônica https://localbitcoins.com, supostamente uma corretora de *bitcoins* que permitiria aos interessados anunciarem compra e venda de *criptomoedas* na plataforma. As transações poderiam ser feitas virtualmente ou presencialmente. O detetive Arias encontrou um anúncio de venda de *criptomoedas*, esclarecendo que nesse caso o pagamento deveria ser feito pessoalmente pelos interessados e em *cash*. Suspeitando da atitude do anunciante, o detetive Arias promoveu a aquisição de *bitcoins*, inicialmente em montantes menores, mencionando ao vendedor que estaria envolvido na compra de números de cartões de crédito roubados, que lhes seriam vendidos por russos. Em determinado momento, requisitou a venda de *bitcoins* em quantidade equivalente a US$ 30.000,00, agendando o encontro em determinado hotel, onde a polícia já havia instalado câmeras com o intuito de documentar a transação e efetuar a prisão do vendedor, Michell Abner Espinoza.

Uma vez detido, Espinoza foi processado sob alegação de engajamento irregular em serviços de transação monetária, ou seja, como um transmissor de moeda, em violação ao § 560.125(5)(a) da Lei da Florida e também sob alegação de lavagem de dinheiro, uma vez que teria ciência de que as *criptomoedas* que entregara serviriam a propósito ilícito.

A primeira acusação, portanto, considerava as *criptomoedas* vendidas como verdadeiras *moedas*, uma vez que os regulamentos mencionados estabelecem que *"(1) Uma pessoa não pode se envolver em negócios de prestação de serviços monetários ou provedor de prestações diferida neste estado, a menos que a pessoa esteja licenciada ou isenta de licenciamento sob este capítulo (...)"*[108].

O mesmo regulamento, em sua seção 560.103(22) define a expressão *"prestação de serviços monetários"* como aquela em que uma pessoa *"[...] age como vendedor de instrumento de pagamento, corretor de moeda estrangeira, descontador de cheques ou transmissor de moeda."* Por sua vez, *"Transmissor de moeda"* significa

---

[108] § 560.125(5)(a), Fla. Stat. Section 560.125(1) Acessível : <http://www.leg.state.fl.us/Statutes/index.cfm?App_mode=Display_Statute&Search_String=&URL=0500-0599/0560/Sections/0560.125.html> Acesso: 14nov2018 Tradução livre. No original: *"(1) A person may not engage in the business of a money services business or deferred presentment provider in this state unless the person is licensed or exempted from licensure under this chapter(...)"*

> *"uma corporação, sociedade de responsabilidade limitada, sociedade, ou instituição estrangeira habilitada a prestar serviços neste estado que receba moeda, valores monetários ou instrumentos de pagamento para fins de transmissão dos mesmos por qualquer meio, incluindo transmissão por cabo, fac-símile, transferência eletrônica, courier, Internet ou através de serviços de pagamento de contas ou outros negócios que facilitem tais transferência neste país ou para ou a partir deste país."*

Houve emenda da inicial para incluir na acusação o fato de o réu agir como "vendedor de instrumentos de pagamento", ou seja, "uma corporação, sociedade de responsabilidade limitada, sociedade, ou instituição estrangeira habilitada a prestar serviços neste estado que receba instrumentos de pagamento". O regulamento estabelece "instrumento de pagamento" como "cheque, garantia, ordem de pagamento, cheque de viagem, instrumento eletrônico ou outro instrumento, pagamento em dinheiro ou valor monetário, negociável ou não.[109]"

A acusação fundamentada nos artigos acima citados não foi aceita pela Corte, que entendeu que o réu não havia agido como intermediário de moeda, uma vez que não havia recebido qualquer valor para repasse a terceiros, mas sim para seu próprio uso. Segundo a narrativa do caso, o réu adquiria os bitcoins com um desconto de 10% sobre o valor de mercado e depois os revendia por um valor 5% superior ao valor de mercado. O objetivo do réu, assim, seria obter um lucro na transação e não uma taxa de transmissão ou remessa de valores para quem quer que seja.

Interessante destacar alguns aspectos da decisão quanto à primeira acusação, a saber: (a) o afastamento da qualificação do ato como o de um "vendedor de instrumentos de pagamento" teve por base também o fato de que o governo federal dos EUA havia decidido tratar as criptomoedas como propriedade (e não como moeda), para fins de tributação[110]; e (b) o afastamento da qualificação do bitcoin como moeda, embora reconheça que há semelhanças entre esta e aquele. Admitindo que a Corte não é expert em economia, a decisão, no entanto considera que "mesmo para alguém com conhecimentos limitados

---

[109] § 560.103(29), Fla. Stat.

[110] http://www.irs.gov/pub/irs-drop/n-14-21.pdf

na área, está muito claro que o Bitcoin tem um longo caminho a percorrer antes de ser considerado equivalente a moeda.[111]"

No mesmo sentido, a acusação de lavagem de dinheiro não foi acolhida, levando em consideração que tal atividade é geralmente reconhecida como o método pelo qual ganhos oriundos de uma atividade ilícita ("dinheiro sujo") se tornam legítimos. Ressalvou-se também que a atividade não se encaixava nas definições de "transação financeira" ou de "instrumentos monetários" conforme a seção 896.101(2)(d) e (e) do Estatuto da Flórida. Isto porque uma "transação financeira" está ali definida como uma transação envolvendo um ou mais instrumentos monetários que de algum modo ou em algum grau afetem o comércio, enquanto "instrumento monetário" define-se no regulamento como moeda ou dinheiro dos Estados Unidos ou qualquer outro país, travelers cheques, cheques pessoais, cheques bancários, ordem de pagamento, investimentos ao portador ou outro de tal forma que a titularidade do mesmo passe de uma pessoa para outra por mera tradição. Ou seja, também nesta hipótese prevaleceu o entendimento de que os bitcoins não são instrumentos monetários e, portanto, não traduziam o ilícito estabelecido pela acusação, nos termos do regulamento invocado.

Considerando o bitcoin como propriedade, a decisão esclarece que o fato de uma das partes na transação estar negociando com dinheiro não é suficiente para que haja uma transação financeira. Caso contrário, qualquer venda de propriedade cujo preço seja pago cash seria potencialmente uma violação aos regulamentos que reprimem a lavagem de dinheiro. Com estes argumentos, a Corte rejeitou a acusação.

Finalmente, ainda no âmbito dos EUA, uma recente decisão revela a dificuldade que tem sido constantemente enfrentada sobre a definição da natureza jurídica das criptomoedas. No caso julgado pela Suprema Corte dos EUA, decidido em 21 de junho de 2018[112], houve discussão sobre a natureza das criptomoedas, sendo que a decisão final comportou voto divergente, o que mostra a atualidade e dificuldade da pacificação sobre o tema.

---

[111] Tradução livre. No original: *"This Court is not an expert in economics, however, it is very clear, even to someone with limited knowledge in the area, that Bitcoin has a long way to go before it is the equivalent of money."*

[112] Trata-se do caso Wisconsin Central Ltd. et al. V United States –

3. *CRIPTOMOEDAS* NA PRÁTICA: PERCEPÇÃO DO FENÔMENO PELOS ENTES PRIVADOS E ESTATAIS

A questão de fundo não se refere à moeda ou mais especificamente às criptomoedas, tratando de assunto aparentemente distante do tema: a pensão e taxação de aposentadoria de funcionários da rede ferroviária. O regulamento tributário da aposentadoria dos ferroviários foi editado em 1937, estando em vigor até hoje. Ocorre que, à época da adoção do regulamento, as empresas ferroviárias ofereciam benefícios a seus empregados, como alimentação, alojamento, bilhetes de trem e outras, além evidentemente do pagamento em dinheiro. Uma vez que as empresas ferroviárias não consideravam tais benefícios quando calculavam a pensão por aposentadoria de seus funcionários, nem o Congresso o fazia, a tributação incidia sobre a "remuneração" do empregado, definindo tal expressão para abarcar apenas "qualquer forma de remuneração em dinheiro". Foi essa limitação que causou a apresentação do assunto à Suprema Corte, numa disputa envolvendo benefícios extra remuneratórios, na dicção legal.

Os ferroviários passaram a receber, como incentivo de dedicação às companhias, planos de opção de ações ("stock options plans"), o que levou o governo dos EUA a arguir que estas opções de compra de ações seriam qualificadas como uma forma de remuneração e, portanto, sujeitas à tributação em vigor. Evidentemente as empresas ferroviárias e seus funcionários contra argumentaram que opções de compra de ações não seriam "remuneração em dinheiro" e assim não estariam sujeitas à tributação pretendida.

A conclusão da Suprema Corte foi a de que as opções de compra de ações não são tributáveis como "remuneração" sob o regulamento vigente, uma vez que não são "remuneração em dinheiro". Essa conclusão, no entanto, redigida pelo Juiz Gorsuch e acompanhada pelos juízes Roberts, Thomas Kennedy e Alito, foi objeto de divergência por parte do Juiz Breyer, na qual foi acompanhado pelos Juízes Sotomayor Ginsburg e Kagan.

Claro está que a questão se referia a uma disputa quase semântica sobre o que seria "moeda", para fins exclusivamente de tributação. Porém, ao analisar os diversos aspectos envolvidos, os julgadores acabaram por se debruçar sobre as possíveis formas que a "moeda" teria assumido ao longo dos tempos.

Desse modo, é interessante analisar o início da reflexão estampada no voto vencedor, a saber:

"Começamos com o termo estatutário chave:" remuneração em dinheiro". Como sempre, nosso trabalho é interpretar as palavras de acordo com seu "significado comum ... na época em que o Congresso promulgou o estatuto". Perrin v. United States, 444 U. S. 37, 42 (1979). E quando o Congresso adotou a lei em 1937, "dinheiro" era geralmente entendido como moeda "emitida por uma autoridade reconhecida como meio de troca". Novo Dicionário Internacional de Webster 1583 (2d ed. 1942); ver também 6 Oxford English Dictionary 603 (1ª ed. 1933) ("No mod[erno] uso, comumente aplicado indiferentemente à moeda e a documentos promissórios que representam moeda (especialmente de governo e notas bancárias) atualmente aceitos como meio de troca"); Black's Law Dictionary 1200 (3d ed. 1933) (em seu "sentido popular" dinheiro "significa qualquer moeda, tokens, notas de banco ou outro meio circulante usado geralmente como representativo de valor"); Railway Express Agency, Inc. v. Virginia, 347 U. S. 359, 365 (1954) ("[M]oeda... É um meio de troca"). Obviamente, as opções de ações não se enquadram nessa definição. Embora ações possam ser compradas ou vendidas por dinheiro, poucos de nós compram mantimentos ou pagam aluguel ou avaliam bens e serviços em termos de ações. Quando foi a última vez que você ouviu um amigo dizer que seu carro novo custava "2.450 ações da Microsoft"?"

O cuidado na análise da questão, que passa pela verificação do vocábulo em dicionários da época em que foi redigido o regulamento, foi mais além e identificou que a expressão "remuneração" pode englobar qualquer tipo de gratificação ou benefício, e não apenas moeda. Mas na expressão estabelecida no regulamento, o adjetivo "moeda" (ou dinheiro) modificaria o substantivo "remuneração", o que limitaria a tributação à remuneração qualificada pelo fato de ser feita em moeda.

Segue a decisão mencionando outros regulamentos que fazem referência explícita à "moeda ou qualquer outra forma de remuneração", o que demonstraria que o legislador quis estabelecer inclusões ou exclusões conforme a redação adotada. Não se discute que o termo "moeda" pode ser às vezes utilizado num sentido muito mais extenso, como sendo qualquer propriedade ou posse que seja passível de conversão em moeda ou tendo valor que possa ser expresso em moeda, mas o voto vencedor considera que não foi neste sentido que o vocábulo foi utilizado no regulamento em discussão.

3. *CRIPTOMOEDAS* NA PRÁTICA: PERCEPÇÃO DO FENÔMENO PELOS ENTES PRIVADOS E ESTATAIS

No voto dissidente, lavrado pelo Juiz Breyer, retoma-se o foco central do debate, ou seja, estabelecer se a palavra "remuneração" inserida no regulamento inclui qualquer forma de pagamento realizado a um indivíduo por serviços prestados. O Juiz Breyer centra sua atenção na solução da seguinte questão: A frase inclui opções de ações pagas aos ferroviários por "serviços prestados"? E sua resposta, com base em outros regulamentos correlatos, é sim.

Discorrendo sobre as opções de ações, o Juiz Breyer indica que é comum a imediata conversão de tais opções em dinheiro, por meio do método de *"cashless exercise"*[113]. Considerando esta sistemática, o Juiz Breyer indaga se uma opção de compra de ações poderia ser considerada uma "forma", ou "qualquer forma" de "remuneração monetária". Segundo o raciocínio do Juiz dissidente, não basta recorrer a dicionários da época em que o regulamento foi editado, mas *é preciso avaliar a história monetária* para perquirir o que poderia ser tido como "moeda" nas diversas etapas da evolução social. E, neste momento, referido Juiz invoca a alteração no que entende ser a natureza da moeda para indicar que *"talvez um dia os funcionários serão pagos em Bitcoins ou algum outro tipo de criptomoeda*[114]*"*, sugerindo que tais instrumentos podem ser tidos como moedas, para fins do debate travado na Corte.

Não obstante a questão que levou à discussão sobre o alcance do termo "moeda" no julgado colacionado ser outra (possibilidade ou não de tributação

---

[113] Este método permite aos funcionários que, simplesmente assinalando um campo num formulário, peçam aos agentes financeiros da companhia que comprem as ações pelo preço da opção e imediatamente depois promovam a venda das mesmas pelo maior preço de mercado, depositando o valor correspondente na conta corrente do funcionário, da mesma forma como são depositados os valores de seu contracheque salarial.

[114] A passagem que inclui o texto reproduzido em tradução livre está assim redigida no original: *"True, some of those dictionaries say that "money" primarily refers to currency or promissory documents used as "a medium of exchange." See ante, at 2-3. But even this definition has its ambiguities. A railroad employee cannot use her paycheck as a "medium of exchange." She cannot hand it over to a cashier at the grocery store; she must first deposit it. The same is true of stock, which must be converted into cash and deposited in the employee's account before she can enjoy its monetary value. Moreover, what we view as money has changed over time. Cowrie shells once were such a medium but no longer are, see J. Weatherford, The History of Money 24 (1997); our currency originally included gold coins and bullion, but, after 1934, gold could not be used as a medium of exchange, see Gold Reserve Act of 1934, ch. 6, §2, 48 Stat. 337; perhaps one day employees will be paid in Bitcoin or some other type of cryptocurrency, see F. Martin, Money: The Unauthorized Biography—From Coinage to Cryptocurrencies 275-278 (1st Vintage Books ed. 2015). Nothing in the statute suggests the meaning of this provision should be trapped in a monetary time warp, forever limited to those forms of money commonly used in the 1930's."*

de opções de ações como parte do pagamento de pensões), é inegável que há uma curiosidade jurídica sobre o tema que parece crescer com as diversas *criptomoedas*, em particular a primeira delas, o *bitcoin*.

Mas as decisões (não apenas judiciais como também administrativas) oscilam quando tentam estabelecer um parâmetro para as *criptomoedas*, que ora são consideradas "moedas", ora são consideradas bens móveis ou quando muito ativos financeiros.

Na esteira das decisões judiciais que buscam identificar a natureza das *criptomoedas*, aproveitando-se muitas vezes das discussões profundas ali realizadas, diferentes agentes regulatórios têm emitido normativas que procuram abarcar as *criptomoedas* de modo a inseri-las, ainda que de forma incipiente, no sistema regulatório vigente.

Em 2015 a Comissão de Mercados Futuros de Commodities (CFTC na sigla em inglês) dos EUA emitiu um regulamento (o *Derivabit Order*), estabelecendo que as *criptomoedas* ou moedas virtuais, como ali nomeadas, são *commodities* sujeitas ao respectivo regulamento de transação. Neste regulamento, as *criptomoedas* são definidas como *"uma representação digital de valor que funciona como um meio de troca, uma unidade de conta e/ou uma reserva de valor, mas não tem status de curso legal em qualquer jurisdição."* Tais *criptomoedas* se diferenciariam do que foi ali chamado de moeda "real", por entender que esta seria *"a moeda ou papel moeda dos Estados Unidos ou outro país em que tenha curso legal, circula e é geralmente utilizada e aceita como um meio de pagamento no país de emissão"*[115]. Esse regulamento surgiu mesmo sem que houvesse qualquer contrato futuro de *bitcoin* listado nas bolsas dos EUA, o que levou alguns analistas a criticar a classificação das *criptomoedas* como *commodities*[116].

A origem do regulamento está no fato de que determinada empresa – Coinflip, Inc. – e seu diretor, Francisco Riordan, operaram uma plataforma online de transações denominada *Derivabit* que oferecia opções de *commodities*

---

[115] Tradução livre do texto original que segue: Uma *criptomoeda* seria *"a digital representation of value that functions as a medium of exchange, a unit of account, and/or a store of value, but does not have legal tender status in any jurisdiction."* Enquanto uma moeda "real" (no sentido de não virtual) seria *"the coin or paper money of the United States or another country that are designated as legal tender, circulate, and are customarily used and accepted as a medium of exchange in the country of issuance."*

[116] *Derivabit Order* acessível: https://www.cftc.gov/sites/default/files/idc/groups/public/@lrenforcementactions/documents/legalpleading/enfcoinfliprorder09172015.pdf Acesso: 07jun2018

3. CRIPTOMOEDAS NA PRÁTICA: PERCEPÇÃO DO FENÔMENO PELOS ENTES PRIVADOS E ESTATAIS

sem o necessário registro sob as leis dos EUA. A plataforma oferecia a conexão entre compradores e vendedores de contratos futuros (*option contracts*) de *bitcoins*, chegando a contar com cerca de 400 usuários cadastrados entre março e agosto de 2014. Partindo da premissa de que os *bitcoins* seriam *commodities*, o CFTC agiu de modo a evitar que outras transações fossem levadas a efeito sem a observância da legislação, em particular os prévios registros para atuação neste mercado.

Além da questão criminal, que como já mencionamos desborda os limites deste estudo, uma das questões que mais favorecem a discussão judicial sobre a natureza das *criptomoedas* é o aspecto tributário. Decisões ao redor dos EUA, principalmente, são adotadas quando se requer uma análise sobre a possibilidade de se tributar transações envolvendo *criptomoedas*. Para que se avalie a possibilidade e, especialmente, o tipo de tributo que incidiria sobre cada transação, é inevitável que se faça alguma referência à natureza das *criptomoedas*, o que explica de certa forma a oscilação em sua classificação.

Sob o aspecto tributário, interessante caso ocorreu perante a *Federal District Court of Northest California*[117], com decisão firmada em 17 de novembro de 2016, concedendo um pedido da Receita dos EUA ("Internal Revenue Service" – IRS) para que a Coinbase, Inc. informasse os dados de seus clientes que tivessem transacionado com "moedas virtuais conversíveis" para fins de verificação de possível evasão fiscal.

Nesse julgado podemos identificar duas preocupações básicas da Receita norte-americana: (1) a falta de declaração de renda decorrente de transações em *criptomoedas*; e (2) a possibilidade de os contribuintes dos EUA auferirem ganhos com a compra, venda ou negociação em *criptomoedas* sem a necessária declaração para fins de tributação.

Ao analisar o pedido, a Corte identifica a *criptomoeda* como uma representação de valor que funciona como um meio de pagamento, uma unidade de conta e/ou uma reserva de valor e que em algumas situações as *criptomoedas* operariam como "*moeda tradicional*", isto é, "*a moeda e papel moeda de um país que tem curso legal*". Não obstante o reconhecimento da utilização das *criptomoedas* como "moeda tradicional", é também destacado que estas não têm curso legal

---

[117] Acessível: <https://www.justice.gov/opa/press-release/file/914261/download> Acesso em 12set2018

em nenhuma jurisdição, sendo consideradas "conversíveis" se tiverem um valor equivalente em "moeda tradicional" ou agirem como suas substitutas. O julgado reconhece que as *criptomoedas* conversíveis podem ser digitalmente negociadas entre usuários e podem ser compradas ou trocadas por dólares norte-americanos, euros e outras moedas tradicionais ou virtuais.

A aquisição de *criptomoedas* geralmente é feita por meio de empresas dedicadas à sua compra e venda, embora possa ser feita por meio de compra e venda entre particulares. Considerando que a maior parte das transações envolvendo compra de *criptomoedas* é realizada por meio de empresas especializadas, estas empresas acabam se tornando o elo que liga o mundo "virtual" das *criptomoedas* ao mundo "real" dos sistemas bancários e de transmissão de moeda convencional, ou seja, do sistema financeiro. Esse é o caso da Coinbase (contra quem se dirige o pedido formulado pela IRS), empresa sediada na Califórnia, com filiais em 32 países, administradora de cerca de 4,9 milhões de carteiras em 190 países, sendo, em dezembro de 2015, a quarta maior corretora (*"exchange"*) global de *bitcoins* por dólares norte-americanos, o que é feito inclusive por meio de transferências bancárias.

Descrevendo as atividades da Coinbase, o julgado identifica quatro de seus maiores produtos: (i) câmbio entre *bitcoins* e moeda fiduciária (com curso legal e garantida pelo Estado que a emitiu); (ii) carteiras para guarda e transação de *bitcoins*; (iii) interface de programa de aplicativo para desenvolvedores e comerciantes para desenvolver aplicativos e aceitar pagamentos em *bitcoins*; e (iv) um "Shift Card", o primeiro cartão de débito de *bitcoins* emitido, com a bandeira VISA, que permite que os clientes da Coinbase residentes nos EUA possam efetuar pagamentos em *bitcoins* em qualquer lugar que aceite cartões de bandeira VISA.

Com a crescente utilização dos *bitcoins*, a Receita dos EUA identificou riscos tributários que incluíam, particularmente, a falta de comunicação por terceiros sobre a transação realizada, a falta de conhecimento entre os contribuintes sobre a necessidade de recolhimento de tributos e a incerteza quanto à caracterização dos ganhos auferidos com as *criptomoedas*. Para amenizar os riscos identificados, a Receita dos EUA emitiu uma Nota (*Notice 2014-21*) esclarecendo sua posição quanto à natureza das *criptomoedas*, que foram consideradas *propriedade* para fins tributários, o que determina a possibilidade de o contribuinte ter um ganho ou perda na venda ou troca da *criptomoeda*,

3. *CRIPTOMOEDAS* NA PRÁTICA: PERCEPÇÃO DO FENÔMENO PELOS ENTES PRIVADOS E ESTATAIS

dependendo do custo envolvido na transação. Outras notas do governo dos EUA (tanto da Receita quanto do Inspetor Geral para Administração de Taxas do Tesouro) foram sendo emitidas com o fim precípuo de estabelecer as bases de uma regulamentação tributária no que se refere às *criptomoedas*.

Em breve resumo podemos ver que nos EUA há decisões diferentes envolvendo as *criptomoedas*, tanto no âmbito judicial quanto no âmbito administrativo. Em algumas delas (inclusive a da Corte Suprema) o *bitcoin* é tido como moeda, seja por desempenhar funções econômicas típicas da moeda, seja por uma equiparação das atividades praticadas com seu uso a atividades tipicamente monetárias. Os julgados trazem também uma prévia de como os diferentes agentes reguladores dos EUA têm se posicionado frente ao *bitcoin*: a CTFC identifica o *bitcoin* como *commodity*; o IRS como *propriedade*. A questão tributária é uma das que mais exige reflexões sobre a real natureza das *criptomoedas*, cabendo a cada agência regulatória esclarecer a forma pela qual entende deva ser tratado o novo fenômeno.

Na União Europeia um dos primeiros julgados envolvendo as *criptomoedas* – particularmente o *bitcoin* – data de 22 de outubro de 2015 e trata da interpretação de determinados artigos da Diretiva 2006/112/CE do Conselho, relativa ao sistema comum do IVA (imposto sobre valor agregado). O que se pretendia, em resumo, era avaliar se as operações de câmbio de divisas tradicionais pelo *bitcoin* (ou vice-versa) por intermédio da sociedade sueca *D. Hedqvist* estariam ou não sujeitas ao IVA. A origem da demanda está centrada na oposição da administração fiscal sueca (*Skattverket*) à atuação da empresa *D. Hedqvist* nas operações de câmbio, tendo em vista um parecer do Conselho de Direito Fiscal Sueco que entendia devido o IVA nas operações com a *criptomoeda*[118].

D. Hedqvist constituiu uma empresa para prestar serviços de câmbio envolvendo *criptomoedas* e moedas nacionais, o que despertou dúvidas sobre a incidência ou não do IVA em tais operações. A solução do caso valeu-se, dentre outras fontes, de relatório de 2012 do Banco Central Europeu que define a *criptomoeda* como *"um tipo de moda digital não regulamentada, que é emitida e verificada*

---

[118] Decisão acessível em http://curia.europa.eu/juris/liste.jsf?oqp=&for=&mat=or&lgrec= fr&jge=&td=%3BALL&jur=C%2CT%2CF&num=C-264%252F14&page=1&dates=&pcs= Oor&lg=&pro=&nat=or&cit=none%252CC%252CCJ%252CR%252C2008E%252C%252C %252C%252C%252C%252C%252C%252C%252C%252C%252Ctrue%252Cfalse%252Cfalse&lan guage=pt&avg=&cid=1857968 – acesso em 10.09.2018

pelos seus criadores e aceita pelos membros de uma comunidade virtual específica". No relato dos fatos do litígio a decisão identifica o *bitcoin* como parte das chamadas *"divisas virtuais ditas 'de fluxo bidirecional', que os utilizadores podem comprar e vender com base em taxas de câmbio".* Procura ainda distinguir as "moedas virtuais" das "moedas eletrônicas" (estas definidas na Diretiva 2009/110/CE do Parlamento Europeu e do Conselho), já que nas *criptomoedas* (ou "moedas virtuais") *"os fundos não são expressos numa unidade de conta tradicional, por exemplo, o euro, mas sim numa unidade de conta virtual, como a 'bitcoin'".*

A tentativa de conceituar e diferenciar as "moedas virtuais" das "moedas eletrônicas" tem importância específica no caso *sub judice*, já que a legislação da União Europeia estabelece, na Diretiva IVA, que:

"Art. 2º
1. Estão sujeitas ao IVA as seguintes operações:
a) As entregas de bens efetuadas a título oneroso no território de um Estado--Membro por um sujeito passivo agindo nessa qualidade;
(...)
c) As prestações de serviços efetuadas a título oneroso no território de um Estado-Membro por um sujeito passivo agindo nessa qualidade;"

O artigo 4º da mesma Diretiva estatui:
"1. Entende-se por 'entrega de bens' a transferência do poder de dispor de um bem corpóreo como proprietário."

Na mesma Diretiva, artigo 24, nº 1:
"Entende-se por 'prestações de serviços' qualquer operação que não constitua uma entrega de bens."

E finalmente, a Diretiva dispõe, no artigo 135, nº 1:

"Os Estados-Membros isentam as seguintes operações:
(...)
d) As operações, incluindo a negociação, relativas a depósitos de fundos, contas correntes, pagamentos, transferências, créditos, cheques e outros efeitos de comércio, com exceção da cobrança de dívidas;

3. CRIPTOMOEDAS NA PRÁTICA: PERCEPÇÃO DO FENÔMENO PELOS ENTES PRIVADOS E ESTATAIS

e) As operações, incluindo a negociação, relativas a divisas, papel-moeda e moeda com valor liberatório, com exceção das moedas e notas de coleção, nomeadamente as moedas de ouro, prata ou outro metal, e bem assim as notas que não sejam normalmente utilizadas pelo seu valor liberatório ou que apresentem um interesse numismático;

f) As operações, incluindo a negociação, mas excluindo a guarda e gestão, relativas às ações, participações em sociedades ou em associações, obrigações e demais títulos, com exclusão dos títulos representativos de mercadorias e dos direitos ou títulos referidos no nº 2 do artigo 15º."

Como se vê, a discussão comporta uma questão de fundo que remete à natureza das *criptomoedas*, já que a Diretiva estabelece distinções quanto à entrega de *bem* ou *pagamento* de serviço. Percebe-se que, subjacente à discussão sobre a incidência ou não do tributo, está a delimitação do fato gerador, o que enseja análise sobre a natureza das *criptomoedas*.

No direito sueco, a norma relativa ao IVA (Lei 200 de 1994) considera sujeitas à tributação as atividades de entrega de bens e prestação de serviços realizadas dentro do território sueco. Há uma previsão de isenção de IVA (Capítulo 3, § 23, nº 1) se a entrega se referir a papel moeda e moeda com valor liberatório, salvo se se tratar de moedas e notas de coleção, de forma semelhante ao quanto dispõe a Diretiva Europeia na parte acima transcrita. Finalmente, o § 9º do Capítulo 3 da mesma norma Sueca prevê isenção do pagamento de IVA no caso de prestação de serviços bancários ou financeiros, bem como das operações relativas a valores mobiliários e a operações similares.

A prestação de serviços pretendida pela empresa de *D. Hedqvist* foi submetida a análise da Comissão de Direito Fiscal, que emitiu parecer prévio sobre o problema proposto. Levando em conta um acórdão do *First National Bank of Chicago*, a Comissão concluiu que a prestação de serviços almejada enquadrava-se na situação de um *"serviço de câmbios a título oneroso"*, considerando, no entanto, que a atividade estaria isenta do IVA, com fundamento no § 9º do capítulo 3 da lei relativa ao IVA vigente na Suécia.

Numa avaliação das normas europeias (particularmente dos excertos das Diretivas acima indicados), a Comissão de Direito Fiscal chegou à conclusão que, uma vez que o *bitcoin* é considerado como *"um meio de pagamento utilizado de forma análoga aos meios de pagamento com valor liberatório"*, e a Diretiva IVA,

CRIPTOMOEDAS

na redação adotada, tem a intenção de restringir o âmbito de aplicação da isenção que incide sobre o papel moeda e a moeda, as transações pretendidas pela sociedade *D. Hedqvist* estariam isentas de IVA, pois a Diretiva teria como um de seus objetivos, *"evitar as dificuldades relacionadas com a sujeição dos serviços financeiros ao IVA"*.

Evidentemente a conclusão da Comissão de Direito Fiscal não agradou o *Skatterverket*, que interpôs recurso sob a alegação de que o serviço prestado pela sociedade *D. Hedqvist* não estaria sob a égide da isenção estabelecida no capítulo 3, § 9 da lei sueca relativa ao IVA ou mesmo da Diretiva IVA.

A questão chegou à Corte Europeia para fins de esclarecer se a prestação de serviço de câmbio oneroso de *criptomoedas* por moedas fiduciárias (e vice-versa) estaria ou não abrangida pela isenção estabelecida na Diretiva IVA, particularmente em face da redação de seu artigo 135, nº 1.

A Corte analisou inicialmente se a atividade pretendida seria equivalente à entrega de bens ou prestação de serviços a título oneroso dentro do território de um Estado-Membro. Afastou a identificação das atividades com a de "entrega de bens", considerando que as operações de "câmbio de diferentes meios de pagamento", não cabem no conceito de "entrega de bens" previsto no referido artigo 14 da Diretiva IVA, concluindo que se trata de prestação de serviços nos termos do artigo 24 da mesma Diretiva. Em seguida, discorrendo sobre o caráter sinalagmático da prestação dos serviços, retoma o ponto da remuneração dos mesmos, para concluir que há um caráter oneroso na atividade, pois o câmbio se efetua *"mediante o pagamento de uma quantia correspondente à margem constituída pela diferença entre, por um lado, o preço pelo qual o operador em causa compra as divisas e, por outro, o preço a que as vende aos seus clientes"*.

Passando a analisar a possibilidade de se aplicar a isenção à prestação de serviços em tela, o Tribunal inicia a análise lembrando que a Diretiva IVA indica isenções que *"constituem conceitos autônomos do direito da União que têm por objetivo evitar divergências na aplicação do regime do IVA de um Estado-Membro para outro"*. A interpretação dos termos utilizados para determinar as isenções deve ser efetuada de forma estrita, *"uma vez que constituem derrogações ao princípio geral de que o IVA é cobrado sobre qualquer prestação de serviços efetuada a título oneroso por um sujeito passivo"*, levando-se em conta que tal interpretação deve considerar os objetivos perseguidos pelas isenções previstas no artigo 135, nº 1, respeitando assim a neutralidade fiscal inerente ao sistema comum do IVA.

3. *CRIPTOMOEDAS* NA PRÁTICA: PERCEPÇÃO DO FENÔMENO PELOS ENTES PRIVADOS E ESTATAIS

As operações isentas de IVA de acordo com os dispositivos invocados são de natureza financeira, *"apesar de não terem necessariamente de ser efetuadas pelos bancos ou por estabelecimentos financeiros"*, ou seja, as operações isentas pelo artigo 135, nº 1 da Diretiva *"dizem respeito a serviços ou instrumentos cujo modo de funcionamento implica a transferência de dinheiro"*. Tais operações, no entanto, não seriam aquelas relativas à própria moeda, visto que estas seriam objeto da alínea "e" do artigo 135, nº 1 da Diretiva IVA.

A Corte anota em seguida que as operações em tela não entrariam no âmbito das isenções destinadas a contas correntes, depósitos de fundos, pagamento ou transferência, visto que o *bitcoin* seria um meio de pagamento contratual e tampouco pode ser equiparado a créditos, cheques ou outros títulos (mencionados no item "d" do mesmo artigo da Diretiva IVA), uma vez que o *bitcoin* constituiria um *"meio de pagamento **direto** entre os operadores que a aceitam"*[119].

O julgado lembra ainda que a interpretação da Diretiva IVA deve respeitar as exigências do princípio da neutralidade fiscal, tendo em vista que as isenções ali previstas teriam por objetivo *"atenuar as dificuldades ligadas à determinação do valor tributável e do montante do IVA dedutível"*. Como D. Hedqvist alegou dificuldades ligadas à determinação do valor tributável nas operações por ele realizadas (conversão de *criptomoedas* para moedas fiduciárias e vice-versa), a Corte considerou que uma interpretação restritiva da Diretiva IVA que isentasse apenas as moedas "tradicionais" corresponderia a negar eficácia a uma parte da Diretiva (notadamente seu artigo 135, nº 1, "e"). Consequentemente, a Corte decidiu que as atividades desenvolvidas por D. Hedqvist são consideradas prestação de serviço onerosa e estão isentas do pagamento de IVA, com fundamento na Diretiva 2006/112 (Diretiva IVA), artigo 135, nº 1, "e".

Houve muita repercussão da decisão adotada, eis que, na prática, acabou por dispensar ao *bitcoin* o *mesmo tratamento dado a moedas fiduciárias estrangeiras que sejam objeto de câmbio com outras moedas fiduciárias*. Se considerarmos que a decisão afasta peremptoriamente a possibilidade de o *bitcoin* poder ser equiparado a títulos societários (particularmente ações), ou de "propriedade"

---

[119] Não há destaque no original. Ressaltamos o vocábulo para reforçar a diferença na atividade envolvendo *criptomoedas* quando comparadas à dos bancos, por exemplo, pois nesta hipótese há necessariamente a presença de um intermediário, não se tratando de transação *peer-to-peer*.

de uma pessoa jurídica, a conclusão leva a um caminho que poderia facilitar a aceitação desta *criptomoeda* – sob o ponto de vista jurídico, já que se trata de incidência de legislação tributária – como verdadeira "moeda".

Outras jurisdições estrangeiras também têm analisado casos envolvendo *criptomoedas*, sempre buscando avaliar a melhor forma de regular as atividades dos envolvidos no assunto. A título meramente exemplificativo, mencionamos dois casos: (1) Julgamento na Coreia do Sul e (2) Julgamento na Índia. As Suprema Cortes dos dois países foram acionadas recentemente para decidir disputas envolvendo algum aspecto ligado a *criptomoedas*.

Na Coreia do Sul, durante o julgamento de um caso criminal, a Suprema Corte reconheceu as *criptomoedas* como um ativo em virtude de seu "valor mensurável". O caso envolvia um homem de 33 anos preso por manter uma página pornográfica na *Internet*, auferindo lucros em *bitcoins*. Sua condenação estabeleceu pena de 18 meses de prisão e multa equivalente a cerca de US\$ 646.000,00 (seiscentos e quarenta e seis mil dólares norte-americanos). O que levou a Corte a declarar que *bitcoins* são ativos foi a dúvida sobre a possibilidade ou não de se confiscar 192 *bitcoins* que o réu havia recebido como pagamento e que equivaleriam, à época, a cerca de US\$ 1,4 milhões. A decisão favorável ao confisco foi a primeira neste sentido na Coreia[120].

A primeira instância havia negado o pedido de confisco de *bitcoins* do réu, mantidos em sua posse a partir de um ganho ilícito, alegando que *bitcoins* só existem eletronicamente, não tendo forma física, o que os excluiria da possibilidade de confisco. A decisão foi revertida em segunda instância e posteriormente confirmada pela Suprema Corte, que concordou que não se poderia deixar em mãos do réu o ganho obtido com sua atividade criminosa. O ponto central da decisão, no que se refere à natureza dos *bitcoins* está no reconhecimento de valor aliado aos *bitcoins*, o que permitiria seu confisco. A partir desta decisão as autoridades da Coreia do Sul passaram a ter maior segurança para confiscar qualquer ativo digital relacionado a atividades ilegais.

Na Índia a disputa se iniciou no começo do ano de 2018, com uma circular emitida em abril pelo Reserve Bank of India (RBI) proibindo todas as

---

[120] Houve grande repercussão sobre o julgado, sendo possível acessar notícias a respeito em diferentes fontes, como por exemplo: http://koreajoongangdaily.joins.com/news/article/article.aspx?aid=3048770 ; e http://www.koreatimes.co.kr/www/biz/2018/05/488_249868.html Acessos: 28nov2018

3. *CRIPTOMOEDAS* NA PRÁTICA: PERCEPÇÃO DO FENÔMENO PELOS ENTES PRIVADOS E ESTATAIS

instituições financeiras reguladas pelo RBI de negociar ou prestar serviços para facilitar a qualquer pessoa a negociação com *criptomoedas*. Tais serviços incluiriam manter contas, registrar, negociar, compensar, fazer empréstimo contra *tokens* virtuais, aceitá-los como garantia, abrir contas de câmbio dos mesmos e transferir / receber dinheiro em contas relacionadas à compra/ venda de *criptomoedas*.[121].

Houve então uma reação da comunidade indiana que negociava com *criptomoedas*, sob o argumento de que a circular violava o direito de desenvolver uma atividade comercial. A questão envolve várias partes e até setembro de 2018 a Suprema Corte da Índia ainda não havia chegado a uma decisão final, o que demonstra o quanto pode ser difícil estabelecer uma visão uniforme do problema. Dentre as primeiras empresas a ingressarem em juízo contra a circular, a Kali Digital Ecosystems, empresa controladora da CoinRecoil, que efetuava câmbio de *criptomoedas*, entrou com um mandado de segurança junto à Corte de Delhi, alegando que a circular violava artigos da constituição Indiana, que garantiriam o direito à escolha de qualquer ocupação, negócio ou empresa, bem como proibiam a discriminação entre iguais[122].

A Corte de Delhi aceitou o pedido no dia 22 de abril de 2018 (não muito tempo após a emissão da circular), o que acarretou uma série de novas postulações judiciais no mesmo sentido ao redor da Índia. Para evitar a proliferação de decisões que poderiam ser contraditórias e acabar inundando o Tribunal com pedidos da mesma espécie, a Suprema Corte determinou que todas as ações fossem reunidas para julgamento numa única sessão a se realizar em 20 de julho de 2018.

Um acontecimento paralelo nesse meio tempo reforçou os argumentos do RBI de que as *criptomoedas* não seriam seguras e colocariam seus usuários em risco: uma empresa de trocas de *criptomoedas* muito popular na Índia anunciou a perda de 438 *bitcoins*, aparentemente por fraude envolvendo um de seus diretores, o que deu origem a inquérito policial e culminou com o encerramento das atividades da CoinSecure. Por outro lado, um advogado especializado em questões relacionadas à tecnologia *blockchain* apresentou um

---

[121] Reserve Bank of India – RBI/2017-18/154; DBR. No.BP.BC. 104 /08.13.102/2017-18, emitida em 06 de abril de 2018 (www.rbi.org.in) Acesso: 20nov2018

[122] Os artigos invocados foram o artigo 19(1)(g) – direito à escolha de ocupação e o artigo 14 – proibição de discriminação.

pedido de esclarecimentos ao RBI, com fundamento no direito à informação, questionando as razões que teriam levado o RBI a concluir sobre os alegados riscos nas transações com *criptomoedas* e se teria havido a constituição de um comitê de estudos sobre o assunto que tivesse subsidiado esta posição. A resposta do RBI foi negativa quanto à constituição de um comitê interno, e positiva no que se refere à participação no Comitê Interdisciplinar constituído pelo Ministério das Finanças e o Governo da Índia em março de 2017 para (a) examinar o estágio atual das *criptomoedas* na Índia, (b) avaliar as tentativas regulatórias globalmente adotadas e (c) sugerir um quadro regulatório na Índia.

Com fundamento, entre outros, também nesse pedido de esclarecimentos formulado ao RBI, as empresas que negociavam com *criptomoedas* pediram no início de julho uma liminar para suspender os efeitos da circular, que foi recusada pela Suprema Corte. Até o dia 25 de setembro de 2018 aguardava--se a solução da questão, que dependia também da evolução regulatória das *criptomoedas* na Índia, cujos debates se desenvolviam em paralelo com a discussão na Corte Suprema. Não há ainda uma solução para o caso, que revela a dificuldade de enquadrar fatos a regulamentos ou concepções existentes. A emissão do regulamento não resolveu a questão, mas, ao contrário, suscitou mais dúvidas.

Situações como as da Índia revelam que o fenômeno *criptomoedas* está ganhando adeptos ao redor do mundo sem que se possa estabelecer ainda uma regulação adequada, dada a multifacetada natureza destes instrumentos. As discussões judiciais passam por questões que muitas vezes procuram contornar a qualificação jurídica da *criptomoeda*, trazendo o foco, como no caso em comento, para a liberdade de escolha de ocupação, negócio ou empresa. Salvo se operações com *criptomoedas* forem consideradas ilícitas – e para tanto a Corte teria que declarar as *criptomoedas* como objeto ilícito – não haveria como se evitar sua negociação, sob pena de supressão de liberdade individual.

Voltando aos EUA, vejamos recentes casos que nos trazem importantes esclarecimentos sobre o assunto. Em janeiro de 2018 a Justiça norte-americana se debatia com a questão das *criptomoedas*, numa tentativa de regulá-las, embora sem clareza sobre a competência para tal. Juízes do Brooklyn, em Nova York, examinavam questões relativas a *criptomoedas* para saber se o novo fenômeno poderia ser regulado da mesma forma que ativos como ações ou títulos correlatos. A importância dos debates é evidente, pois tais decisões poderiam ser importantes precedentes para os demais juízes nos EUA.

Uma das questões envolvia os chamados ICOs, sigla em inglês para oferta inicial de moeda (Initial Coin Offering). Um negociante do Brooklyn, Maksim Zaslavskiy foi acusado de promover a oferta de *criptomoedas* garantidas por investimentos em imóveis e diamantes que os promotores norte-americanos diziam não existir, o que fez com que fosse processado. Em outro processo, Dominic Lacroix, cidadão canadense, promoveu um ICO da PlexCoin para investidores nos EUA e no exterior sem registro prévio com autoridades norte-americanas e sem revelar eventuais problemas anteriores, o que levou a Securities and Exchange Commission (SEC) a processá-lo por fraude.

Na análise dos processos envolvendo Zaslavskiy e Lacroix[123] os juízes acabaram por resgatar antigo caso judicial dos EUA, que pode ser a chave para a solução da questão, segundo alguns analistas, o que nos faz relatá-lo brevemente.

O processo, de 1946, tinha a SEC como autora e a empresa J. Howey Co. como ré. A ré estava envolvida em negócios relativos à plantação de laranjas e vendia lotes de árvores com promessas de significativos lucros pagos aos proprietários com a utilização de um "contrato de prestação de serviços" baseado no sucesso da colheita. Em termos gerais, a empresa manteve 50% de suas terras e vendeu os outros 50% em lotes para investidores interessados na plantação de laranjas. Estes, por sua vez, foram levados a firmar contratos de prestação de serviços pelos quais a empresa mantinha a posse da terra e explorava a plantação, retornando para os compradores dos lotes um percentual do lucro obtido com a venda efetuada. A transação estava formatada no que se poderia considerar um "*leaseback*" e envolvia vendas interestaduais, para além da Flórida, onde se localizava a plantação.

A SEC entendeu que os instrumentos contratuais oferecidos pela Howey para investidores que não estavam sediados na Flórida e que, em sua maioria, não tinham nenhum conhecimento de agricultura eram, na verdade, títulos que deveriam ser submetidos à sua avaliação, conforme artigo 5(a)

---

[123] http://money.com/money/5123510/are-cryptocurrencies-and-icos-scams-the-government-will-soon-decide/ Acesso: 05nov2018

do Securities Act de 1933. O pedido de liminar para obstar o oferecimento dos supostos títulos foi rejeitado pela Corte Distrital do Sudeste da Florida e pela Corte de Apelação do Quinto Circuito. A decisão foi então reformada pela Suprema Corte dos EUA, mas não por unanimidade.

O voto majoritário, do juiz Frank Murphy, considerou que os "contratos de prestação de serviços" oferecidos eram na verdade "contratos de investimento" na dicção do § 2(a)(1) do Securities Act de 1933. O juiz considerou ainda que, embora o termo "contrato de investimento" não esteja definido no Securities Act, foi utilizado numa série de decisões estaduais, com base nas chamadas *"blue sky laws"* (leis estaduais que regulam a oferta e venda de títulos para proteger o público contra fraudes, todas determinando o registro prévio das ofertas e vendas) para abranger uma vasta gama de contratos ou outros instrumentos voltados à atração de capital de forma a assegurar alguma renda ou lucro daí derivado. Foi neste julgamento que o juiz estabeleceu um "teste" para verificar se determinado instrumento pode ou não ser considerado um título suscetível de registro perante a SEC. O teste, conhecido como "teste de Howey" foi assim formulado pelo juiz Murphy:

> *"Em outras palavras, um contrato de investimento para os fins da Lei de Valores Mobiliários significa um contrato, transação ou negócio pelo qual uma pessoa investe seu dinheiro em uma empresa comum e é levada a esperar lucros apenas dos esforços do promotor ou de um terceiro. sendo irrelevante se as ações da empresa são garantidas por certificados formais ou por juros nominais sobre os ativos físicos utilizados na empresa. (...) O teste verifica se o negócio envolve um investimento de dinheiro em uma empresa comum cujos lucros proveem exclusivamente dos esforços de outros. Se esse teste for positivo, é irrelevante se a empresa é especulativa ou não especulativa ou se há uma venda de propriedades com ou sem valor intrínseco ".[124]*

---

[124] http://cdn.loc.gov/service/ll/usrep328/usrep328293/usrep328293.pdf – p. 298 e seguintes Acesso 22nov2018 Tradução livre. No original: *"In other words, an investment contract for purposes of the Securities Act means a contract, transaction or scheme whereby a person invests his money in a common enterprise and is led to expect profits solely from the efforts of the promoter or a third party, it being immaterial whether the shares in the enterprise are evidenced by formal certificates or by nominal interests in the physical assets employed in the enterprise. (...) The test is whether the scheme involves an investment of money in a common enterprise with profits to come solely from the efforts of*

3. *CRIPTOMOEDAS* NA PRÁTICA: PERCEPÇÃO DO FENÔMENO PELOS ENTES PRIVADOS E ESTATAIS

Tendo em vista o teste assim desenvolvido, a Suprema Corte poderá considerar que os ICOs são contratos de investimento e, consequentemente, determinar que as ofertas iniciais de moedas só poderão ser realizadas se forem previamente registradas e se cumprirem todas as determinações da SEC.

Em outro processo recente da Corte da Califórnia[125], cujo desenvolvimento ainda está em curso, Martin Marsich foi acusado de acessar a rede de computadores de uma companhia de videogames de Bay Area e obter acesso a partes do sistema da companhia incluindo 25.000 contas que possibilitam a compra de itens para uso em videogames. O invasor, que foi posteriormente identificado como Marsich, jovem de 25 anos com passaportes da Sérvia e da Itália, teria utilizado ainda informação obtida no sistema de computação para obter "moeda" circunscrita aos jogos de computador, utilizada para a compra e venda de itens dos referidos jogos.

Pelo relato do processo Marsich teria também vendido acesso a jogos online em mercados negros de *websites*, incluindo uma grande venda de acesso ao jogo *Fifa 18* e, após a descoberta da fraude, a empresa vítima teria encerrado as contas roubadas, o que lhe causou um prejuízo de aproximadamente US$ 324.000,00. Em 08 de agosto de 2018, Marsich, que então vivia na Itália, decidiu fazer uma viagem para a Califórnia, sendo preso ao desembarcar no aeroporto internacional de São Francisco, onde aguardava conexão para Los Angeles.

O ponto curioso está no fato de que a fiança para que Marsich respondesse o processo em liberdade foi fixada pela juíza Jacqueline Corley no valor equivalente a US$ 750.000,00, que poderia ser pago – por expressa autorização judicial – em *criptomoedas*. A aceitação de *criptomoedas* para pagamento de fiança teve uma repercussão considerável, vez que, ainda que indiretamente, parecia admitir que as *criptomoedas* são de fato moedas, aceitáveis até mesmo pelo Poder Judiciário local.

---

others. If that test be satisfied, it is immaterial whether the enterprise is speculative or non-speculative or whether there is a sale of property with or without intrinsic value."
[125] Acessível: https://www.courtlistener.com/docket/7710527/united-states-v-marsich/ Acesso: 03out2018

A decisão, no entanto, foi posteriormente modificada, para determinar que o réu convertesse parte de suas *criptomoedas* em dólares norte-americanos, no valor de ao menos US$ 200.000,00. O que fez a juíza aceitar inicialmente o pagamento integral em *criptomoedas* parece ter sido o fato de que o réu, chegando como turista aos EUA, não tinha moeda fiduciária local – dólares norte-americanos – suficiente para pagar o montante estabelecido como fiança. Acresça-se a isso o fato de que o pagamento de fianças tem sido aceito, nos EUA, em imóveis, metais preciosos ou qualquer outro bem que tenha valor e possa garantir o comparecimento do réu ao tribunal nas datas marcadas. Confirma-se, desse modo, o reconhecimento judicial das *criptomoedas* como bem de valor, passível de ser ofertado como fiança. A modificação parcial da decisão inicial, determinando a conversão de *criptomoedas* em montante equivalente a parte da fiança (US$200.000,00), não está atrelada a uma ideia de que *criptomoedas* não seriam suscetíveis de serem recebidas como garantia, mas teve como razões primordiais (a) a volatilidade das *criptomoedas* e (b) o fato de as *criptomoedas* tituladas pelo réu serem fracas em comparação com outras *criptomoedas* do mercado.

Como as *criptomoedas* do réu eram fracas, a venda de um volume que lhe rendesse o montante total da fiança poderia acarretar uma desvalorização muito alta das mesmas *criptomoedas*, sendo que o Federal Bureau of Intelligence (FBI) tinha como incumbência administrar a posse de todas as *criptomoedas* do réu que, se condenado, teria ainda que efetuar o pagamento da indenização para a empresa de videogames. Por outro lado, sendo *criptomoedas* "fracas", a comercialização em grandes volumes não se sustentaria, em razão da desfavorável flutuação de preços que sofreria.

Considerando as limitações relativas à volatilidade e dificuldade de comercialização maciça das *criptomedas* tituladas pelo réu, em audiência posterior a juíza modificou sua decisão para aceitar ao menos parte da fiança em papel-moeda, de forma que o restante das *criptomoedas* possa ainda representar valor supostamente suficiente para fazer frente à perda suportada pela empresa de videogames. Ou seja, não houve a recusa de *criptomoedas* como pagamento da fiança, mas sim uma adequação com pagamento parte em moeda tradicional parte em *criptomoeda*.

Estes dois recentes julgados revelam (a) a importância de se saber como é criada a *criptomoeda* para fins de sua classificação e (b) a crescente aceitação das *criptomoedas* pelos agentes estatais. Essa realidade é perceptível não apenas nos Estados Unidos, mas em diversos países ao redor do mundo.

Também no Brasil começam a surgir questões judiciais envolvendo as *criptomoedas*, sendo que alguns casos já chegaram ao Superior Tribunal de Justiça (STJ), enquanto outros tramitam perante os tribunais estaduais.

Tal como nas jurisdições estrangeiras, os primeiros casos a chegar ao Judiciário Pátrio não têm como ponto central as próprias *criptomoedas* – sua natureza, sua licitude ou ilicitude – mas sim questões laterais, relativas a outras atividades com as quais as *criptomoedas* poderiam ou não estar vinculadas.

Assim se desenrolou o julgamento ocorrido em 09 de outubro de 2018, na Terceira Turma do STJ, em que se discutiu a possibilidade de uma instituição financeira encerrar, unilateralmente, a conta corrente ali mantida por uma outra empresa. Os fatos diziam respeito ao encerramento de conta corrente mantida por Mercado Bitcoin Serviços Digitais Ltda. junto ao Itaú Unibanco S.A. A requerente, Mercado Bitcoin, alegava que o encerramento unilateral do contrato de manutenção de conta corrente pelo Banco Itaú teria violado o Código de Defesa do Consumidor, configurando tal atitude verdadeiro abuso de direito, já que a conta corrente encerrada seria essencial para o desenvolvimento de suas atividades negociais[126].

A alegação de violação ao Código de Defesa do Consumidor foi afastada tanto pelo voto vencedor quanto pelo voto vencido, já que a própria requerente havia indicado que *"o serviço bancário de conta corrente é utilizado como implemento de sua atividade empresarial, não se destinando, pois, ao seu consumo final"*[127]. A possibilidade de encerramento do contrato bancário unilateralmente, após envio de notificação com trinta dias de antecedência, no entanto, foi objeto de divergência, com base no suposto abuso de direito, sendo vencedora a tese favorável ao encerramento do contrato.

Interessante notar que, ao longo das discussões sobre o assunto, a atividade da requerente – que se dedica à intermediação de compra e venda de *bitcoins* – tenha dado azo a elucubrações relativas às *criptomoedas* em geral e ao *bitcoin* em particular. Os julgadores se preocuparam em estabelecer o que seria a

---

[126] STJ – Resp 1.696.214/SP – Terceira Turma. Relator Min. Marco Aurélio Belizze, julgado em 09/10/2018, negado provimento ao recurso por maioria de votos, vencida a Min. Nancy Andrighi.

[127] STJ – Resp 1.696.214/SP – pg.8 do acórdão.

CRIPTOMOEDAS

"moeda virtual", trazendo o foco para a *"desnecessidade de um terceiro intermediário para a realização de transações"*, como forma de justificar o entendimento de que a conta corrente encerrada não seria de fato essencial à atividade da requerente.

O voto vencedor, embora não se debruce longamente sobre a natureza jurídica das *criptomoedas*, parece resvalar pelo entendimento, ainda que indireto, de que estas poderiam ser consideradas *moedas*, na medida em que admite um dos argumentos da requerente como possível justificativa para que a requerida tenha encerrado a conta corrente:

> *"A esse propósito, assinala-se que, do ponto de vista estritamente mercadológico, é possível supor que uma instituição financeira não repute conveniente fomentar esse tipo de atividade, que, nos dizeres da insurgente, se colocaria como sua concorrente no mercado financeiro, produzindo impacto no faturamento das instituições financeiras.[128]"*

O voto divergente também aborda a questão das *criptomoedas* e a atividade da requerente, que seria uma *"empresa que se dedica à corretagem ou intermediação de moedas virtuais ou criptomoedas"*, tratando com maior profundidade as características principais das *criptomoedas* a partir da página 29 do acórdão.

Chama atenção o fato de se procurar inicialmente inserir as *criptomoedas* como segunda espécie do gênero *"moedas digitais"*, sendo a primeira espécie do mesmo gênero as chamadas *moedas eletrônicas*. Recorrendo ao art. 6º, VI da Lei 12.865/2013, a "moeda eletrônica" é conceituada como os *"recursos armazenados em dispositivo ou sistema eletrônico que permitem ao usuário final efetuar transação de pagamento.[129]"*

Estabelecida esta conceituação, o voto divergente prossegue nos seguintes termos:

> *"A segunda espécie – a qual a hipótese dos autos aborda – diz respeito às chamadas **"criptomoedas"**. As criptomoedas nada mais são que uma aplicação*

---

[128] STJ – Resp 1.696.214/SP – pg. 11 do acórdão
[129] STJ – REsp 1.696.214/SP – pg. 29 do acórdão.

3. CRIPTOMOEDAS NA PRÁTICA: PERCEPÇÃO DO FENÔMENO PELOS ENTES PRIVADOS E ESTATAIS

> *inovadora de uma tecnologia potencialmente revolucionária na internet, denominada, à falta de melhor designação em vernáculo, de blockchain, que é um meio importante para resolver o problema de confiança entre os muitos usuários da rede. Em termos muito genéricos, trata-se de uma base de dados distribuída entre todos os usuários do serviço, certificada e verificável em cada um desses pontos da rede.[130]"*

Nesse diapasão, verifica-se que o voto divergente conceitua as *criptomoedas* como verdadeiras moedas, espécie do gênero moeda digital, o que orienta toda a argumentação do voto. A razão que levou à divergência está no fato de que a manutenção de uma conta corrente bancária na qual seriam depositados os valores relativos à compra das *criptomoedas* seria, de acordo com este voto, um *"insumo essencial"* para as atividades empresariais da Mercado Bitcoin[131]. Interessante notar o reconhecimento implícito da legalidade da atividade da empresa requerente, no trecho seguinte:

> *"Ao encerrar a conta corrente mantida pela recorrente, de forma imotivada e unilateral, a instituição financeira recorrida impôs **entraves intransponíveis para o regular exercício de suas atividades comerciais,** a qual – por falta de legislação específica e de manifestação das autoridades reguladoras – não apresenta objeto ilícito.[132]"*

Percebe-se, portanto, que a natureza das *criptomoedas* não é enfrentada diretamente, evitando-se, quanto possível, a discussão de sua qualificação, mas este enfrentamento parece ser inevitável. O fechamento de uma conta corrente de empresa que negocia *criptomoedas* teve voto majoritário e voto divergente que parecem contornar a questão central. O voto majoritário chega a admitir que o banco não seria obrigado a aceitar um "concorrente" como seu cliente. Supõe-se, portanto, que o concorrente estaria transacionando com moedas – atividade de banco. Por seu turno, o voto divergente centra-se na

---

[130] STJ – REsp 1.696.214/SP – pgs 29 e 30 do acórdão.

[131] "Note-se: a recorrente executa atividades de intermediação com criptomoedas, se ela não dispõe de meios para receber valores monetários de seus clientes, dificulta-se sobremaneira sua própria razão de existir no meio comercial." (p. 35 – REsp 1.696.214/SP)

[132] STJ – REsp 1.696.214/SP – p. 41 do acórdão (grifado no original)

CRIPTOMOEDAS

liberdade de empreendimento, sem levar em conta se há ou não concorrência entre as partes litigantes. Ou seja, o voto divergente procura não avançar na análise da qualificação jurídica das *criptomoedas*, mesmo procurando conceituá-las como uma espécie do tipo "moeda digital", enquanto o voto vencedor, embora não se aprofunde na questão, traz indícios de um início de construção conceitual mais robusto sobre o tema.

Um outro caso recente e que ainda está em trâmite, para ser julgado pelo STJ, diz respeito a um grupo familiar que teria confiado seus *bitcoins* a um "administrador" que lhes prometera rendimentos de 12% ao mês. Após algum retorno inicial, e com reiterados investimentos por parte dos interessados, estes solicitaram um saque maior do quanto "investido", ocasião em que foram informados que teria havido um ataque cibernético junto à plataforma responsável pelo "investimento", acarretando assim perda de valores. Os "investidores" pediram tutela de urgência ao Tribunal de Justiça de São Paulo, que foi negada, aguardando-se a decisão colegiada quanto ao recurso interposto[133]. Esse exemplo foi retirado de um universo muito maior de processos em trâmite apenas para ilustrar o crescente interesse pelas *criptomoedas* e a inevitável manifestação judicial sobre seus mais variados aspectos.

Os diversos julgados selecionados mostram o quanto as *criptomoedas* estão disseminadas nos mais variados pontos do globo e como se avoluma a preocupação em razão do crescimento de seu mercado, sem que seja possível ainda delinear um norte para sua completa compreensão[134].

---

[133] Ver TJSP – processo n° 1047962-71.2015.8.26.0100

[134] A tecnologia blockchain tem atraído também atenção da comunidade jurídica e seus Tribunais, mesmo quando desvinculada das criptomoedas. Como exemplo desse interesse, veja-se decisão proferida na China, sobre a possibilidade de se utilizar o blockchain como fonte de confirmação de prova em determinado julgado. A autora da ação, a empresa Hangshou Huatai Yimei Culture Media Co., Ltd., apresentou pedido de indenização contra a empresa Shenzhen Daotong Technology Development Co., Ltd., considerando que esta teria republicado, sem a devida autorização, um artigo originalmente publicado no jornal City Express. O artigo, publicado em 24 de julho de 2017, descrevia um incidente numa piscina, envolvendo mãe e filho de 4 anos. O jornal teria concedido à autora licença para que o artigo fosse publicado online. A página de Internet First Female Fashion Network, de titularidade da empresa ré, teria realizado a republicação do artigo sem a necessária licença. Com autorização do jornal, a autora acionou o Judiciário para reparação da alegada violação. A prova da publicação não autorizada inicialmente apresentada foram impressões da tela do computador em que se via a publicação supostamente infringente. A autenticidade desta prova, no entanto, só foi passível

3. *CRIPTOMOEDAS* NA PRÁTICA: PERCEPÇÃO DO FENÔMENO PELOS ENTES PRIVADOS E ESTATAIS

A manifestação judicial acerca das chamadas *criptomoedas* é crescente e, como já mencionado, geralmente, tem início com base em divergências decorrentes de "investimentos" que não apresentaram o sucesso esperado. É possível prever um aumento nos julgados envolvendo *criptomoedas* perante os Tribunais Superiores no Brasil, vez que há inúmeros casos ainda em trâmite perante as instâncias inferiores.

de aferição por meio de preservação de evidência através de uma plataforma denominada Baoquan.com, que usa tecnologia *blockchain*. O trabalho da empresa Baoquan.com consistiu em "comprimir" e "empacotar" os códigos fonte e logs dos prints de telas, armazenando criptograficamente seus valores *hash* nos *blockchains Factom* e *Bitcoin*. A Corte inicialmente verificou (1) se não havia vínculo societário ou de qualquer outra ordem entre a empresa autora e a Baoquan.com; e (2) se a tecnologia *blockchain* como tal é passível de aceitação como prova em semelhante caso. Após confirmar a independência entre a Baoquan.com e a empresa autora, a Corte iniciou a avaliação da tecnologia *blockchain* como meio seguro de prova. Isto foi feito pela comparação entre os *hashes* arquivados nas duas correntes *blockchain*, sendo verificado que eram numericamente idênticos e as respectivas horas de impressão eram coerentes com a hora de captura do conteúdo da página. Em seguida, a Corte comparou os valores *hash* da prova como apresentada pela autora com os valores *hash* arquivados nos *blockchains* e concluiu que eram consistentes. A prova foi aceita como válida e a autora saiu vitoriosa do pleito.

É interessante notar que as Cortes voltadas para assuntos ligados à Internet na China são bastante atuantes e, no caso acima relatado, um dos primeiros envolvendo o *blockchain*, houve expressa recomendação de que dados eletrônicos arquivados e mantidos com o uso de tecnologias como o *blockchain* devem ser analisados caso a caso, buscando sempre uma atitude de abertura e neutralidade. Certamente não se deve, segundo a Corte, descartar tais dados ou o parâmetro de sua determinação apenas porque envolvem tecnologia nova e complexa. A avaliação realizada quanto à possibilidade de se utilizar o *blockchain* como meio de aferição de provas teve por base a análise quanto à fonte dos dados eletrônicos, a integridade de seu conteúdo, a segurança dos meios técnicos, a confiabilidade dos métodos, a legitimidade da formação e o grau de associação com outras provas. Feitas estas análises, a Corte concluiu que a tecnologia *blockchain* preenche parâmetros relevantes de preservação e segurança de dados eletrônicos e garante a integridade dos mesmos.
(Hangzhou Internet Court Province of Zhejiang People's Republic of China – Case no.: 055078 (2018) Zhe 0192 No. 81 – acessível em https://go.dennemeyer.com/hubfs/blog/pdf/Blockchain%2020180726/20180726_BlogPost_Chinese%20Court%20is%20first%20to%20accept%20Blockchain_Judgment_EN_Translation.pdf?t=1533072728308
(acesso em 21.11.2018)

4

Criptomoedas e ordem jurídica:
tendências regulatórias e governança

Não há como negar o fato de que as *criptomoedas* têm atraído cada vez mais interesse tanto de "investidores" como de agentes financeiros que procuram avaliar se tal fenômeno pode de algum modo impactar suas atividades. Da mesma forma, as autoridades passaram a monitorar o fenômeno inicialmente de modo ainda distante, aguardando o desenrolar do tema para verificar se seria duradouro ou não e, posteriormente, com maior atenção, buscando aprofundar o conhecimento e avaliar até que ponto as *criptomoedas* podem representar um risco ou um benefício para as finanças globais tal como hoje estabelecidas e regulamentadas.

4.1 A crescente preocupação dos agentes reguladores nacionais e internacionais

O crescimento das *criptomoedas* tem se acelerado muito, graças especialmente à sua disseminação nos diversos países do globo e às diferentes tentativas de regulamentação que, se por um lado sofrem oposição vigorosa dos defensores da liberdade absoluta, por outro estimulam aqueles que não se arriscam antes que haja um envolvimento regulatório sobre o tema, mesmo que incipiente.

CRIPTOMOEDAS

Nos últimos quatro anos (de 2014 a 2018) cerca de 130 países voltaram seus olhos para o fenômeno e procuraram, ainda que de forma inicial, alternativas que pudessem nortear as transações e uso das *criptomoedas*[135]. Uma nota comum no esforço destes países na conformação normativa do novo fenômeno está nos recorrentes avisos quanto aos riscos de se investir em mercados de *criptomoedas*. Tais advertências procuram alertar os cidadãos de cada país para o fato de que as moedas "convencionais" são garantidas pelos Estados emissores, enquanto as *criptomoedas* são desprovidas de qualquer garantia, dada sua estrutura descentralizada e desregulamentada. Ao mesmo tempo, há preocupação em advertir os possíveis interessados quanto à alta volatilidade das *criptomoedas* associada ao fato de que muitas das empresas que transacionam com as mesmas não são regulamentadas, o que leva à conclusão de que eventual investimento em *criptomoedas* deve ser feito por conta e risco de cada "investidor".

O aspecto sombrio das *criptomoedas*, que repetidas vezes foram associadas a atividades ilegais também é ressaltado nos avisos ao redor do mundo. Sob o ponto de vista criminal há preocupações que envolvem o combate à chamada "lavagem de dinheiro", ao terrorismo, ao financiamento do tráfico de armas e drogas e às atividades ilícitas em geral. Enquanto alguns países optaram por banir totalmente quaisquer transações com *criptomoedas* nos limites de suas fronteiras, outros preferiam expandir sua legislação penal para alcançar atos ilícitos envolvendo *criptomoedas*, seja pela qualificação da transação em si como crime, seja pelo agravamento da pena aplicada ao crime quando praticado com a utilização de *criptomoedas*.

Os países que não baniram totalmente a utilização das *criptomoedas* dentro de seu território[136] geralmente emitiram diretrizes para que os bancos ou instituições financeiras envolvidos nestas transações (compra, venda ou intermediação de *criptomoedas*) adotem todos os cuidados necessários para evitar

---

[135] Interessante estudo sobre as diversas tentativas regulatórias ao redor do globo pode ser encontrado em THE LAW LIBRARY OF CONGRESS. **Regulation of bitcoins in selected jurisdictions**. Global legal research directorate staff – janeiro de 2014 Acessível: www.law.gov

[136] Exemplos de países que não baniram totalmente as *criptomoedas* podem ser encontrados no estudo mencionado na nota anterior (THE LAW LIBRARY OF CONGRESS. **Regulation of bitcoins in selected jurisdictions**. Global legal research directorate staff – janeiro de 2014 Acessível: www.law.gov)

a "lavagem de dinheiro" e outras atividades conexas que possam ter origem ou ser destinadas ao cometimento de crimes. Em outras palavras: o mesmo cuidado que os bancos e instituições financeiras são obrigados a adotar nas transações em moeda fiduciária, que possam sugerir atos ilícitos, devem ser também adotados em transações com *criptomoedas*, que estão portanto sujeitas a todos os requisitos das leis antiterror, anticorrupção e contra a lavagem de dinheiro, entre outras.

Embora o viés obscuro das *criptomoedas* tenha ganhado espaço na literatura, nem todos os países veem a tecnologia *blockchain* e suas "moedas" como algo desprezível ou mesmo rejeitável. Muitos reconhecem o potencial da tecnologia que impulsionou as *criptomoedas*, embora não emprestem a elas qualquer tipo de curso legal. Estes países procuram desenvolver uma moldura regulatória amistosa, como meio de atrair investimento em empresas de tecnologia que tenham capacidade de avançar nesse campo sem, no entanto, engajar desde logo todo seu aparato institucional no apoio às *criptomoedas*[137].

Dentre os países que não consideram as *criptomoedas* uma verdadeira ameaça, além daqueles que procuram desenvolver um ambiente regulatório favorável, há alguns mais entusiasmados, decididos a conceber suas próprias *criptomoedas*, num sistema eminentemente governamental. O mais conhecido caso de Estado emissor de criptomoedas é o da Venezuela, mas também as Ilhas Marshall, os países membros do Eastern Caribbean Central Bank e a Lituânia adotaram (ou estão em vias de adotar) a mesma medida. Assim também a Estônia, a Suíça e outros[138].

Na questão regulatória, sem dúvida, o ponto mais instigante para os Estados e que primeiro demanda atenção parece ser o da tributação, como já se revela nos casos judiciais avaliados. Nesse campo o desafio parece ser como categorizar as *criptomoedas* e as atividades que as envolvem para fins de incidência tributária. Farta jurisprudência envolvendo *criptomoedas*, quando não da área penal, encontra-se exatamente na área tributária. As variações na forma de se tributar as transações com *criptomoedas* tem por base quase sempre a avaliação

---

[137] Ver novamente THE LAW LIBRARY OF CONGRESS. **Regulation of bitcoins in selected jurisdictions**. Global legal research directorate staff – janeiro de 2014 Acessível: www.law.gov
[138] Mesmo estudo citado na nota anterior (THE LAW LIBRARY OF CONGRESS. **Regulation of bitcoins in selected jurisdictions**. Global legal research directorate staff – janeiro de 2014 Acessível: www.law.gov)

feita pelo julgador quanto à sua natureza. Também como já mencionamos, há diferença de entendimento dentro dos limites de um próprio Estado, como o caso dos EUA, um dos pioneiros no enfrentamento do problema.

Dependendo da categoria em que as *criptomoedas* são alocadas pelos Estados, os ganhos decorrentes de sua "mineração"[139], venda ou demais transações são taxados como renda ou ganho de capital, por exemplo. Para evitar que as transações levadas a cabo por meio de *criptomoedas* escapem à tributação, em prejuízo ao erário público, os países têm estabelecido uma conceituação das *criptomoedas* muitas vezes de forma *exclusiva* para fins tributários. Ou seja, enquanto se analisa o fenômeno e dele não se tem completo conhecimento, as autoridades locais preferem estabelecer uma classificação que atenda apenas à necessidade de se identificar a base de cálculo sobre a qual incidirá determinado tributo, deixando para um momento posterior eventual classificação geral que poderá, se for o caso, alterar até mesmo a classificação tributária.

Nos países da União Europeia (UE), os ganhos auferidos com investimentos em *criptomoedas* estão isentos do VAT, em virtude especialmente da decisão da Corte de Justiça Europeia de 2015, já mencionada. A tributação incidente, no entanto, varia ao redor do mundo, de país a país, de acordo com a transação subjacente: Na Suíça, as *criptomoedas* são tributadas como moeda estrangeira; na Argentina e na Espanha estão sujeitas a imposto de renda; em Israel são tributadas como bens; na Bulgária como ativos financeiros; na Dinamarca sujeitam-se ao imposto de renda e as perdas são dedutíveis; no Reino Unido as transações com *criptomoedas* podem estar sujeitas a diferente tributação, conforme se trate de sociedades anônimas (imposto específico), demais sociedades (imposto de renda) ou pessoas físicas (ganho de capital).

Interessante notar que a regulamentação tributária avança nos diversos países, tanto naqueles em que as *criptomoedas* são vistas com desconfiança quanto nos que já a aceitam largamente como meio de pagamento, inclusive para fins de pagamento dos próprios tributos. Como exemplos de países onde as *criptomoedas* são aceitas para quitar obrigações legais encontramos o Cantão Suíço de Zug, em que esse tipo de "moeda" é aceito como meio de pagamento

---

[139] "Mineração" é a forma original de aquisição de *criptomoedas*, consistente no engajamento na certificação e validação das transações, de forma que o certificador seja remunerado por seu trabalho com um percentual do valor envolvido naquela transação.

4. *CRIPTOMOEDAS* E ORDEM JURÍDICA: TENDÊNCIAS REGULATÓRIAS E GOVERNANÇA

inclusive pelas agências governamentais. Outro exemplo é o México, que permite o uso de *criptomoedas* como meio de pagamento ao lado de sua moeda nacional. A aceitação de pagamento de tributos e obrigações legais por meio de *criptomoedas* tem grande relevância no desenvolvimento do estudo das mesmas, pois o Estado soberano passa a aceitar "moeda" por ele não emitida como forma de liberar seus cidadãos das respectivas obrigações, dando início, assim, a uma possível assimilação do fenômeno pelo Estado e uma eventual aceitação de moeda paralela, não originária do poder soberano do Estado.

Dos países que já se preocupam em regulamentar de algum modo as *criptomoedas* destacaremos alguns para detalhar um pouco mais as medidas por eles adotadas.

Comecemos por avaliar o panorama nos Estados Unidos da América. Neste país as *criptomoedas* não têm curso legal, mas as transações com as mesmas são admitidas em grande parte dos Estados. Atualmente os EUA transacionam o segundo maior volume de *bitcoins* no mundo (algo como 26% do total), de acordo com a página *Cryptocompare*[140]. Os reguladores norte-americanos diferem nas definições de *bitcoins* e outras *criptomoedas*, justamente pelo fato de se preocuparem fundamentalmente com a contrapartida das transações que as envolvem (a identificação do fato gerador e a definição da base de cálculo da tributação).

A Securities and Exchange Commision (SEC), por exemplo, trata as *criptomoedas* como valores mobiliários. Em março de 2018 a SEC emitiu um *public announcement* esclarecendo que as leis sobre valores mobiliários seriam aplicáveis às transações com *criptomoedas*, desde sua troca até o armazenamento de bens digitais, por meio de "carteiras", frequentemente oferecidos por empresas.

A SEC tomou por base as *Initial Coin Offerings (ICOs)*, ou emissão de moedas digitais através de captação de recursos (conhecidos também como venda de *tokens*) iniciando esforços para supervisioná-los e impor penas àqueles que não seguirem as regras aplicáveis a qualquer emissão de valores mobiliários. Várias empresas que lançaram *ICOs* em aparente desconformidade com regras mínimas de segurança foram intimadas a prestar esclarecimentos e, dependendo do caso, punidas com multas. Essas intimações e punições mostram

---

[140] Várias e interessantes comparações podem ser vistas na página www.cryptocompare. com (acesso em 27.11.2018)

um esforço das autoridades para tentar alcançar as *criptomoedas* por meio da legislação em vigor. Os escritórios da SEC em Nova York, Boston e São Francisco são os que emitiram o maior número de intimações até março de 2018[141].

Já a *Commodity Futures Trading Commission (CFTC)* considera os *bitcoins* como sendo *commodities*. Os entusiastas das *criptomoedas* têm considerado o tratamento a elas dispensado pela *CFTC* como um dos mais amistosos, se comparado aos das demais autoridades reguladoras. De fato, J. Christopher Giancarlo, *Commissioner* da CFTC, em depoimento escrito ao Comitê Bancário do Senado em fevereiro de 2018[142], defendeu uma visão desarmada das tecnologias *blockchain*, e não deixou de opinar sobre as *criptomoedas*, constatando a dificuldade na identificação do fenômeno ao estatuir que

> *"[c]laramente não faltam opiniões sobre moedas virtuais como o Bitcoin. De fato, as moedas virtuais podem ser tudo para todas as pessoas: para algumas, riqueza em potencial, a próxima grande novidade, uma revolução tecnológica e uma proposta atraente de valor; para outros, uma fraude, uma nova forma de tentação e fascínio, e uma maneira de separar os inocentes do dinheiro ".*

Defendendo maior difusão educacional sobre os riscos e vantagens tanto das *criptomoedas* quanto da tecnologia a elas subjacente – o chamado *blockchain* – Giancarlo entende ser necessária uma coordenação entre os diversos agentes regulatórios aos quais estariam sujeitas, de uma ou outra forma, tanto o *bitcoin* como as demais *criptomoedas*. Nesse sentido mostra-se bastante elucidativa a seguinte passagem de seu depoimento:

---

[141] O The Wall Street Journal, edição de 18 de fevereiro de 2018, publicou matéria expondo a preocupação das autoridades (em particular da SEC) quanto à indiscriminada emissão de *criptomoedas* que não se sujeitavam ao mesmo escrutínio rigoroso das ofertas públicas de valores mobiliários. As intimações sobre a forma como se promoviam as ICOs por diferentes empresas levaram a SEC a considerar que muitas delas estavam violando as leis referentes aos valores mobiliários, o que determinou a suspensão de suas atividades.

[142] Integra do depoimento acessível em https://www.cftc.gov/PressRoom/SpeechesTestimony/opagiancarlo37 – acesso em 05.01.2019

Tradução livre. No original: *"[t]here is clearly no shortage of opinions on virtual currencies such as Bitcoin. In fact, virtual currencies may be all things to all people: for some, potential riches, the next big thing, a technological revolution, and an exorable value proposition; for others, a fraud, a new form of temptation and allure, and a way to separate the unsuspecting from their money".*

4. *CRIPTOMOEDAS* E ORDEM JURÍDICA: TENDÊNCIAS REGULATÓRIAS E GOVERNANÇA

"Como mencionado, a competência da CFTC sobre moedas virtuais não é exclusiva. Em consequência, a abordagem dos EUA para supervisionar as moedas virtuais evoluiu para uma abordagem multifacetada e multirreguladora que inclui:

• A **Comissão de Valores Mobiliários** *(SEC), adotando ações cada vez mais fortes contra ofertas de valores mobiliários não registradas, sejam elas denominadas moeda virtual ou oferta inicial de moeda.*

• **Reguladores bancários** *estaduais que supervisionam determinadas corretoras de moedas virtuais dos EUA e de países estrangeiros em grande parte através de leis estaduais de transferência de dinheiro.*

• O **Internal Revenue Service** *(IRS) – A Receita Federal norte-americana, que trata as moedas virtuais como propriedade sujeita ao imposto sobre ganhos de capital.*

• A **Treasury's Financial Crimes Enforcement Network** *(FinCEN) – A Rede do Tesouro dedicada ao combate aos crimes financeiros, que monitora as transferências de Bitcoin e outras moedas virtuais para fins de combate à lavagem de dinheiro.*

O CFTC mantém ativa comunicação de sua abordagem sobre moedas virtuais com outros reguladores federais, incluindo o Federal Bureau of Investigation (FBI) e o Departamento de Justiça e através do Conselho de Supervisão de Estabilidade Financeira (FSOC), presidido pelo Departamento do Tesouro. A CFTC está em estreita comunicação com a SEC em relação a considerações políticas e jurisdicionais, especialmente em conexão com recentes casos de execução de moeda virtual. Além disso, mantemos contato com colegas reguladores no exterior por meio de discussões bilaterais e em reuniões do Conselho de Estabilidade Financeira (FSB) e da Organização Internacional de Comissões de Valores Mobiliários (IOSCO)"[143]

---

[143] Tradução livre. No original:
"As noted, the CFTC's enforcement jurisdiction over virtual currencies is not exclusive. As a result, the U.S. approach to oversight of virtual currencies has evolved into a multifaceted, multi-regulatory approach that includes:
• The **Securities and Exchange Commission** (SEC) taking increasingly strong action against unregistered securities offerings, whether they are called a virtual currency or initial coin offering in name.
• State **Banking** regulators overseeing certain US and foreign virtual currency spot exchanges largely through state money transfer laws.

Sua manifestação mostra preocupação com o que considera uma certa lentidão dos agentes regulatórios no enfrentamento da realidade das *criptomoedas* e, particularmente, da tecnologia *blockchain*. Ao concluir seu depoimento, Giancarlo demonstra também vivo entusiasmo com o fenômeno:

> *"Estamos entrando em uma nova era digital nos mercados financeiros mundiais. Como vimos com o desenvolvimento da Internet, não podemos colocar o gênio da tecnologia de volta na garrafa. As moedas virtuais marcam uma mudança de paradigma na maneira como pensamos sobre pagamentos, processos financeiros tradicionais e participação na atividade econômica. Ignorar esses desenvolvimentos não os fará desaparecer, nem é uma resposta regulatória responsável. A evolução desses ativos, sua volatilidade e o interesse que eles atraem de uma crescente população global exigem um exame sério."*[144]

A forma mais desarmada com que a CFTC – particularmente seu *Chairman* – se refere às *criptomoedas*, especificamente neste depoimento, teve muita repercussão e Giancarlo passou a partilhar esta sua visão com humor, inclusive modificando brevemente seu perfil no *Twiter* para *"#CryptoDad"*, o que

• **The Internal Revenue Service** (IRS) treating virtual currencies as property subject to capital gains tax.
• **The Treasury's Financial Crimes Enforcement Network** (FinCEN) monitoring Bitcoin and other virtual currency transfers for anti-money laundering purposes.
The CFTC actively communicates its approach to virtual currencies with other Federal regulators, including the Federal Bureau of Investigation (FBI) and the Justice Department and through the Financial Stability Oversight Council (FSOC), chaired by the Treasury Department. The CFTC has been in close communication with the SEC with respect to policy and jurisdictional considerations, especially in connection with recent virtual currency enforcement cases. In addition, we have been in communication with overseas regulatory counterparts through bilateral discussions and in meetings of the Financial Stability Board (FSB) and the International Organization of Securities Commissions (IOSCO)".
[144] Tradução livre. No original: "We are entering a new digital era in world financial markets. As we saw with the development of the Internet, we cannot put the technology genie back in the bottle. Virtual currencies mark a paradigm shift in how we think about payments, traditional financial processes, and engaging in economic activity. Ignoring these developments will not make them go away, nor is it a responsible regulatory response. The evolution of these assets, their volatility, and the interest they attract from a rising global millennial population demand serious examination."

4. *CRIPTOMOEDAS* E ORDEM JURÍDICA: TENDÊNCIAS REGULATÓRIAS E GOVERNANÇA

certamente agradou a comunidade dos aficionados por *criptomoedas* e despertou curiosidade por parte daqueles não tão adeptos da novidade.

Outro agente regulador dos EUA, a Receita Federal (IRS) defende a ideia de que as *criptomoedas* não são verdadeiramente moedas, mas sim bens sujeitos a *propriedade* e, com esta classificação, emitiu um guia relativo à tributação destes bens[145]. Cumpre notar que há diferente tratamento para a forma com que as *criptomoedas* devem ser declaradas e como são taxadas, sendo que em muitas hipóteses são tratadas como renda (ver, por exemplo, a resposta à questão n⁰ 10, em que se confirma que o recebimento de *criptomoedas* em virtude da prestação de serviços é taxada como renda, com o valor de mercado das *criptomoedas* recebidas em virtude de prestação de serviços calculado com base na cotação da data de recebimento e está sujeita a taxação como qualquer renda auferida pelo prestador de serviços).

O Tesouro dos EUA não se manifestou de forma categórica quanto à classificação das *criptomoedas*. O Secretário Steven Mnuchin foi parcimonioso no trato do assunto na última reunião do Fórum Econômico Mundial em Davos, limitando-se a afirmar que seu foco principal, no que se refere às *criptomoedas*, é assegurar que não sejam utilizadas para atividades ilícitas. Também em Davos, em janeiro de 2018, o referido Secretário confirmou que, de acordo com as leis norte-americanas, se uma empresa se dedica à manutenção de "carteiras" de *bitcoins*, por exemplo, esta empresa está sujeita às mesmas regras que um banco. O Secretário fez eco às palavras de Christine Lagarde, do Fundo Monetário Internacional (FMI), no sentido de que as *criptomoedas* devem ser monitoradas para que se possa impedir seu mau uso e, ao mesmo tempo, tirar proveito de seus benefícios, garantindo a segurança do mercado financeiro ao redor do globo.

Passando agora para o outro lado do mundo, verifiquemos como o Japão tem tratado o assunto. Atualmente o maior mercado de *bitcoins* no planeta, o Japão é um Estado bastante avançado em termos de regulamentação do mercado de *criptomoedas*. As empresas que transacionam com *criptomoedas* são consideradas legais *desde que* estejam registradas na Agência de Serviços Financeiros do Japão. Estão, portanto, sujeitas ao Ato de Serviços de Pagamento, que foi emendado em junho de 2016, entrando em vigor em abril de 2017.

---

[145] Ver *Notice 2014-21*, acessível em https://www.irs.gov/pub/irs-drop/n-14-21.pdf

CRIPTOMOEDAS

A partir da edição da emenda ao Ato de Serviços de Pagamento, as *criptomoedas* passaram a ser definidas como (a) propriedade de valor que pode ser usada como meio de pagamento para compra ou aluguel de bens e serviços, por quaisquer pessoas, transferível por meio de um sistema eletrônico de processamento de dados; ou (b) propriedade de valor que pode ser mutuamente trocada pela propriedade de valor acima indicada, por qualquer pessoa, transferível por meio de um sistema eletrônico de processamento de dados.

É importante destacar que o Ato de Serviços de Pagamento estabelece que as *criptomoedas* estão limitadas a propriedades de valor que sejam *arquivadas em dispositivos eletrônicos*, ou seja, de acordo com este regulamento, moedas tradicionais não se enquadram na norma, pois não estão arquivadas eletronicamente, embora possam ter sua representação eletrônica arquivada em determinados dispositivos. Essa diferenciação traduz a separação entre moeda tradicional (mesmo que sob a roupagem eletrônica) e *criptomoeda*: a moeda tradicional não está arquivada em dispositivos eletrônicos, ao contrário da *criptomoeda*. O que pode estar arquivado no dispositivo eletrônico é a *representação* da moeda fiduciária, mas não a moeda em si.

De acordo com o regulamento japonês, apenas operadores devidamente registrados junto ao departamento de finanças local é que podem transacionar com câmbio de *criptomoedas*. O operador deve ser uma sociedade por ações ou uma empresa estrangeira de câmbio de *criptomoedas*, mas com um representante residente e com escritório no Japão. Não basta, no entanto, que a empresa estrangeira cumpra estes dois requisitos. Para que seja autorizada a operar deve demonstrar também que está registrada junto à autoridade competente em seu país de origem sob uma legislação que preveja um sistema de registro equivalente ao regulamento nipônico.

A preocupação com uma governança corporativa ética e transparente se revela numa das condições do Ato de Serviços de Pagamento: o operador de *criptomoedas* deve manter totalmente apartadas as contas de seus clientes (sejam elas em moeda fiduciária ou em *criptomoedas*) e suas próprias contas, buscando evitar a promiscuidade contábil capaz de aumentar o risco dos investidores. Além disso, a administração destas contas precisa passar periodicamente por auditorias públicas credenciadas, tudo numa tentativa de obstar aventuras tendentes a burlar o sistema monetário vigente. Outros

4. *CRIPTOMOEDAS* E ORDEM JURÍDICA: TENDÊNCIAS REGULATÓRIAS E GOVERNANÇA

pontos também são objeto de preocupação dos reguladores japoneses, tais como a obrigatoriedade de os operadores demonstrarem a sujeição contratual a centros de arbitragem com *expertise* em transações com *criptomoedas*, obrigatoriedade de manutenção de registros contábeis de todas as transações com *criptomoedas*[146] e a apresentação de relatórios anuais à Agência de Serviços Financeiros.

Se um único dos requisitos estabelecidos no Ato de Serviços de Pagamento deixar de ser cumprido (o que pode ser verificado por iniciativa da Agência de Serviços Financeiros, em inspeção realizada a qualquer momento), se ficar demonstrada a irregularidade na obtenção do registro pelo operador (intencional – fraudulenta – ou não) bem ainda se o operador violar o Ato de Serviços de Pagamento ou as normas dele derivados, a Agência pode *revogar o registro* do operador faltoso ou *suspender suas atividades* por até seis meses.

Além do Ato de Serviços de Pagamento, um outro regulamento japonês de fundamental importância é o Ato de Prevenção de Transferência de Produto de Crime (APTPC). Por este Ato, todas as operadoras de câmbio de *criptomoedas* são *obrigadas a verificar a identidade de seus clientes*, manter *registros de suas transaçõe*s e a *notificar as autoridades* quando verificarem que alguma transação pareça suspeita. Essa preocupação é muito próxima à preocupação das autoridades financeiras no combate à lavagem de dinheiro e outras atividades ilícitas quando se trata de moeda tradicional, o que, neste sentido, a aproxima das *criptomoedas*.

Sob o ponto de vista tributário, no Japão o lucro obtido com a venda de *criptomoedas* em princípio é considerado como "renda diversa", de acordo com a Agência Nacional de Tributos. Não é tributado, portanto, como ganho de capital, embora haja previsão deste tipo de tributação no Regulamento do

---

[146] Evidentemente trata-se aqui das transações realizadas entre a empresa operadora e seu cliente, já que as operações em *criptomoedas* são registradas diretamente no *blockchain*. Este requisito mostra respeito e cuidado com os cidadãos que porventura decidam efetuar câmbio de *criptomoedas*, pois o registro contábil das transações permite imputar responsabilidade no caso de perda das *criptomoedas* transferidas para fins de câmbio, por exemplo. Também facilita a identificação dos usuários que tenham decidido comprar ou vender *criptomoedas* por meio destas operadoras, minimizando o propalado risco de anonimato das transações, embora tal risco procure ser minimizado por meio de outro Ato, que será apresentado em seguida.

CRIPTOMOEDAS

Imposto de Renda. O fato de não ser tributado como ganho de capital revela uma diferença de percepção dos reguladores japoneses face aos reguladores norte-americanos. Essa diferente percepção decorre da classificação inicial diversa feita por um e outro reguladores. No Japão, sendo o lucro obtido na transação com *criptomoedas* tributado como *renda*, sua classificação está mais próxima de moeda ou de *commodity*, ao passo que nos EUA a tributação do lucro na compra e venda de *criptomoedas* como ganho de capital revela a concepção de que estaríamos diante de uma propriedade e não de uma moeda. Como se vê, não é fácil encontrar uma visão unificada sobre a natureza jurídica do fenômeno.

A preocupação com a vigilância sobre as empresas que transacionam *criptomoedas* fez do Japão o primeiro país a adotar um sistema para regular negociações com as mesmas. Talvez essa preocupação seja derivada exatamente do fato de que neste país há um volume maior de transações em *criptomoedas* e, ao mesmo tempo, ao fato de que ao longo do tempo várias corretoras de *criptomoedas* falharam no desempenho de suas atividades, causando prejuízos de monta a seus clientes[147].

O mais famoso destes casos é o da "MtGox", como já mencionado anteriormente, que ficou conhecido ao redor do mundo como um dos mais graves casos de fraude envolvendo *bitcoins* e de certa forma alertou as autoridades sobre a necessidade de se promover de forma célere a regulação do novo fenômeno. As tentativas regulatórias mostraram-se eficazes na medida em que o cerco foi se apertando contra as empresas menos afeitas à supervisão dos agentes financeiros, especialmente após a perda de cerca de US$ 530 milhões em *criptomoedas* custodiadas pela empresa denominada *"Coincheck"*. Esta perda decorreu do roubo de *criptomoedas* denominadas NEM, e a empresa só não sofreu sanções tão graves quanto as impostas à MtGox porque os agentes financeiros confirmaram que a *Coincheck* tinha fundos suficientes para reembolsar seus clientes pelo prejuízo a eles causado. Mesmo assim, novas regras foram emitidas para aprimorar a segurança e confiabilidade da *Coincheck*, tendo em vista que as autoridades financeiras consideraram que

---

[147] É sempre bom lembrar que o surgimento da primeira *criptomoeda* – o *bitcoin* – ocorreu no Japão, o que de certa forma também ajuda a compreender o pioneirismo na regulação do fenômeno.

4. *CRIPTOMOEDAS* E ORDEM JURÍDICA: TENDÊNCIAS REGULATÓRIAS E GOVERNANÇA

os sistemas de controle interno contra lavagem de dinheiro e financiamento de terrorismo até então existentes não eram suficientes para obter (e manter) uma autorização de funcionamento de empresa dedicada a transações com *criptomoedas*, dada a peculiaridade do fenômeno.

A atuação dos agentes reguladores no Japão parece bastante avançada, havendo constante avaliação de empresas dedicadas a transações com *criptomoedas*. Basta dizer que outras duas empresas do mesmo ramo (*Bit Station* e *FSHO*), também sob investigação, acabaram sendo suspensas por um mês, devido à suspeita de que a guarda dos valores a elas confiados pelos clientes não estava seguindo parâmetros aceitáveis[148]. Dependendo das medidas adotadas pelas empresas, bem como do resultado das investigações em curso, ambas podem ser excluídas do mercado por não se adequarem à legislação em vigor.

A questão, no entanto, ainda está longe de ser completamente solucionada, pois embora haja uma preocupação com a regulamentação e supervisão destas empresas sediadas no Japão, as autoridades locais não podem fazer muito mais do que emitir avisos para empresas que operam naquele território mas que estão sediadas em outros locais, tal como ocorreu com a *Binance*, uma empresa que transaciona *criptomoedas* inclusive no Japão, mas com sede em Hong Kong. Embora seja possível supervisionar as atividades da filial japonesa, os regulamentos nipônicos não alcançam a sede da empresa em Hong Kong.

Avaliemos agora o que se passa nos países europeus. Como se sabe, uma das dificuldades para regular o fenômeno decorre da ausência de uma definição adequada do que venha a ser uma *criptomoeda*, que não encontra um conceito único nos diversos Estados empenhados em oferecer uma moldura jurídica adequada à novidade. Uma das mais recentes definições de *criptomoedas* em textos legais é a que se encontra na proposta de Emenda da Quarta Diretiva Contra a Lavagem de Dinheiro da União Europeia, apresentada em 05 de julho de 2016[149]. Na proposta, as *criptomoedas* são descritas como

---

[148] Os parâmetros aceitáveis podem ser de diversas naturezas. O mais evidente, no entanto, é a necessidade de a operadora de *criptomoedas* demonstrar solidez financeira suficiente para fazer frente a eventuais falhas na prestação do serviço, ou mesmo à perda de *criptomoedas* por hipóteses imputáveis a uma ação ou inação da operadora, ainda que indireta.

[149] Proposal for a Directive of the European Parliament and of the Council Amending Directive (EU) 2015/849 on the Prevention of the Use of Financial System for the Purposes of

> *"uma representação digital de valor que não é emitida nem por um banco central nem por uma autoridade pública e tampouco é necessariamente vinculada a uma moeda fiduciária, mas é aceita por pessoas físicas ou jurídicas como meio de pagamento e podem ser transferidas, armazenadas ou negociadas eletronicamente.*[150]*"*

O texto da Emenda, convencionado pelo Comitê Interinstitucional do Parlamento e do Conselho Europeu foi aprovado em 29 de janeiro de 2018, sendo adotado na sessão plenária do Parlamento em 19 de abril de 2018, com entrada em vigor no dia 22 de abril do mesmo ano. Este texto já demonstra a preocupação das autoridades europeias quanto à inevitabilidade de se fazer frente ao fenômeno das *criptomoedas*, cada vez mais incorporado às práticas negociais. A conceituação, como se vê, é bastante aberta e leva em conta a função "meio de pagamento" para dar a este fenômeno uma possível conformação de moeda paralela ou moeda privada.

A tecnologia que dá suporte às *criptomoedas* tem também atraído a atenção dos agentes reguladores, de forma que em março de 2018 a Comissão Europeia apresentou um Plano de Ação para avaliar como tirar vantagem das oportunidades derivadas de inovações agregadas aos serviços financeiros (particularmente as chamadas *Fintechs*), incluindo o *blockchain*, a inteligência artificial e os serviços em nuvem[151].

Agindo em conjunto, autoridades europeias (especificamente: autoridades de supervisão de ativos financeiros, de bancos, seguros e pensões), emitiram avisos relativos às *criptomoedas*, alertando sobre os riscos envolvidos em

---

Money Laundering or Terrorist Financing and Amending Directive 2009/101/EC, COM(2016) 450 final (July 5, 2016), accessível em , https://eur-lex.europa.eu/legalcontent/EN/TXT/PDF/?uri=CELEX:52016PC0450&from=EN, arquivado em http://perma.cc/D4NP-V5UA (acesso em 29.11.2018)

[150] Tradução livre (No original: *"a digital representation of value that is neither issued by a central bank or a public authority, nor necessarily attached to a fiat currency, but is accepted by a natural or legal persons as a means of payment and can be transferred, stored or traded electronically."*)

[151] A esse respeito e sobre outras medidas relacionadas à nova tecnologia ver *press release* em http://eurlex.europa.eu/resource.html?uri=cellar:6793c578-22e6-11e8-ac73-01aa75e-d71a1.0001.02/DOC_1&format=PDF (acesso em 03.12.2018)

4. *CRIPTOMOEDAS* E ORDEM JURÍDICA: TENDÊNCIAS REGULATÓRIAS E GOVERNANÇA

negociações com as mesmas, como investimentos, poupanças ou planos de aposentadoria. Estes investimentos não seriam recomendáveis, sobretudo por estarem totalmente desprotegidas sob o ponto de vista da regulamentação. A Autoridade Europeia Supervisora de Bancos (*European Bank Authority* – EBA, na sigla em inglês) já havia anteriormente advertido sobre os riscos das *criptomoedas*, e a Autoridade Europeia de Supervisão de Ativos (*European Supervisory Authority for Securities* – ESMA) também havia alertado os consumidores sobre oferta de emissão inicial de *criptomoedas* (*ICOs*), através de Comunicado[152] de novembro de 2017, esclarecendo ainda, no mesmo mês, por meio de outro Comunicado[153], que empresas envolvidas em *ICOs* deveriam obedecer todos os requisitos regulatórios relevantes atinentes às instituições emissoras de valores mobiliários.

Por sua vez, o Banco Central Europeu (*European Central Bank* – ECB) advertiu que as *criptomoedas* são ativos muito arriscados, em virtude de sua alta volatilidade e preços especulativos. Revelou que o Mecanismo Único de Supervisão (MUS)[154] está trabalhando para identificar eventuais riscos prudenciais que estes ativos possam oferecer às instituições supervisionadas. Há, portanto, um cauteloso acompanhamento dos europeus sobre os acontecimentos relativos às *criptomoedas*, cautela esta que revela ao mesmo tempo a necessidade de se evitar riscos mantendo, no entanto, a possibilidade de se tirar proveito dos benefícios que a tecnologia *blockchain* possa oferecer aos agentes financeiros.

O interesse cauteloso acerca das voláteis *criptomoedas* acabou por inaugurar, ao final do ano de 2016, um projeto conjunto do Banco Central Europeu e o Banco do Japão, denominado *"Stella"*, que tem por escopo avaliar os possíveis usos do *blockchain* na infraestrutura do mercado financeiro. Os resultados preliminares deste projeto mostram-se promissores, embora ainda não totalmente conclusivos, tendo sido publicados em setembro de 2017[155]

---

[152] Comunicado acessível em https://www.esma.europa.eu/sites/default/files/library/esma50-157-828_ico_statement_firms.pdf – acesso em 03.12.2018

[153] Acessível em https://www.esma.europa.eu/sites/default/files/library/esma50-157-829_ico_statement_investors.pdf – acesso em 03.12.2018

[154] O Mecanismo Único de Supervisão, criado em dezembro de 2012, autoriza o Banco Central Europeu a supervisionar *diretamente* os grandes bancos da zona euro.

[155] O relatório completo do Projeto Stella pode ser acessado em https://www.ecb.europa.eu/pub/pdf/other/ecb.stella_project_report_september_2017.pdf – acesso em 03.12.2018

CRIPTOMOEDAS

O projeto em curso parece mostrar o impacto que as *criptomoedas* foram capazes de causar em menos de uma década de existência. A tecnologia *blockchain* trouxe novas possibilidades ao cenário financeiro, não necessariamente apenas por conta da criação de uma "moeda" de contornos diversos da moeda fiduciária. A revolução em termos econômicos (de redução de custos transacionais ou assimetria de informações) permitida pelo *blockchain* nos leva a refletir sobre um futuro próximo que pode ser radicalmente alterado se houver uma coordenação competente dos diversos atores envolvidos. A tentativa regulatória nos diversos países, aliada aos esforços internacionais mostram a força do novo fenômeno.

De fato, esse movimento regulatório nos mostra como o fenômeno das *criptomoedas* tem se expandido inclusive na seara pública, com agentes voltados ao estudo e normatização das transações realizadas com a utilização de *criptomoedas*. Como vimos nas diversas tentativas regulatórias anotadas, os agentes privados procuram analisar especialmente a infraestrutura do *blockchain*, para aferir os possíveis benefícios da mesma. Instituições financeiras tradicionais e as novas *Fintechs* têm promovido uma corrida desenvolvimentista de *blockchains* próprios, o que também se nota, talvez em menor escala, em outras atividades distintas da área financeira.

Os Estados, ciosos de sua soberania e atentos à necessidade de manutenção da estabilidade financeira, não podem negar a existência do fenômeno, que por eles é cada vez mais estudado, para ser, dentro do possível, incorporado às realidades normativas vigentes.

Como regular as *criptomoedas* é a questão que ocupa boa parte dos agentes financeiros ao redor do mundo, como se depreende das tentativas regulatórias aqui analisadas. O mesmo fenômeno comporta soluções regulatórias diversas conforme a percepção dos vários agentes reguladores (às vezes no âmbito de um mesmo Estado, como vimos).

Revela-se adequado buscar um consenso mínimo que possa nortear o processo regulatório nos diferentes países, de modo que as *criptomoedas* possam transitar mais facilmente num ambiente minimamente receptivo. Um dos organismos que parece ter maior facilidade na coordenação das diferentes visões do fenômeno é o Fundo Monetário Internacional (FMI).

4. *CRIPTOMOEDAS* E ORDEM JURÍDICA: TENDÊNCIAS REGULATÓRIAS E GOVERNANÇA

4.2 Fundo Monetário Internacional

A coordenação dos diversos atores para que se chegue a um patamar mínimo comum passível de alicerçar regulamentos adequados é um dos papéis que o Fundo Monetário Internacional (FMI) procura desempenhar no campo das *criptomoedas*.

O sistema monetário internacional público, embora não tenha uma definição oficial, pode ser entendido como *"o conjunto de regras e acordos internacionais instituídos pelos Estados e as organizações internacionais a fim de prevenir as crises monetárias e remediá-las"*[156] quando necessário. Nessa conformação, pode-se dizer que o sistema monetário internacional foi inaugurado em 1944 na conferência de Bretton-Woods, que deu origem ao Fundo Monetário Internacional (FMI) e ao então Banco Internacional para a Reconstrução e o Desenvolvimento (BIRD).

A evolução do direito internacional se dá ao lado da evolução da economia internacional. Especialmente no campo monetário é possível verificar o quanto o direito e a economia internacional estão interligados. Basta lembrar, por exemplo, do caso clássico dos empréstimos sérvios e brasileiros, quando a Corte Permanente de Justiça Internacional afirmava ser *"um princípio geralmente aceito que todo Estado tem o direito de determinar ele mesmo suas moedas"*. Resta claro o reconhecimento internacional do poder de cunhar moedas atribuído ao Estado soberano. Porém, como bem nos adverte Carreau, *"[e]sta soberania monetária do Estado não é mais o princípio costumeiro absoluto de outrora"*, tendo sido *"erodido por um poderoso movimento de fundo do direito internacional contemporâneo que reconheceu que a moeda havia se tornado uma matéria de interesse internacional maior"*[157].

---

[156] CARREAU, Dominique, FLORY, Thiébaut e JUILLARD, Patrick. **Droit International Économique** LGDJ, Paris, 1990, p. 323 (tradução livre – no original : *«l'ensemble des règles et arrangements internationaux institués par les Etats et les organisations internationales afin de prévenir les crises monétaires et d'y porter remède ».*)

[157] CARREAU, op. cit., p. 322 (tradução livre – no original: *"Cette souveraineté monétaires de l'Etat n'est plus le principe coutumier absolu de jadis. Elle a en effet été progressivement érodée par un puissant mouvement de fond du droit international contemporain qui a reconnu que la monnaie était devenue une « matière d'intérêt international » majeur ».*)

A criação do FMI ocorre, portanto, dentro desta evolução de pensamento em que a moeda passa a ter interesse e importância transfronteiras cada vez maiores, sendo que as decisões emanadas do Fundo são destinadas aos Estados partícipes, embora acabem por alcançar, mesmo que por via indireta, maior número de Estados. A gênese da ordem monetária internacional do pós II Guerra, no entanto, remonta a 1942 (portanto ainda em pleno cenário de conflagração), ocasião em que especialistas norte-americanos e ingleses iniciam discussões sobre o tema.

Em consequência destes debates, em abril de 1943 foram apresentadas duas célebres propostas do que viria a ser a base do futuro estatuto do FMI. Uma das propostas era assinada por Mr. Harry White, alto funcionário do Tesouro norte-americano, enquanto outra era assinada por Lord Keynes.

Entre as duas propostas havia vários pontos em comum e outros tantos de divergência de ordens variadas. Dentre as discordâncias releva indicar a que diz respeito à visão econômica do ponto de vista da moeda. White defendia como prioridade a maior liberalização possível do comércio e dos pagamentos internacionais, guardando um lugar primordial para a estabilidade das taxas de câmbio. Já Keynes defendia a necessidade de se promover objetivos de ordem interna (crescimento, pleno emprego) que não deveriam ser constrangidos por regras de funcionamento do novo sistema monetário, afirmando que o valor exterior de uma moeda deveria estar de acordo com seu valor interior tal qual o Estado o defina em sua política interna própria e não o inverso.

As duas proposições apresentam virtudes não desprezíveis, o que determinou a tentativa de conjugação de ambas. Mesmo com a harmonização de pontos divergentes, iniciadas as atividades do FMI em 1949, não houve na verdade a intenção de instituir um sistema monetário preciso, fechado. Preferiu-se preservar a maior flexibilidade possível aos acordos, estabelecendo, no entanto, alguns aspectos básicos que deveriam ser observados, a saber: (a) regime de câmbio fixo, mas ajustável em função de desarranjos estruturais; (b) definição do ouro como ativo de reserva; (c) livre conversibilidade de uma moeda nacional para outra; (d) procedimentos de ajuste em caso de desequilíbrios nos balanços de pagamento; e (e) institucionalidade da ordem monetária internacional, cabendo ao FMI zelar pelo cumprimento das regras cambiais, inclusive com a coordenação e revisão das estruturas de paridade se e quando necessário.

4. *CRIPTOMOEDAS* E ORDEM JURÍDICA: TENDÊNCIAS REGULATÓRIAS E GOVERNANÇA

Na realidade prática, no entanto, o padrão monetário internacional que se instituiu a partir da segunda metade da década de 1940 tinha como referencial o dólar norte-americano, que estava associado à hegemonia então exercida pelos EUA no mundo capitalista do pós-guerra. Essa realidade se impôs sobretudo pelo fato de que a moeda norte-americana era a única que poderia ser imediatamente convertida em ouro (o padrão oficialmente adotado), consolidando assim sua aceitação mundial.

Isto foi se modificando à medida em que se percebeu que

> *"[c]umprir com a regra de conversibilidade ao ouro supunha que os EUA somente pudessem emitir dólares na proporção em que acumulassem reservas em seu balaço de pagamentos, requerendo que o país incorresse em constantes superávits. Constantes superávits no balanço de pagamentos significa uma entrada de dólares superior à saída, o que implica escassez da moeda norte-americana no mercado internacional. Consequentemente, se a moeda é escassa em nível internacional ela não pode satisfazer a demanda por liquidez"*[158].

Em razão das dificuldades de conversão, em 1971 o presidente norte-americano Richard Nixon anuncia a decisão unilateral de declarar a inconversibilidade do dólar ao ouro, sendo que os EUA abandonaram em 1973 quaisquer esforços para reordenar as paridades cambiais, deixando o dólar flutuar livremente. A essência dos acordos de Bretton-Woods foi então perdida, uma vez que a obrigatoriedade de conversão ao padrão ouro e a busca pela paridade cambial não foram cumpridas em função, entre outros motivos, de desordens internas das finanças dos EUA e pressões externas relativas à redução das assimetrias comerciais evidentes à época entre os EUA e países europeus, por exemplo.

Tornava-se premente a necessidade de uma reforma do sistema monetário internacional, que teve início oficialmente em 1972. Na assembleia anual de setembro, decidiu-se constituir um órgão próprio, o Grupo dos Vinte (G20), cuja composição se assemelhava à do conselho de administração do FMI.

---

[158] BAER, Monica; CINTRA, Marcos A.M., STRACHAMN, Eduardo e TONETO Jr, Rudinei. **Os desafios à reorganização de um padrão monetário internacional** Economia e Sociedade, p 82. Acessível: https://periodicos.sbu.unicamp.br/ojs/index.php/ecos/article/view/8643209 Último acesso: 12dez2018

Este órgão, sem poder de decisão, proporia medidas urgentes para reorganizar o sistema monetário internacional. Em 1974 o FMI adotou formalmente, a título provisório, as medidas sugeridas pelo G20, sendo composta uma "cesta" de 16 moedas que flutuavam livremente, o que se esperava pudesse evitar novas crises e reorganizar a economia global.

Apesar das reformas empreendidas, há muito ainda a evoluir para que o sistema monetário internacional alcance o patamar imaginado à época da constituição do FMI, embora este tenha procurado, ao longo do tempo,

> *"estabelecer um código de boa conduta que limite por um lado a soberania monetária dos países membros (...) e, de outro lado, institucionalize mecanismos de cooperação monetária que deem aos Estados um verdadeiro direito a ajuda em caso de dificuldades financeiras exteriores"*[159].

Em sua missão de buscar promover a prosperidade nacional e internacional, o FMI impõe a seus membros, em suas relações monetárias, um código de boa conduta que tem por fim evitar crises e conflitos, além de velar pela harmonia entre seus membros, de forma a coibir novos desequilíbrios que possam gerar crises graves. Nesse sentido, imbuído da ideia de preservação de um sistema monetário internacional saudável, o FMI não poderia ignorar o advento das chamadas *criptomoedas*, mesmo (e talvez até em razão de) estas não sendo emitidas por Estados e tampouco estarem submetidas ao controle de uma autoridade central.

Atento ao desenvolvimento do fenômeno, o FMI procura estudar as novas tecnologias que possam impactar, direta ou indiretamente, o ambiente monetário internacional, razão pela qual, em janeiro de 2016, apresentou um estudo intitulado *"Virtual Currencies and Beyond: Initial Considerations"*[160], em que pro-

---

[159] CARREAU, Dominique. op. cit., p. 339 (tradução livre – no original: *«l'établissement d'un code de bonne conduite qui limite d'autant la souveraineté monétaire des pays membres (...) et, d'autre part, en l'institutionnalisation de mécanismes de coopération monétaires qui donnent aux Etats un véritable droit à l'aide en cas de difficultés financières extérieures»*.)

[160] International Monetary Fund – Monetary and Capital Markets, Legal, and Strategy and Policy Review Departments – **Virtual currencies and beyond: initial considerations** – Prepared by an IMF staff team, January 2016 (acessível em https://www.imf.org/~/media/Websites/IMF/imported-full-text-pdf/external/pubs/ft/sdn/2016/_sdn1603.ashx – acesso em 2017)

4. *CRIPTOMOEDAS* E ORDEM JURÍDICA: TENDÊNCIAS REGULATÓRIAS E GOVERNANÇA

cura avaliar os riscos e benefícios associados às *criptomoedas*, consideradas um importante incremento no processo de transformação na economia global.

O estudo reconhece que as *criptomoedas*, em princípio, desafiam o paradigma da moeda fiduciária garantida pelo Estado e o papel fundamental dos bancos centrais ou das instituições financeiras em geral na evolução do sistema financeiro. Reconhecendo os benefícios das *criptomoedas*[161], seus riscos não são minimizados, apontando-se especialmente alguns dos mais temidos como a possibilidade de sua utilização para lavagem de dinheiro, financiamento de terrorismo ao redor do mundo ou evasão fiscal.

O grupo de estudos do FMI não se furtou a esboçar uma definição de *criptomoedas*, que são entendidas como *"representações digitais de valor emitidas por desenvolvedores privados e denominadas em sua própria unidade de conta"*[162]. Os autores reconhecem que as *criptomoedas* podem ser obtidas, arquivadas, acessadas e transacionadas por meio eletrônico, alcançando uma variedade de usos dependente apenas da concordância das partes envolvidas na transação.

Uma observação inicial (e um tanto passageira) do texto parece muito importante para a correta análise das *criptomoedas* (denominadas, no texto em inglês, VCs – *virtual currencies*):

> *"O conceito de VCs abrange uma ampla variedade de "moedas", variando de IOUs simples de emissores (como cupons da Internet ou de celular e milhas aéreas), VCs apoiados por ativos como ouro e "criptomoedas" como Bitcoin.*[163]*"*

---

[161] Dentre os quais são mencionados [i] maior eficiência financeira; [ii] redução de custos e tempo de transação; [iii] perspectiva de promover aprofundamento de uma inclusão financeira através da oferta de opções de pagamento mais baratas e seguras; [iv] possibilidade de manutenção de um sistema de dados – não apenas monetário – com maior precisão, rapidez e segurança em sua infraestrutura.

[162] IMF – Digital currency....p. 7 (tradução livre). Note-se que os autores ressalvam a possiblidade de modificação na definição, uma vez que ainda não há uma definição universal capaz de abarcar todas as alterações que o ecossistema das *criptomoedas* continua a produzir.

[163] IMF – Digital currency...p. 7 (tradução livre – no original: *"The concept of VCs covers a wider array of "currencies", ranging from simple IOUs of issuers (such as Internet or mobile coupons and airline miles), VCs backed by assets such as gold, and "cryptocurrencies" such as Bitcoin."*)

CRIPTOMOEDAS

Essa observação mostra que as chamadas *criptomoedas* ou *moedas virtuais* ou *moedas digitais* englobam, na verdade, diferentes institutos, cuja regulação também poderá variar, de acordo com sua natureza intrínseca. Revela também a dificuldade de se chegar a uma nomenclatura que possibilite a imediata e inconfundível natureza do instituto a que se está referindo, na medida em que procura diferenciar as *virtual currencies* das *digital currencies*, embora ambas pareçam estar na mesma categoria. A figura abaixo, preparada pelo grupo do FMI procura esclarecer os diferentes tipos do mesmo gênero.

Figure 1. Taxonomy of Virtual Currencies

Digitally represents value	**Digital currencies**
Not denominated in legal tender	**Virtual currencies**
Convertible to real-world goods, services, money	**Convertible**
No Central Authority	**Decentralized**
Uses tech from cryptography to validate	**Cryptocurrencies**

Denominated in legal tender (for example, PayPal, e-money)

Non-convertible (game coins)

Centralized (WebMoney)

Hundreds of cryptocurrencies (Bitcoin, Ripple, Litecoin, Litecoin)

Source: IMF staff.

Na taxonomia das *virtual currencies*, encontramos institutos diferentes, que passam (a) pelos valores digitalmente representados (denominados em moeda com curso legal, como o *PayPal* ou a moeda eletrônica), (b) pelos ativos não conversíveis em moeda com curso legal (o exemplo indicado é o das moedas de jogos eletrônicos, mas aqui também podemos enquadrar os pontos de cartões de crédito e as milhas aéreas), (c) pelas moedas eletrônicas sujeitas a um órgão central (ali indicadas como *webmoney*) até chegar (d) às chamadas *criptomoedas*.

A partir da constatação de que a nomenclatura não auxilia a desvendar o complexo fenômeno, o grupo de estudos do FMI volta-se para uma análise mais detida da natureza das *criptomoedas*.

Ao questionar se as *virtual currencies* seriam moeda, os autores preferem responder a indagação por meio de comparações, utilizando (a) *bitcoins* como exemplo de *criptomoeda*; (b) dólar norte-americano como exemplo de moeda

4. *CRIPTOMOEDAS* E ORDEM JURÍDICA: TENDÊNCIAS REGULATÓRIAS E GOVERNANÇA

fiduciária; (c) euro como exemplo de moeda estrangeira; (d) barra de ouro (como *commodity*); (e) moedas de ouro ou prata (como *commodity* monetária); e (f) moeda fiduciária conversível em ouro ou em outras moedas ("padrão ouro"). Finalmente, foi incluído também no quadro comparativo os *"Greenback"* norte-americanos, equivalentes a emissões governamentais de moedas fiduciárias não conversíveis, ao mesmo tempo em que se autorizou aos bancos privados a emissão de notas como moeda[164]. Na comparação sugerida, de todo modo, a primeira preocupação dos autores é com a verificação da presença ou não das características que, sob o ponto de vista econômico, identificariam a moeda, a saber: instrumento de troca, unidade de conta e reserva de valor.

Numa perspectiva histórica, o FMI lembra que houve grande ceticismo após o fim do sistema Bretton-Woods, com a alta inflação dos anos 1970, o que levou alguns teóricos a questionar o monopólio dos bancos centrais na emissão de moedas fiduciárias não conversíveis (em ouro ou *commodities* semelhantes, nos termos do acordo de Bretton-Woods), sendo que Hayek chegou a propor, em 1976, a desnacionalização da moeda, proposta rejeitada por autores como Friedman, Schwartz e Fischer. Os debates sobre regimes monetários baseados num *laissez-faire* continuam a ser travados, com trabalhos discutindo a viabilidade e possíveis benefícios da emissão privada de moeda, seja sob um regime monopolístico, seja sob um regime de competição.

As *criptomoedas* são assim consideradas como *mais um exemplo de moedas de emissão privada em regime descentralizado*. De fato, se nos voltarmos para diferentes períodos históricos, não será difícil encontrar épocas ou situações em que houve emissão privada de moeda que convivia com outras tantas moedas igualmente privadas e que deram margem a um grande desenvolvimento das bancas de câmbio. Exemplos não nos faltam de situações em que a moeda era emitida por diversos bancos privados. Basta lembrar que muitos dos bancos centrais em economias mais avançadas foram estabelecidos inicialmente como bancos privados: suas moedas não gozavam de curso legal e estes bancos não tinham o monopólio da emissão de moeda. Como bem nos lembram os autores do estudo em questão, enquanto as *criptomoedas* são

---

[164] O quadro preparado pelo *staff* do FMI está reproduzido no Anexo I ao final deste trabalho.

CRIPTOMOEDAS

"muito diferentes das moedas nacionais, os sistemas monetários e o conceito legal de moeda evoluíram substancialmente ao longo do tempo e continuarão a mudar no futuro. VCs, assim, não podem ser julgadas apenas com base em suas características atuais ou em como podem ser comparadas a regimes monetários atuais"[165].

Sob o ponto de vista legal, o estudo do FMI lembra que o conceito de moeda está associado ao poder soberano de estabelecer uma moldura jurídica organizando a emissão – exclusiva e centralizada –, circulação e aceitação de moeda e papel moeda. Por força de seu poder soberano, o Estado, através de sua legislação, estabelece qual(is) moeda(s) terá(ão) curso legal[166] nos limites de sua jurisdição[167].

Ao avaliar as perspectivas das *criptomoedas*, o estudo do FMI indica que estas não parecem preencher adequadamente as três características econômicas principais associadas às moedas fiduciárias, pois

(a) como *reserva de valor* sua capacidade é limitada seja pelo fato de não oferecerem qualquer garantia –um ente estatal, ou um ente privado – seja por sua alta volatilidade, aparentemente desconectada de qualquer fator econômico ou financeiro, o que dificulta alguma previsão que permita estabelecer uma garantia contra perdas;

---

[165] FMI – Digital currency...p. 11

[166] O Prof. De Chiara nos ensina que o curso legal "constitui-se na disposição legal que, de forma indiscriminada, veda a recusa de determinada moeda para pagamento de débito de qualquer natureza", diferenciando-se portanto do curso legal, que "diz respeito ao próprio conteúdo de valor da unidade monetária, fazendo prevalecer a expressão nominal do instrumento monetário, e impedindo a sua conversão em metal precioso". (DE CHIARA, José Tadeu. **Moeda e ordem jurídica** Tese de Doutoramento apresentada à Faculdade de Direito da Universidade de São Paulo – 1986 – p. 39)

[167] De se notar que a definição de curso legal pode contemplar pequenas variações entre diferentes jurisdições. Para evitar interpretações equivocadas, a Comissão Europeia recomendou, em 2010, que o conceito de *curso legal* na área do Euro deveria estar fundamentado em três elementos principais, a saber: (a) obrigatoriedade de aceitação de notas e moedas; (b) aceitação destas notas e moedas por seu valor de face (por sua expressão nominal); e (c) com o poder liberatório de obrigações ou débitos.

4. *CRIPTOMOEDAS* E ORDEM JURÍDICA: TENDÊNCIAS REGULATÓRIAS E GOVERNANÇA

(b) como *instrumento de troca* a limitação das *criptomoedas* estaria vinculada ao pequeno alcance destes instrumentos no presente, não obstante seu considerável crescimento; e

(c) como *unidade de conta* ou medida de valor, não parece que haja, até o momento, uma utilização direta de qualquer das *criptomoedas* como indicador de medida do valor de qualquer bem ou serviço, sendo necessário avaliar sempre a cotação da *criptomoeda* na moeda fiduciária em curso naquela jurisdição (os vendedores de produtos ou prestadores de serviços que aceitam pagamentos em *criptomoedas* estabelecem seus preços em moedas fiduciárias, identificando o preço em *criptomoeda* com base na taxa de câmbio respectiva).

Sob o ponto de vista jurídico as possibilidades de se considerar as *criptomoedas* como verdadeiras moedas parecem, aos autores do estudo do FMI, ser ainda menores. Isto porque não há lei (poder soberano) estabelecendo uma *criptomoeda* emitida de forma privada como unidade de conta ou meio de pagamento e tampouco qualquer regulamento estatal que determine o curso legal de uma das *criptomoedas* privadas dentro de um território específico. Em outras palavras, as *criptomoedas* não teriam poder liberatório intrínseco à moeda fiduciária de curso legal, balizada pelo poder estatal, o que lhes retiraria a possibilidade de ser legalmente consideradas *moedas*.

O alentado estudo preparado pelo *staff* do FMI analisa ainda com detalhes a tecnologia associada às *criptomoedas*, avaliando suas vantagens e desvantagens e destacando como benefícios claramente notáveis: (a) a possibilidade de redução de custos de transferências de fundos, com a dispensa de intermediários; (b) a redução do tempo relacionado às transações com ativos financeiros; e (c) a transparência e confiabilidade dos registros lançados na plataforma *blockchain*, por sua imutabilidade, o que facilita enormemente atividades de contabilidade, auditoria e supervisão. Essa atração pelas vantagens tecnológicas do *blockchain* não é exclusiva do FMI. O Banco Mundial e bancos privados também têm se debruçado sobre a nova tecnologia, que é geralmente muito bem vista pelos diversos agentes[168].

---

[168] Ver, a título de exemplo, o estudo da International Finance Corporation (IFC), do Banco Mundial: **Blockchain: Opportunities for private enterprises in emerging markets**.

Finalmente, quanto a aspectos regulatórios, seus desafios e possíveis respostas, o estudo do FMI conclui que a natureza descentralizada das *criptomoedas* não se encaixa facilmente nos modelos regulatórios tradicionais, especialmente no âmbito exclusivamente nacional. Para fazer frente a esse novo desafio, diferentes alternativas foram apresentadas em alguns países, cada alternativa refletindo as prioridades eleitas pelas respectivas jurisdições.

Ressalte-se a questão relativa ao alcance regulatório, em termos territoriais, considerando o aspecto transnacional da tecnologia envolvida, bem como *quem* deve ser o alvo da regulação. As respostas à questão sobre *quem* deve ser objeto da preocupação regulatória têm apontado repetidamente como alvos prioritários os participantes do mercado de *criptomoedas*, particularmente as instituições financeiras que com elas interagem, seja em negociações diretas ou indiretas.

Quanto ao uso de novas tecnologias, associadas ou não às *criptomoedas*, por instituições financeiras, o assunto também tem sido objeto de análise e estudos pelo FMI, especialmente no que se refere às chamadas *"Fintechs"* (acrônimo para "financeiras" e "tecnológicas" em inglês). Tais instituições têm revolucionado a área financeira em diversos países, com benefícios seja por representarem maior competição mercadológica por créditos e insumos financeiros, seja pela possibilidade de avanços técnicos também nas transações financeiras tradicionais. O interesse por essa nova configuração financeira mostra-se vigoroso no trabalho apresentado em junho de 2017 pelo FMI, sob o título *"Fintech and Financial Services: Initial Considerations"*[169], que revela a velocidade com que novas tecnologias têm sido absorvidas por instituições financeiras ao redor do globo, além de permitir o surgimento de novos atores devotados a questões financeiras.

IFC, Washington, USA, 2017; e ainda: World Econcomic Forum **Realizing the potential of blockchain a multistakeholder approach to the stweardship of blockchain and cryptocurrencies** Colony/Geneva – Suíça, 2017 Acessível: www.weforum.org; Deutsch Bank Wealth Management **CIO insights reflections: cryptocurrencies and blockchain – their importance in the future** Deutsch Bank AG, Frankfurt, 2017.

[169] Acessível em https://www.imf.org/en/Publications/Staff-Discussion-Notes/Issues/2017/06/16/Fintech-and-Financial-Services-Initial-Considerations-44985 Acesso: 27jun2018 Em tradução livre: "Fintechs e Serviços Financeiros: Considerações Iniciais".

4. *CRIPTOMOEDAS* E ORDEM JURÍDICA: TENDÊNCIAS REGULATÓRIAS E GOVERNANÇA

Não obstante as tentativas que têm sido feitas para regular as *criptomoedas* em diferentes partes do globo, como já vimos, e que procuram sujeitar seu uso a determinado regulamento quando este é feito dentro do território de cada Estado, há um reconhecimento no trabalho do FMI da ideia relativamente intuitiva de que a regulação do fenômeno deve passar necessariamente por um esforço comum que leve a uma resposta regulatória em nível internacional.

As respostas isoladas apresentadas têm variado muito de Estado a Estado. Como já vimos, as soluções vão desde o banimento absoluto de transações com as *criptomoedas*, até tentativas regulatórias ainda não totalmente eficazes[170]. Alguns Estados procuraram adaptar a legislação já existente à nova realidade, na tentativa de minimizar riscos relativos à possibilidade de evasão fiscal, à integridade financeira, à defesa do consumidor, entre outros, mas sempre procurando desvendar uma identidade das *criptomoedas* para, a partir daí, sujeitá-las a um regulamento pré-existente[171]. Na impossibilidade de ajustar os textos legais em vigor de forma a abarcar o novo fenômeno, e não tendo ainda meios adequados para identificar a melhor forma de se regulamentar a questão, os Estados procuram ao menos alertar seus nacionais quanto aos riscos envolvidos na utilização das chamadas *criptomoedas*.

Regulamentar o fenômeno, em nível nacional ou internacional, depende de sua difusão mais expressiva. Se pensarmos na primeira *criptomoeda*, o *bitcoin*, vemos que seu surgimento foi cercado de mais dúvidas do que as que ainda persistem, inclusive sobre a permanência temporal e aceitação desta *criptomoeda*. Aos dez anos de existência, o *bitcoin* não só sobrevive como deu origem a muitas outras *criptomoedas*, espalhando-se pelo mundo em variadas formas. A constância do fenômeno e sua crescente aceitação acabaram por revelar

---

[170] Dentre os Estados que optaram por banir as criptomoedas, além daqueles já indicados, incluem-se a Bolívia e a Rússia. As variantes relativas à atuação do Estado sobre as *criptomoedas* são inúmeras, como se vê, alternando-se entre proibições pura e simples (em que a utilização das *criptomoedas* é considerada ilegal e, no mais das vezes, punida sob leis penais), tentativas de regulação sem qualquer preocupação com a identificação da natureza do fenômeno e tentativas regulatórias mais aprofundadas, em que se procura identificar, ainda que de modo indireto, a natureza das *criptomoedas*, de forma a melhor adequar o enquadramento jurídico possível.

[171] Nesse grupo encontram-se países como o Canadá, os EUA e o Reino Unido (estes dois últimos com preocupação maior quanto aos aspectos tributários das transações em *criptomoedas*, enquanto o Canadá procurou inicialmente abarcar os negociadores de *criptomoedas* para que passassem a cumprir os mesmos requisitos de funcionamento impostos aos agentes financeiros).

possível impacto na ordem econômica monetária vigente nos diferentes Estados sem, no entanto, alcançar todos os efeitos imaginados, dada sua natureza eminentemente internacional.

Um regulamento internacional poderia aproveitar os esforços já realizados pelos diferentes Estados, buscando harmonizar o entendimento do fenômeno para alcançar uma diretriz comum. De qualquer forma, um dos principais desafios para a regulamentação das *criptomoedas* (em nível nacional ou internacional) centra-se justamente em sua definição. Considerando que as *criptomoedas* combinam uma série de características inerentes a diferentes institutos (moedas, *commodities*, sistemas de pagamento, ativos financeiros), a classificação das *criptomoedas* numa ou noutra categoria certamente causará diferentes impactos e tratamentos regulatórios diversos.

Essa dificuldade de classificação pode ser observada dentro do território de um único Estado. Dependendo da agência encarregada da fiscalização, as *criptomoedas* serão consideradas ora como moedas, ora como valores mobiliários, ora como *commodities* e assim sucessivamente. Apenas para exemplificar, lembremo-nos que nos EUA há tratamento diferente para as *criptomoedas* dependendo da agência regulatória que se debruça sobre o fenômeno. Assim, para a Receita Federal norte-americana, as *criptomoedas* são classificadas como "propriedade" para fins de tributação, enquanto para o FinCEN (Departamento do Tesouro Americano já mencionado no capítulo dedicado à jurisprudência) as *criptomoedas* são "valores", sujeitando seus negociadores aos mesmos requisitos a serem preenchidos por aqueles negociadores de valores mobiliários tradicionais. Em vista da dificuldade de classificação desse fenômeno "camaleônico", os Estados têm evitado formalizar uma conceituação fechada, procurando, ao invés disso, centrar sua atenção na natureza da atividade ou no tipo de transação em curso para alcançar os agentes, ao menos no que respeita a tributação e o combate a fraudes e ilicitudes.

Outra dificuldade em se estabelecer uma diretriz global para a regulamentação das *criptomoedas* reside no fato de que não há um órgão central que as emita ou controle. Para tentar superar as dificuldades existentes, entidades internacionais têm procurado estabelecer fóruns de discussão sobre itens relacionados às *criptomoedas*, de forma a contribuir com o debate por meio de relatórios, guias, manuais, entre outros documentos que possam auxiliar na identificação de benefícios e riscos decorrentes do novo fenômeno.

4. *CRIPTOMOEDAS* E ORDEM JURÍDICA: TENDÊNCIAS REGULATÓRIAS E GOVERNANÇA

Alguns estudos específicos já foram apresentados e os pontos de estudo selecionados por diferentes entidades começam a mostrar os contornos do esforço regulatório internacional. Dentre estes órgãos, cabe ressaltar a Autoridade Bancária Europeia (EBA) e o Secretariado da Commonwealth , além da Força Tarefa para Ação Financeira (FATF – *Financial Action Task Force*) e o Escritório das Nações Unidas sobre Drogas e Crime (UNODC – *United Nations Office on Drugs and Crime*), que dirigiram seus estudos para a prevenção e para o desenvolvimento de respostas legais efetivas contra os riscos de lavagem de dinheiro inerentes à utilização das *criptomoedas*. No lado dos benefícios potenciais, o Comitê de Pagamentos e Infraestruturas de Mercado (*Commitee on Payments and Market Infrastructures – CPMI*) estuda as implicações das *criptomoedas* como instrumento de troca e as tecnologias *blockchain* como ferramenta a ser utilizada pelos bancos centrais ao redor do mundo[172].

Evidentemente os estudos ainda não são suficientes para se chegar a um consenso sobre as *criptomoedas*. A relativa novidade do fenômeno não permite avaliar com total segurança suas implicações e desdobramentos, que só poderão ser aferidos com maior rigor se houver uma expansão de sua utilização e uma aceitação por parte expressiva dos mercados de bens e serviços ao redor do mundo. De todo modo, considerando que o uso das *criptomoedas* tem crescido e sua aceitação tem se avolumado, é importante identificar, desde já, não apenas os benefícios mas principalmente os riscos que as *criptomoedas* podem representar para o sistema financeiro se houver um crescimento exponencial de seu uso.

É nesse sentido que o estudo do FMI identifica alguns dos riscos que considera mais evidentes: (1) riscos de integridade ao sistema financeiro, em razão da possibilidade de se efetuar transferências transfronteiras e de difícil identificação dos envolvidos, o que facilita a ação de criminosos na lavagem de dinheiro; (2) riscos ao consumidor, cuja proteção mostra-se vulnerável num ambiente de incerteza regulatória, e que derivam tanto de falhas no mercado de *criptomoedas* (falta de regulamentação dos prestadores de serviços intermediários, como as plataformas dedicadas ao armazenamento de carteiras ou de troca de *criptomoedas*, por exemplo), como falhas tecnológicas que podem

---

[172] https://www.bis.org/cpmi/publ/d174.pdf

CRIPTOMOEDAS

tornar incertas as transações desejadas pelos consumidores; (3) riscos de evasão fiscal, em virtude da dificuldade de identificar as partes numa transação ponto a ponto (*peer-to-peer*) que pode ocorrer para além das fronteiras estatais, sendo necessário estudar um modo eficiente de reprimir a evasão que na maior parte dos países já é tipificada como crime; (4) risco de fraude aos controles de câmbio e de fluxo de capitais, já que as *criptomoedas* permitem realizar a transferência internacional de moeda fiduciária sem a utilização de qualquer sistema tradicional de pagamentos, o que se avoluma em países onde o peso regulatório, juntamente com os custos dos sistemas tradicionais de pagamento são elevados; (5) risco de instabilidade financeira, embora ainda remoto, considerando-se a pequena escala atual de transações realizadas em *criptomoedas*, se comparadas às transações realizadas no sistema financeiro como um todo; (6) risco relacionado à formulação de políticas monetárias que, embora ainda não efetivado, pode se tornar real se houver um crescimento importante em seu uso, incluindo potencial deflação estrutural, tal como ocorreu na época do padrão ouro, ou falta de liquidez em situações de crise, dada a ausência de uma autoridade central responsável por atuar como "provedor de última instância" se e quando necessário.

A identificação de riscos, no entanto, não significa uma condenação das *criptomoedas* por parte do FMI. A ideia do estudo é exatamente revelar os entraves para minimizá-los, sem renunciar aos benefícios que a elas também estão associados. Nesse sentido, a conclusão do estudo procura nortear as autoridades nacionais para que possam desenvolver respostas regulatórias adequadas à sua realidade individual, sempre com a esperança de que tais respostas sigam uma linha mestra comum capaz de ajudar na elaboração de uma futura moldura regulatória internacional.

Como conclusão do estudo o grupo do FMI sugere que as respostas regulatórias a serem adotadas devem (a) buscar minimizar os riscos envolvidos na utilização de *criptomoedas* sem desencorajar a inovação a elas vinculada; (b) evitar textos regulatórios inflexíveis, incapazes de alcançar a evolução tecnológica inerente às *criptomoedas*; (c) reforçar a necessidade de segurança financeira das empresas envolvidas nas transações com *criptomoedas*, o que deve ser somado às naturais (e quase sempre já presentes) preocupações com atividades relacionadas à utilização das *criptomoedas* sem qualquer intermediação, particularmente em atividades ilícitas.

4. *CRIPTOMOEDAS* E ORDEM JURÍDICA: TENDÊNCIAS REGULATÓRIAS E GOVERNANÇA

Seria interessante, de acordo com os autores do estudo do FMI, procurar integrar os sistemas financeiros convencionais com o mercado de *criptomoedas*, embora esteja clara a dificuldade de uma tal integração em termos rápidos e sem quaisquer obstáculos. A ideia seria avançar aos poucos, partindo de um cenário em que não há qualquer contato (proibição da utilização das *criptomoedas*) para algum grau de interação, aproveitando-se os benefícios de um e de outro sistema para que ambos possam começar a interagir chegando-se, idealmente, a um ponto de integração total entre eles.

Uma tal integração evidentemente não se faz em pouco tempo e seria quase inócua se fosse realizada em termos exclusivamente nacionais, pois haveria então um segundo passo a ser dado: a coordenação dos diversos sistemas financeiros integrados às *criptomoedas* para que estes se ajustassem ao sistema financeiro internacional vigente. As entidades internacionais têm procurado cumprir seu papel no sentido de esclarecer a sociedade internacional sobre os riscos e benefícios das *criptomoedas*, seja por meio de fóruns de debate acerca do assunto, seja por meio da elaboração de relatórios e estudos bastante detalhados[173].

Sendo um fenômeno relativamente recente (a primeira *criptomoeda*, como sabemos, conta apenas dez anos), não há ainda como estabelecer parâmetros que possam nortear as respostas regulatórias ao redor do mundo. Com o passar do tempo, a experiência com as *criptomoedas* tende a favorecer um melhor entendimento de seus mecanismos tecnológicos e, sobretudo, de mais abrangente aceitação ou rejeição pelo mercado. Com esse cabedal de experiências os estudos tendem a se tornar mais consistentes e, com isso, uma moldura de normas que possam nortear os diferentes Estados, bem como um parâmetro mínimo de regras de boa conduta poderão surgir no âmbito internacional.

A novidade tecnológica por trás das *criptomoedas* e sua constante evolução não descarta a possibilidade de se desenvolver novos princípios ou novos padrões internacionais que levem em conta as peculiaridades do funcionamento das *criptomoedas*, de modo a promover uma harmonização regulatória entre

---

[173] Dentre as entidades que têm procurado esclarecer a comunidade internacional por meio de debates e estudos que já resultaram em documentos importantes, destacam-se o Banco Central Europeu, a Comissão Europeia, o Banco Mundial, o Comitê sobre Pagamentos e Infraestrutura de Mercados em Basel, o FMI, entre outros.

diferentes jurisdições, favorecendo sobretudo um maior intercâmbio de informações que previnam ou reprimam atos ilícitos transfronteiras.

O FMI, portanto, está atento ao fenômeno mas não se dedica a estabelecer desde já parâmetros ou princípios regulatórios, pois considera que será necessário avaliar por mais tempo como as *criptomoedas* evoluirão e que impacto estas *criptomoedas* e a tecnologia a elas associada poderão ter nos atuais modelos de negócios no setor financeiro. Somente a partir desta análise evolutiva será possível identificar diferentes tipos de riscos que a nova tecnologia pode trazer para o sistema financeiro e que benefícios podem ser colhidos do uso das *criptomoedas* e do *blockchain*.

O FMI tem sido bastante ativo na participação em encontros e palestras que abordam o tema das novas tecnologias que parecem estar revolucionando o mercado financeiro ao redor do mundo. Em palestra no Banco da Inglaterra em 29 de setembro de 2017[174], Christine Lagarde propõe uma avaliação de um futuro hipotético, passando a considerar três inovações atuais e seus possíveis impactos no mercado financeiro: as *criptomoedas*, os novos modelos de intermediação financeira (fundamentalmente as *fintechs*) e a inteligência artificial.

Ao abordar as *criptomoedas* Lagarde procura diferenciar o fenômeno dos pagamentos digitais em moedas já existentes (como se dá no caso de pagamentos feitos através de sistemas como *Paypal, Alipay* ou *M-Pesa*), destacando que as *criptomoedas* "*estão numa categoria diferente, porque fornecem sua própria unidade de conta e sistema de pagamentos. Estes sistemas permitem transações ponto-a-ponto sem câmaras de compensação, sem bancos centrais*".

Reconhecendo que as *criptomoedas* atualmente apresentam pouco ou nenhum risco para as moedas fiduciárias ou para os bancos centrais, o que parece decorrer de fatos como a alta volatilidade, o risco envolvido em sua transação, a enorme quantidade de energia necessária para o funcionamento do *blockchain*, Lagarde considera que tais limitações são meramente tecnológicas e podem perfeitamente ser resolvidas com o tempo.

Mesmo considerando os atuais riscos e desvantagens (intrínsecos ao sistema tecnológico ou relacionadas às transações em si), Christine Lagarde

---

[174] LAGARDE, Christine. **Central Banking and Fintech – A Brave New World?** – acessível em http://www.imf.org/en/news/articles/2017/09/28/sp092917-central-banking-and-fintech--a-brave-new-world Acesso 21dez2017.

4. *CRIPTOMOEDAS* E ORDEM JURÍDICA: TENDÊNCIAS REGULATÓRIAS E GOVERNANÇA

analisa que *"pode não ser aconselhável descartar moedas virtuais"*[175]. Ao discorrer sobre a utilidade futura que vê para as *criptomoedas*, Lagarde considera plenamente plausível que essas se tornem estáveis e menciona a possiblidade de sua adoção por países com instituições fracas, com moedas nacionais instáveis. Na visão da diretora do FMI, as *criptomoedas "podem dar às moedas existentes e à atual política monetária uma avaliação sobre seu dinheiro. A melhor resposta que os banqueiros centrais podem oferecer é continuar administrando uma política monetária eficaz, mantendo-se abertos a novas ideias e novas demandas, à medida que as economias evoluem"*[176].

O potencial de uso da tecnologia *blockchain* como forma de transferência de valores (pagamentos, em especial) a custos menores ou inexistentes, pode se tornar mais interessante para os cidadãos especialmente em situações em que os pagamentos são de valor baixo, enquanto os custos envolvidos na remessa (particularmente taxas) são muitas vezes elevados.

> *"Em vez disso, um dia os cidadãos podem preferir moedas virtuais, pois oferecem potencialmente o mesmo custo e conveniência que o dinheiro – sem riscos de liquidação, sem atrasos na liberação, sem registro central, sem intermediário para verificar contas e identidades. Se as moedas virtuais de emissão privada permanecerem arriscadas e instáveis, os cidadãos podem até pedir aos bancos centrais que forneçam moedas de curso legal em forma digital".*[177]

O tópico seguinte abordado pela diretora do FMI é relativo às novas formas de intermediação financeira, particularmente as chamadas *Fintechs*. O papel dos bancos centrais nesse novo cenário é analisado e Lagarde aplaude os esforços já em curso pelo Banco da Inglaterra para abarcar novos atores sob seu guarda-chuva regulatório. Lagarde considera o FMI o fórum ideal para discutir novas tecnologias ligadas ao sistema financeiro e para promover

---

[175] Tradução livre. No original: *"it may not be wise to dismiss virtual currencies"*

[176] Tradução livre. No original: *"might just give existing currencies and monetary policy a run for their money. The best response by central bankers is to continue running effective monetary policy, while being open to fresh ideas and new demands, as economies evolve".*

[177] Tradução livre. No original: *"Instead, citizens may one day prefer virtual currencies, since they potentially offer the same cost and convenience as cash – no settlement risks, no clearing delays, no central registration, no intermediary to check accounts and identities. If privately issued virtual currencies remain risky and unstable, citizens may even call on central banks to provide digital forms of legal tender".*

um debate cooperativo que auxilie na conformação de regulamentos sólidos. Ressalta, no entanto, que os reguladores deverão provavelmente expandir seu foco, indo além das instituições financeiras para alcançar as *atividades* financeiras, independentemente destas atividades serem ou não promovidas por instituições financeiras tradicionais.

Todo esse novo cenário tecnológico está intimamente ligado ao FMI e seu papel na estabilidade econômico financeira: *"Trata-se da missão do FMI relativa à estabilidade econômica e financeira, à segurança de nossos pagamentos e infraestrutura financeira globais"*.[178], conclui a diretora do FMI.

Amadurecendo suas reflexões sobre o tema, no ano seguinte, em palestra no *Singapore Fintech Festival*, Christine Lagarde lembrou o filósofo grego Heráclito ao constatar que a *"[m]udança é única constante"*[179]. A partir daí passou a discorrer sobre tópicos específicos, sendo o primeiro deles uma visão histórica da moeda e sua natureza alternante (tendo como única constante sua mudança perene), apresentando um cenário inicial de parco comércio local e no qual a moeda em forma de *tokens* como discos de metal era suficiente, sendo possível verificar sua validade de forma simples e rápida, com a troca de mão em mão entre partes que, no mais das vezes, tinham suficiente conhecimento entre si e, portanto, confiavam umas nas outras.

Com a expansão do comércio o transporte de moedas de metal em quantidade suficiente para fazer frente às necessidades dos negociantes mostrou-se difícil, pouco prático e pouco eficiente. Tendo como pano de fundo uma dificuldade a ser superada, a inovação se mostra presente e a mutação constante se materializa nas novas formas assumidas pela moeda. No século IX surge o papel moeda na China, aparecendo também as letras de câmbio (denominadas *Sakks* pelos árabes, o que teria dado origem à palavra cheque). A necessidade de um intermediário que mantivesse a salvo o metal precioso de que eram cunhadas as moedas, e que fosse confiável tanto para o pagador como para o recebedor, fez surgir os banqueiros italianos como aliados da

---

[178] Tradução livre. No original: *"This is about the IMF's mandate for economic and financial stability, and the safety of our global payments and financial infrastructure"*

[179] LAGARDE, Christine. **Winds of change: The case for new digital currency**. 14 de novembro de 2018 – acessível em https://www.imf.org/en/News/Articles/2018/11/13/sp111418--winds-of-change-the-case-for-new-digital-currency – (acesso em 15.11.2018) – tradução livre.

expansão comercial que impulsionou ainda mais os mercadores da Renascença. Toda essa evolução transferiu um dos pontos centrais da troca de moedas – o conhecimento entre as partes em negociação, a confiança – pela necessidade de alguma garantia para que o comércio em locais distantes e com pessoas absolutamente desconhecidas pudesse gozar de alguma confiança no que concerne a troca de mercadorias por moedas e vice versa.

Nesse ponto em que a confiança se torna essencial, os Estados se tornaram os garantidores da circulação da riqueza, na medida em que promoviam a supervisão e liquidez de moedas por eles emitidas, com as quais se expandia o comércio. As formas de moeda que conhecemos hoje podem ser, portanto, resumidas em moedas e depósitos em bancos comerciais, sendo fundamental o papel do Estado no provisionamento desta moeda presente em nosso dia a dia. E hoje, segundo nos lembra Lagarde, nos encontramos face a face com um ponto de inflexão – a revolução das *Fintechs* questiona as duas formas de moeda (moedas em si e depósitos bancários) bem como o papel do Estado em sua emissão.

Num mundo em que a informação tem um valor quase absoluto, em que as pessoas se comunicam de forma instantânea e sem necessidade de intermediários, Christine Lagarde indaga que papel estará reservado para a moeda física, para o *cash* do nosso dia a dia, uma vez que em diferentes locais já é possível encontrar restrições à aceitação de moeda contante, *cash*. Os estudos do FMI mostram que o uso de moedas e mesmo de depósitos bancários vem decrescendo ao longo dos anos em todo o mundo, sendo cada vez maior o número de transações realizadas através de "moeda eletrônica" e meios de pagamento digital que dispensam a intermediação de bancos. E nesse cenário não se descarta a presença cada vez mais constante das *criptomoedas*, como *"Bitcoin, Ethereum, and Ripple"*, que *"estão disputando um lugar no mundo sem dinheiro, constantemente se reinventando na esperança de oferecer valores mais estáveis e uma solução mais rápida e barata".*[180]

---

[180] LAGARDE, Christine. **Winds of change: the case for new digital currency**. Singapore Fintech Festival, November 14, 2018. Acessível: https://www.imf.org/en/News/Articles/2018/11/13/sp111418-winds-of-change-the-case-for-new-digital-currency Tradução livre. No original: *"are vying for a spot in the cashless world, constantly reinventing themselves in the hope of offering more stable value, and quicker, cheaper settlement".*

As mudanças tecnológicas que alteram a forma como transferimos valores ou como efetuamos pagamentos – sejam eles de pequenas quantias num comércio diário, sejam de quantias elevadas nas negociações das grandes corporações – representam uma evolução constante que tem merecido o acompanhamento próximo e cada vez mais aprofundado dos órgãos encarregados da defesa da estabilidade dos sistemas financeiros, em especial do FMI.

Não há como negar o fenômeno das *criptomoedas* e o desafio que podem representar para o monopólio do Estado na tarefa de emitir os *tokens* com os quais efetuamos nossas trocas e nos desincumbimos de nossas obrigações. O FMI não nega o fenômeno e procura acompanhá-lo desde já, desde o momento em que ainda é relativamente irrelevante se tomado no contexto das trocas monetárias como um todo. Mas a atenção e o cuidado devotado ao tema fazem todo o sentido na medida em que a tecnologia parece chegar a patamares de mudança que podem ocorrer em nanosegundos.

Essa preocupação do FMI traz em si uma visão abrangente do sistema financeiro, em razão de sua missão institucional. Mas o problema das *criptomoedas* encontra eco nos diversos Estados nacionais e particularmente nas autoridades monetárias que não podem subestimar o fenômeno sem o risco de, em futuro talvez mais próximo do que se imagina, serem surpreendidas por uma realidade que tenha sido por elas desacreditada ou ignorada. Por essa ou por outras razões, nenhuma autoridade monetária parece ser indiferente ao fenômeno das *criptomoedas*.

4.3 Bancos centrais

Em suas recentes palestras, a diretora do FMI, Christine Lagarde, retoma uma questão crucial no campo monetário: o papel dos bancos centrais. A evolução da moeda tal como hoje a conhecemos levou ao surgimento, em todos os Estados, de autoridades monetárias que têm como função primordial defender a moeda nacional e manter sua estabilidade. Os bancos centrais são geralmente a principal autoridade monetária de cada país e têm como objetivo promover e manter a saúde monetária do Estado.

4. *CRIPTOMOEDAS* E ORDEM JURÍDICA: TENDÊNCIAS REGULATÓRIAS E GOVERNANÇA

Uma das funções primordiais dos bancos centrais é justamente emitir a moeda do país[181], além de atuar como "banqueiro do governo", emprestador de última instância do setor privado, regulador da liquidez do sistema financeiro do respectivo Estado, detentor das reservas bancárias e das reservas cambiais do respectivo sistema monetário e regulador das atividades financeiras e cambiais dos diversos agentes financeiros em atuação em seu território.

A importância do banco central na história da moeda é enorme pois, como já disseram, a *"evolução dos bancos centrais é parte integrante e inseparável da história da própria moeda, da organização e do funcionamento do sistema monetário"*[182]. Muito embora o surgimento dos bancos centrais em diferentes países não tenha se dado necessariamente com base nas mesmas e idênticas premissas, pois que refletem em grande medida os anseios e peculiaridades de cada história monetária nacional, foi possível chegar, após *"longa decantação, a uma organização muito semelhante e regida por práticas e princípio similares"*[183].

Um ponto comum que pode ser identificado como o de "nascimento" de cada banco central é a *"concessão do monopólio da emissão da moeda, que ocorreu apenas em 1844 para o Banco da Inglaterra"*[184].De fato, a possibilidade de coexistência de diferentes moedas num mesmo local demandava a necessidade de um banco que preservasse a credibilidade da moeda daquele governo, sob pena de a mesma sucumbir no mar de moedas afluentes ao território em questão.

> *"A evolução das formas monetárias, passagem obrigatória para observarmos a participação e a atual presença do Estado na definição dos padrões monetários e adoção das unidades de valor básicas ou ideais, caracteriza-se pelo traço da desmaterialização dos instrumentos usados como moeda, pela superposição e coexistência de vários instrumentos monetários cunhados, ou de notas emitidas por bancos tendo por lastro os depósitos recebidos"*[185],

---

[181] Trata-se aqui da emissão primária de moeda (cédulas de papel moeda e moeda metálica em circulação), sendo certo que o sistema bancário, como já vimos, tem a capacidade de criar nova moeda a partir de sua atividade corriqueira de receber depósitos e conceder empréstimos, na proporção dada pelo multiplicador bancário.

[182] FRANCO, Gustavo. **A moeda e a lei – uma história monetária brasileira "1933-2013"** Zahar, RJ, 2017, p.. 284

[183] FRANCO, Gustavo. op. cit. p. 285

[184] FRANCO, Gustavo, op. cit. p. 285

[185] DE CHIARA, José Tadeu. **Moeda e ordem jurídica** p. 36

CRIPTOMOEDAS

sendo de se ressaltar que o respaldo das notas emitidas pelos bancos não era outro senão a própria credibilidade e confiança dos emissores.

Havendo mais de 341 diferentes moedas de prata e 505 de ouro em circulação em Amsterdam em 1606, percebe-se a razão pela qual, já em 1609, houve a criação de *"um banco para preservar a credibilidade da moeda do governo daquela cidade. Tratava-se de um banco público cujo objetivo era limitar o abuso da criação e utilização de instrumentos monetários"*, sendo que sua principal função era a de *"receber as moedas pelo seu valor intrínseco em relação ao padrão metálico da localidade, e com base nesse padrão cunhar novas moedas, cobrando apenas as despesas de cunhagem do beneficiário"*[186].

A necessidade de uma centralização na emissão de moedas como forma de defender e manter o valor das mesmas foi se acentuando com o tempo, pois é *"pela centralização da atividade de emissão de notas em um único banco que se torna possível a administração pelo Estado das reservas de metal que lastreavam a emissão, e instrumentavam trocas no plano internacional"*[187]. O controle sobre a emissão de moeda, com o estabelecimento do monopólio desta atividade apresenta-se como um *"atributo da soberania dos Estados traduzido no poder de emitir moeda, explicado pela função do Estado de zelar pelas quantidades de lastro da moeda que circula internamente, face às necessidades de pagamento no exterior"*[188]. Torna-se assim inevitável a regulamentação tanto da emissão quanto da forma de circulação destas moedas, o que é feito pelo Estado. A soberania estatal é amplamente exercida neste contexto, para fins de defesa e manutenção do valor de sua moeda e a estabilidade financeira. Bancos centrais *"Desempenham um papel crítico no gerenciamento do sistema bancário como um todo e no apoio aos bancos privados por meio de empréstimos e outras operações. Eles existem para manter a estabilidade financeira da economia como um todo"*.[189]

Sendo assim, mesmo com a difusão da moeda eletrônica, das transferências de fundos realizadas por meios eletrônicos, o sistema financeiro está sujeito a regulamentos e normas estabelecidos pelos bancos centrais de cada

---

[186] DE CHIARA, José Tadeu. op. cit. p. 37

[187] DE CHIARA, José Tadeu. op. cit. pp. 39-40

[188] DE CHIARA, op cit p. 40

[189] PETIFOR, Ann. Op cit p. 36 Tradução livre. No original: *"play a critical role in managing the banking system as a whole, and in supporting private banks through lending and other operations. They exist in order to maintain financial stability for the economy as a whole"*

4. *CRIPTOMOEDAS* E ORDEM JURÍDICA: TENDÊNCIAS REGULATÓRIAS E GOVERNANÇA

Estado e pelo concerto internacional que rege formas e interesses mínimos no setor, especialmente através do BIS (*Bank for International Settlements*)[190], que congrega hoje 60 bancos centrais com direito a voto e representação nas Assembleias Gerais, reunindo 95% do produto bruto global. A estabilidade financeira e econômica dos diversos Estados tem também o apoio do FMI[191], como já vimos.

A evolução da moeda e sua desmaterialização não dispensam a presença dos bancos centrais e seus regulamentos para que o sistema monetário permaneça íntegro, com as menores distorções possíveis. Dessa forma, uma questão recorrente é saber como conciliar, mesmo em âmbito nacional, um sistema já estabelecido, cujas moedas são emitidas sob o monopólio dos Estados soberanos, com o advento do fenômeno das *criptomoedas*, cuja emissão é descentralizada e promovida por particulares, circulando em plataformas tecnológicas que estão fora do sistema monetário atual. As negociações com *criptomoedas*, embora feitas à margem do sistema monetário global, e sendo ainda de volume pouco significativo, acabam por alcançar o sistema tradicional, na medida, por exemplo, em que as *criptomoedas* são trocadas por moedas nacionais.

As negociações em *criptomoedas* não acontecem à margem da realidade, mas impactam as economias locais de uma forma ou de outra. Os agentes financeiros sujeitos à regulamentação de determinado banco central estão aptos a identificar a movimentação de valores, mesmo aquelas puramente eletrônicas, sendo possível auxiliar os órgãos de fiscalização para que as transações sejam feitas dentro da legalidade e sem ofensa aos princípios tendentes a manter a força da moeda e a estabilidade financeira do país. Com a emergência de diferentes *criptomoedas* e o surgimento das chamadas *fintechs*, o controle do mercado financeiro pode sofrer ameaças, se houver um crescimento exponencial do

---

[190] Entidade privada cuja missão é "servir aos bancos centrais em sua busca por estabilidade monetária e financeira, promover a cooperação internacional naquelas áreas e agir como um banco para os bancos centrais" (cf. *webpage* do BIS – www.bis.org – acesso em 11.12.2018 – tradução livre)

[191] O escopo do FMI é mais abrangente que o do BIS, na medida em que congrega 188 países e tem como objetivo "promover a cooperação monetária internacional, assegurar a estabilidade financeira, facilitar o comércio internacional, promover o emprego e o crescimento econômico sustentável, e reduzir a pobreza ao redor do mundo" (cf. página do FMI – www.imf.org – acesso em 11.12.2018 – tradução livre)

CRIPTOMOEDAS

fenômeno. Não por outro motivo há preocupação por parte das autoridades no sentido de reconhecer a presença do fenômeno e de tentar, dentro do possível, estabelecer parâmetros que permitam a inserção das *criptomoedas* no cenário regulatório local e internacional.

As *criptomoedas* poderiam apresentar vantagens, uma vez que estão sujeitas a regras rígidas de emissão, tal como o *bitcoin*, o que em princípio representaria um risco muito limitado de surgimento de inflação. Porém, como desvantagens, alguns aspectos que permitem manter um sistema monetário estável parecem não estar presentes nas *criptomoedas*, tais como a falta de ferramentas para evitar o risco de deflação (o suprimento de um número fixo de *criptomoedas* pode resultar em deflação estrutural, como ocorreu com o padrão ouro), a falta de flexibilidade para responder a demandas momentâneas de moeda em situações específicas (de forma semelhante ao que ocorre com economias altamente dolarizadas) e a falta de capacidade de funcionar como um "emprestador de último recurso", tal como ocorre com os bancos centrais (a recente crise financeira global mostra como uma instituição capaz de fornecer liquidez emergencial é importante para a rápida recuperação do sistema: a falta desta fonte de liquidez pode representar um grande risco para a estabilidade financeira global).

O FMI, como já visto, não apenas acompanha de perto a evolução das *criptomoedas*, como incentiva os bancos centrais a fazerem o mesmo, de forma a avaliar as vantagens que podem ser extraídas do fenômeno, para aplicá-las à realidade atual do sistema financeiro.

As autoridades monetárias ao redor do mundo, por sua vez, têm apresentado diferentes reações frente à questão. Algumas, surpresas com a velocidade com que as *criptomoedas* foram tomando espaço, receosas de que o fenômeno pudesse causar prejuízos ao sistema financeiro local, optaram por simplesmente proibi-las, como já mencionado. Outras não chegam a proibir sua circulação, mas mostram-se pouco favoráveis à sua utilização, acompanhando o desenvolvimento do fenômeno para adotar medidas específicas, o que fazem de forma bastante cautelosa. Há também países cujas autoridades monetárias vêm as *criptomoedas* com entusiasmo, não obstante certo receio em permitir sua utilização. E há aqueles que se mostram muito favoráveis às *criptomoedas*, incentivando seu uso e procurando estabelecer regulamentação adequada para elas. Não se pode negar o envolvimento cada vez maior dos

Bancos Centrais ao redor do mundo em estudos e experimentos relacionados ao fenômeno que, longe de se mostrar passageiro, parece ganhar cada vez mais fôlego.

A preocupação dos bancos centrais cresce à medida em que cresce a aceitação e utilização das *criptomoedas* tanto por particulares quanto por órgãos reguladores que procuram inserir o novo fenômeno em sua moldura normativa. A bolsa de Chicago, bem como os investidores de Wall Street têm demonstrado cada vez maior interesse nas transações com *criptomoedas*, já admitindo negociações com *bitcoins*. Os bancos centrais também têm estudado o fenômeno, e devem agilizar suas decisões sobre o assunto. Andrew Sheng, Chief Adviser da Comissão de Regulação Bancária da China alertou que os bancos centrais não podem perder tempo na avaliação das *criptomoedas*, sob pena de perder o passo na história[192].

Bancos centrais que anteriormente haviam desprezado o fenômeno, por considerá-lo passageiro ou desinteressante, começaram a avaliar a tecnologia por trás das *criptomoedas* e passaram a conceber formas de trazê-la para o sistema financeiro, com as eventuais adaptações que se mostrarem necessárias.

O Banco Popular da China fez alguns experimentos com um protótipo de *criptomoeda* própria, tomando uma direção que pode fazer com que se torne o primeiro dos grandes bancos centrais a emitir uma *criptomoeda* estatal. O fato de ter proibido a circulação de *criptomoedas* em seu território não significou, portanto, que os reguladores chineses – particularmente seu banco central – não tenham voltado sua atenção para o fenômeno mas, ao contrário, pode sinalizar uma forma de evitar a proliferação de *criptomoedas* privadas, o que poderia inviabilizar ou ao menos dificultar sobremaneira a emissão única de uma *criptomoeda* oficial e o controle do sistema monetário estatal como hoje conhecido.

Outras autoridades monetárias têm apresentado interesse (ou preocupação) nas *criptomoedas*, incentivando debates e experimentos de ordens diversas,

---

[192] "Central banks cannot afford to treat cyber currencies as toys to play with in a sand box. It is time to realize that they are the real barbarians at the gate" – Manifestação reproduzida em artigo da *Bloomberg* publicado em 30 de Agosto de 2017 intitulado "Cryptocurrencies are barbarians at central bank gates" – acessível em https://www.bloomberg.com/news/articles/2017-08-30/cryptocurrencies-are-new-barbarians-at-the-gate-of-central-banks (acesso em 19.01.2018)

tudo com o objetivo de melhor compreender o fenômeno e dele tirar o maior proveito possível.

Em palestra proferida na *Wilfrid Laurier University* em Waterllo, Ontario, Carolyn Wilkins, do Banco Central do Canadá, menciona as *criptomoedas*, para afirmar que, embora o *bitcoin* possa ter muitas falhas que evitariam que se tornasse uma ameaça real à moeda tradicional, não se dispensa sua regulação, o que vem sendo cuidadosamente estudado[193]. Dentre as falhas que evitam que as *criptomoedas* sejam atualmente ameaçadoras ao *status quo* monetário destacam-se sua alta volatilidade, o que não permitiria que fossem consideradas como reserva de valor, e o fato de sua utilização ainda ser muito escassa. Por outro lado, caso o problema da volatilidade seja resolvido (ou ao menos significativamente minimizado) e as *criptomoedas* passem a ser utilizadas em maior escala, os bancos centrais terão seu papel colocado em xeque, já que não teriam como controlar a emissão de moeda, as taxas de juros ou a estabilidade do sistema financeiro como um todo (além de, evidentemente, eliminar a taxa de *senhoriagem* referente à impressão e distribuição de notas e paga ao governo por força do monopólio estatal nesta atividade).

Para minimizar os possíveis impactos de uma generalização da utilização das *criptomoedas*, o Canadá estabeleceu regras aplicáveis às corretoras de *bitcoins*, que devem estar registradas e reportar qualquer movimentação de valor suspeita feita por cidadãos canadenses[194]. Paralelamente, o Banco do Canadá estuda emitir sua própria *criptomoeda*, o que, na visão de seus gestores, fará com que as *criptomoedas* privadas tenham cada vez menos adeptos, reduzindo assim ainda mais uma potencial – e considerada ainda longínqua – ameaça, ou, se assim não for, as *criptomoedas* buscarão uma adequação à regulamentação estatal, a fim de melhorar sua competitividade com *criptomoedas* governamentais, regulamentadas e garantidas pelo Estado.

---

[193] Relato cheio de humor sobre as preocupações do Banco do Canadá frente às *criptomoedas* – particularmente ao *bitcoin* – pode ser encontrado em TAYLO, PS. KILL BILLS? NOT LIKELY. *Canadian Business.* 88, 1, 29, Jan. 2015. ISSN:00083100 – acessível em http://search-ebscohostcom.ez67.periodicos.capes.gov.br/login.aspx? direct=true&AuthType=ip,shib,sso,uid&db=bth&AN=99941588&lang=pt-br&site=edsliv e&scope=site – acesso em 19.07.2017.

[194] A Receita Federal do Canadá considerou os *bitcoins* como *commodities* e não como moedas, para fins de tributação. Os titulares de *bitcoins* pagam imposto referente ao ganho de capital decorrente da valorização da *criptomoeda*.

4. *CRIPTOMOEDAS* E ORDEM JURÍDICA: TENDÊNCIAS REGULATÓRIAS E GOVERNANÇA

O Banco Central Holandês também criou sua própria *criptomoeda*, mas apenas para circulação interna, de forma a melhor entender seu funcionamento. Percebe-se que o fenômeno não parece ser tão passageiro ou incipiente que possa ser deixado de lado pelas autoridades monetárias. A ideia de criar uma *criptomoeda* cuja utilização é balizada por limites específicos mostra bem o quanto há de interesse e, ao mesmo tempo, receio de se adotar ou de se liberar o uso de um instituto ainda insuficientemente conhecido e portanto não passível de ser "domesticado" nos termos hoje existentes.

O Banco Central da Rússia também tem demonstrado interesse no assunto, testando um *blockchain* piloto para avaliar seu funcionamento, suas virtudes e potenciais falhas estruturais. Iniciando seu estudo por meio do desenvolvimento de um *blockchain* próprio, tudo leva a crer que a Rússia tenha a intenção de emitir sua própria *criptomoeda*, já que mantém as *criptomoedas* privadas fora da legalidade. Lembremo-nos que, dentre os países que proibiram qualquer transação com *criptomoedas* um dos maiores e mais influentes é justamente a Rússia.

Não podemos deixar de mencionar os movimentos do Banco Central do Brasil, que tem acompanhado o assunto com interesse e cautela, procurando a melhor forma de lidar com as *criptomoedas*. Dentre os vários comunicados do Banco Central sobre o fenômeno, destacamos um dos mais abrangentes, publicado no Diário Oficial da União em 17 de novembro de 2017[195]. Trata-se do Comunicado nº 31.379, de 16 de novembro de 2917, assinado pelo Diretor de Regulação (Otávio Ribeiro Damaso) em conjunto com o Diretor de Política Monetária (Reinaldo La Grazie) do Banco Central do Brasil. Tal Comunicado *"[a]lerta sobre os riscos decorrentes de operações de guarda e negociação das denominadas moedas virtuais"*.

---

[195] O primeiro Comunicado do Banco Central do Brasil a respeito das *criptomoedas* foi emitido em 19 de fevereiro de 2014 (três anos antes do Comunicado acima indicado) sob número 25.306, tendo a seguinte ementa: *"Esclarece sobre os riscos decorrentes da aquisição das chamadas "moedas virtuais" ou "moedas criptografadas" e da realização de transações com elas"*. O teor deste Comunicado é muito semelhante ao do Comunicado nº 31.379/17, ressaltando-se que o novo Comunicado é mais detalhado na análise e faz expressa menção à atenção e participação do Banco Central nos fóruns internacionais que debatem o assunto.

CRIPTOMOEDAS

O Comunicado inicia com o reconhecimento do interesse dos "agentes econômicos (sociedade e instituições) nas denominas moedas virtuais", alertando que estas não são emitidas ou garantidas por qualquer autoridade monetária. Ressalta ainda que não há lastro "em ativo real de qualquer espécie, ficando todo o risco com os detentores. Seu valor decorre exclusivamente da confiança conferida pelos indivíduos ao seu emissor". O alerta destaca tanto o risco de perda patrimonial dos potenciais "investidores" em *criptomoedas*, quanto a possibilidade de consequências penais e administrativas no caso de serem tais *criptomoedas* utilizadas em atividades ilícitas. Há portanto um reconhecimento do Banco Central do Brasil de duas realidades importantes: (a) a existência de *criptomoedas* passíveis de serem armazenadas, transacionadas ou utilizadas em negociações comerciais e (b) a possibilidade de os cidadãos comuns utilizarem tais *criptomoedas* para fins lícitos ou ilícitos, sendo que neste último caso estarão sujeitos às sanções legais correspondentes.

O alerta do Banco Central vai além da advertência sobre riscos patrimoniais e consequências sancionatórias no caso de mau uso das *criptomoedas*. Há preocupação específica no sentido de isentar a Instituição de qualquer responsabilidade decorrente de perdas relacionadas com a manutenção ou transação com as *criptomoedas*, particularmente no item 4 do Comunicado, a saber:

> *"4. As empresas que negociam ou guardam as chamadas moedas virtuais em nome dos usuários, pessoas naturais ou jurídicas, **não são reguladas, autorizadas ou supervisionadas pelo Banco Central do Brasil. Não há, no arcabouço legal e regulatório relacionado com o Sistema Financeiro Nacional, dispositivo específico sobre moedas virtuais.** O Banco Central do Brasil, particularmente, não regula nem supervisiona operações com moedas virtuais."*[196]

Feita a advertência sobre a inexistência de qualquer dispositivo específico sobre o tema no "arcabouço legal e regulatório relacionado com o Sistema Financeiro Nacional", o Banco Central esclarece que as *criptomoedas* não se confundem com a chamada "moeda eletrônica", cuja definição encontra-se

---

[196] Sem destaque no original.

4. *CRIPTOMOEDAS* E ORDEM JURÍDICA: TENDÊNCIAS REGULATÓRIAS E GOVERNANÇA

na Lei 12.865/2013[197], não sendo referenciadas em reais ou outras moedas soberanas, ao contrário do que ocorre com a moeda eletrônica.

Embora não indique qualquer regulamento que possa ser aplicado às *criptomoedas*, o Banco Central ressalta que

> *"as operações com moedas virtuais e com outros instrumentos conexos que impliquem transferências internacionais referenciadas em moedas estrangeiras não afastam a obrigatoriedade de se observar as normas cambiais, em especial a realização de transações exclusivamente por meio de instituições autorizadas pelo Banco Central do Brasil a operar no mercado de câmbio".*

Ou seja, para fins de transferência internacional de *criptomoedas*, estas seriam quase equiparadas às moedas estrangeiras, pois devem ter curso por meio de instituições autorizadas a operar no mercado de câmbio. O curioso é que as transferências em *criptomoedas*, no mais das vezes, prescindem de qualquer câmbio, pois o que há é um remanejamento de *criptomoedas* de uma carteira para outra, sem necessidade de conversão entre duas moedas fiduciárias, como geralmente ocorre com as moedas tradicionais. O fato de a transferência ser "referenciada em moeda estrangeira" não implica necessariamente uma operação de câmbio, o que parece demonstrar que o Banco Central do Brasil está procurando uma forma de melhor compreender o fenômeno, inserindo-o, de forma direta ou indireta, na estrutura legal em vigor.

Finalmente, o Comunicado admite a necessidade de debates internacionais sobre o tema, não tendo sido "identificada, até a presente data, pelos organismos internacionais, a necessidade de regulamentação desses ativos". O fecho do Comunicado parece revelar a atual dificuldade em que o Banco Central do Brasil se encontra face à nova realidade, uma vez que se compromete a "apoiar as inovações financeiras, inclusive as baseadas em novas tecnologias

---

[197] Lei 12.865/2013 – "Art. 6º – Para os efeitos das normas aplicáveis aos arranjos e às instituições de pagamento que passam a integrar o Sistema de Pagamentos Brasileiro (SPB), nos termos desta Lei, considera-se:
(...)
VI – moeda eletrônica – recursos armazenados em dispositivo ou sistema eletrônico que permitem ao usuário final efetuar transação de pagamento."

CRIPTOMOEDAS

que tornem o sistema financeiro mais seguro e eficiente"[198], sem no entanto deixar de acompanhar as discussões nos foros internacionais para "fins de adoção de eventuais medidas, se for o caso".

O movimento das diferentes autoridades de vários países é crescente na avaliação e manifestação sobre as *criptomoedas*. As autoridades procuram se expressar com bastante cautela, dada a novidade do assunto e o peso que manifestações oficiais podem ter nesse campo. Cada vez mais autoridades procuram participar de eventos envolvendo igualmente outras *criptomoedas* e não apenas o *bitcoin*.

Como vemos, as *criptomoedas*, embora aparentemente ainda não representem uma ameaça real à economia e às moedas fiduciárias, tem oferecido matéria de reflexão para agentes reguladores, particularmente os bancos centrais dos mais diferentes países. A preocupação dos bancos centrais está ligada principalmente à perda do controle da emissão da moeda, das taxas de juros e, como consequência, do sistema financeiro como um todo. As tentativas de regulação ao redor do mundo parecem reforçar a ideia de que apenas um esforço conjunto poderá estabelecer parâmetros aceitáveis que permitam ao sistema financeiro internacional nortear as ações dos agentes nacionais (particularmente os bancos centrais), sem o que haverá sempre a possibilidade de contradições e brechas regulatórias que impeçam uma supervisão das *criptomoedas* em favor de um sistema financeiro sólido.

4.4 Novo modelo de governança numa ordem descentralizada?

Em palestra proferida no Canadá em março de 2004, Raphaël Canet apresenta questão central ao modo como vemos o mundo globalizado de nossos tempos:

---

[198] O interesse do Banco Central do Brasil pela tecnologia *blockchain* ou, na terminologia em inglês também comumente usada, Distributed Ledger Technology (DLT), pode ser comprovado através da leitura do relatório produzido em 31 de agosto de 2017, em inglês, sob o título "Distributed ledger technical research in Central Bank of Brazil", acessível em https://www.bcb.gov.br/acessoinformacao/legado?url=https:%2F%2Fwww.bcb.gov.br%2Fhtms%2Fpublic%2Fmicrocredito%2FDistributed-ledger.asp%3Fidpai%3DORDALFA (último acesso 08.01.2019)

4. *CRIPTOMOEDAS* E ORDEM JURÍDICA: TENDÊNCIAS REGULATÓRIAS E GOVERNANÇA

"O que é a governança?"[199] Essa questão aparentemente tão simples é refeita periodicamente pelos estudiosos do direito, da sociologia, da economia, da política, da história e de ciências afins[200].

O histórico do conceito de governança apresentado por Canet parte da etimologia da palavra, que tem origem, no contexto do idioma francês, no século XIII, época em que na França os termos *governança, governo e governabilidade* não pareciam apresentar qualquer diferença em termos semânticos, todos significando a ação de gerir algo.

Com o surgimento do Estado moderno a partir do século XVI, e à reflexão conceitual sobre o mesmo, começa a se verificar um distanciamento da noção de governo em contraposição à de governança. Com fundamento nas reflexões de Machiavel sobre o Estado, e de Jean Bodin sobre a soberania absoluta, a ideia de *governo* passa a ser associada ao poder do Estado centralizado e hierarquizado, enquanto o vocábulo *governança* passa a ser entendido como a forma de administrar adequadamente o bem público, independentemente da questão do poder.

Numa visão moderna, portanto, a ideia de governança passa a ser vinculada mais à gestão do que ao poder, sendo exportada pelo globo a partir do mundo anglo-saxão, e mais especificamente dos EUA. A noção de *governança* passa assim a ocupar espaço na avaliação de políticas públicas, da gestão pública, impregnada do pragmatismo norte-americano.

A partir do início dos anos 1990, a noção de *governança* parece procurar redefinir os processos clássicos de tomada de decisão, levando em conta a multipolaridade nascente, com o fim do mundo bipolar simbolizado pela queda do muro de Berlim. Parecia que o Estado havia perdido sua centralidade nas

---

[199] Rahpaël Canet é Professor Assistente na Universidade de Otawa (Assistant Professor International Development and Global Studies Faculty of Social Sciences University of Ottawa) a referência da palestra mencionada é a seguinte: Canet, Raphaël. 16 mars 2004. **«Qu'est-ce que la gouvernance ?».** Conférences de la Chaire MCD. Acessível: http://www.chaire-cd. ca – Acesso: 18dez2018 Tradução livre. No original: *Qu'est-ce que la gouvernance?*

[200] A esse respeito ver os alentados trabalhos de NASSER, Salem H. **Direito global em pedaços: Fragmentação, regimes e pluralismo** *in* Revista de Direito Internacional, UniCEUB, Brasília, vol. 12, nº 2, 2015, pp. 98-126; e do mesmo autor o recentíssimo **O que se diz e o que se cala: a governança entre a fuga do direito e a busca pelo controle** Acessível http://periodicos.ufc.br/nomos/article/view/39812/95992 Acesso em 04jan2019.

ações políticas, especialmente em três áreas: relações internacionais, regulações econômicas e relações com os poderes locais.

Num Estado moderno em crise o relacionamento entre diferentes atores teve que ser reavaliado, com uma visão mais voltada à pluralidade de atores e de poderes multicêntricos, o que evidentemente não se coadunava com a visão clássica das relações de poder concebidas sob uma verticalidade hierarquizada. Passa a ser priorizada a relação em rede, na qual uma variedade de atores interage em cooperação ou em concorrência, o que implica uma nova forma de tomada de decisões e de ação pública. Em outras palavras: passa a ser necessário repensar a forma de governar e a relação entre o Estado e a sociedade.

Atualmente a ideia de governança tem fundamentalmente duas fontes: a das instituições políticas complexas (como os Estados federados descentralizados ou a União Europeia) e a das instituições empresariais (de inspiração norte-americana). A governança das instituições políticas complexas contempla a relação entre diferentes atores públicos e privados, que emergem de cadeias de poder distintas, por vezes entrelaçadas. As decisões sobre ações públicas devem ser eficazes, levando em conta a complexidade do espaço em que são adotadas:

> *"A governança de instituições políticas complexas promove a coordenação empírica entre os múltiplos atores presentes, bem como o desenvolvimento pragmático e negociado de padrões e instrumentos regulatórios".*[201]

A governança empresarial, por sua vez, encontra-se no prolongamento das modificações estruturais da economia, explorando um funcionamento corporativo menos hierarquizado, fundando-se sobre um postulado da escolha racional num contexto de livre circulação da informação e de colaboração. Haveria, portanto, uma cooperação entre atores públicos e privados com vistas à tomada de decisões racionais e horizontais, não mais verticalizadas a partir unicamente da autoridade estatal.

---

[201] CANET, op. cit., p. 4 Tradução livre. No original: *"La gouvernance des instituitions politiques complexes favorise une coordination empirique entre les multiplex acteurs présents ainsi que l'élaboration pragmatique et négociée des normes et des instruments de régulation."*

4. *CRIPTOMOEDAS* E ORDEM JURÍDICA: TENDÊNCIAS REGULATÓRIAS E GOVERNANÇA

O moderno conceito financeiro de *governança* está intimamente ligado, no cenário internacional, à participação do Banco Mundial no direcionamento da liberalização da economia através de ajustes estruturais condicionantes do apoio financeiro esperado, particularmente no caso dos países em desenvolvimento. Nesse contexto, a noção de governança surge como o meio de legitimar suas intervenções, determinando privatizações, descolamento entre os setores públicos e privados, limitação da dívida pública, limitação às despesas públicas crescentes e, enfim, determinando a adoção do que se convencionou chamar de uma "cartilha neoliberal". O Banco Mundial pretendia, nesse momento, utilizar a governança para trabalhar diretamente com as organizações sociais ou responsáveis políticos a fim de trazer a burocracia administrativa para uma "escola de gerenciamento", sem negligenciar a participação da sociedade civil.

Como resultado das diferentes formas de avaliar a *governança*, Canet nos alerta que a governança atual supõe: (1) a perda da centralidade da regulação estatal; (2) a negociação aberta entre os múltiplos atores econômicos e sociais; e (3) o descolamento entre as esferas públicas e privadas, que passam a atuar em parcerias. Esta forma de cidadania ativa permitiria superar o déficit de legitimidade que assola as elites políticas clássicas, e a democracia representativa em geral[202]. A *governança*, portanto, está intimamente ligada à fragmentação do poder do Estado e a novas formas de regulação da sociedade com base na multiplicidade de centros de tomada de decisão que se interconectam e interagem na formulação das políticas públicas.

Em ensaio aprofundado sobre regulação jurídica e globalização, André--Jean Arnaud delimita a perplexidade constante da atualidade, ao afirmar que

> *"[S]e tivéssemos que reunir em palavras-chave algumas das perguntas atuais que deixam colegas juristas, cientistas políticos e economistas muito perplexos,*

---

[202] Canet, no entanto, não nos apresenta esse novo modelo de governança como panaceia para os males da cidadania atual mas, ao contrário, indaga qual a força de negociação de uma sociedade civil fragmentada em uma multidão de reivindicações diversas e qual o impacto real de uma tal governança, senão a de propiciar uma aura de legitimidade a uma decisão tomada muitas vezes em função de interesses desconectados do interesse geral, considerado por muitos como "anacrônico".

há três que revelariam as preocupações dos últimos: alteridade, complexidade, globalização (...)"[203].

Discorrendo sobre os fenômenos que afetam as fontes tradicionais do direito, o autor revela o surgimento de um direito de "textura aberta", que procura acomodar as fontes tradicionais com os "valores" oriundos de sistemas econômicos ou técnico-científicos, valendo-se mais frequentemente de cartas, códigos de boa conduta e outros, que acabam por se tornar obrigatórios, mesmo não tendo origem na autoridade governamental.

Haveria, assim, uma "simbiose" entre as normas decorrentes dos sistemas econômicos ou técnicos científicos, de um lado, e as normas estatais de outro, numa verdadeira associação do setor privado aos poderes públicos na produção do direito. Esta simbiose, na verdade, revela um recuo do Estado tal como tradicionalmente compreendido em sua função soberana, em um conjunto de relações entre poder, direito e conhecimento. A primeira questão apresentada pelo autor, portanto, diz respeito ao papel atual do Estado no que se refere à regulação, visto que o setor privado tem se valido cada vez mais de normas particulares que acabam por ser adotadas de forma generalizada.

Da ideia tradicional do Estado soberano, que dita as leis, regulamenta as condutas e controla a execução das normas jurídicas, a autonomia dos Estados-nação sofreu grande limitação por força da interdependência que se faz cada vez mais presente numa economia globalizada. Esta interdependência acabou por revelar um enfraquecimento da soberania estatal, embora ainda reconhecida como atributo inafastável do Estado. Nas palavras de Arnaud,

> *"[o]ficialmente, a soberania dos Estados não é questionada, mas, de fato, os governos sofreram recentemente e sofrem diariamente mais com a erosão de sua autoridade devido, entre outras coisas, à porosidade de fronteiras, à dificuldade*

---

[203] ARNAUD, André-Jean. **De la régulation par le droit à l'heure de la globalisation. Quelques observations critiques.** In : *Droit et société* nº 35, 1997. Globalisation des echanges et éspaces juridiques. pp. 11 Tradução livre. No original : *"[s]i l'on devait regrouper autour de quelques mots-clés certaines des interrogations actuelles qui laissent des collègues juristes, politistes et économistes très perplexes, il en reste trois qui révéleraient bien les préocupations de ces derniers : altérité, complexité, mondialisation.(...)"*

4. *CRIPTOMOEDAS* E ORDEM JURÍDICA: TENDÊNCIAS REGULATÓRIAS E GOVERNANÇA

de controlar os fluxos monetários, de mercadorias e de informações transfronteiriços, aos avanços tecnológicos ".[204].

Assistimos assim a um movimento que parte da soberania singular e quase ilimitada para uma outra forma de organização política global, com uma tendência à perda da autoridade exclusiva dos Estados e à transferência de uma autoridade meta-política para outras instituições ou atores não governamentais. Isso se mostra de forma mais clara nos blocos regionais, em que há regulamentação originada do conjunto supra estatal destinada a surtir efeitos em diferentes Estados do mesmo bloco. Desta forma, ainda que os Estados continuem a ser a referência relativa a toda a tomada de decisão em seu âmbito nacional, no nível internacional organizações que se assemelham às dos Estados (ou que de certa forma representam uma coordenação entre vários Estados) começam a ditar parâmetros de regulação, que em algum momento requerem a intervenção do direito. Claro está que uma tal modificação, partindo da soberania para uma outra forma de organização política, não se limita aos blocos regionais. A normatização emanada de diferentes atores globais modela um sistema em que a soberania estatal é constantemente desafiada, com a coexistência de regras estatais e não estatais derivadas de alterações na tessitura econômico social em sua inarredável marcha histórica.

Nesse sentido,

> *"[o] direito estatal também é cada vez mais retransmitido por órgãos que, de acordo com a hierarquia tradicional, estão abaixo dele. Estamos testemunhando uma mudança da produção legal em direção a poderes econômicos privados; observamos a importância do papel desempenhado pelas empresas, códigos de conduta privados, o desenvolvimento de um direito negociado, a crescente legalização da padronização técnica etc."*[205].

---

[204] ARANAUD, op. cit., p. 13 Tradução livre. No original: *"[o]fficielement, la souveraineté des États n'est pas remise en question, mais, dans les faits, les gouvernements ont récemment subi, et subissent chaque jour davantage, une érosion de leur autorité due, entre autres, á la porosité des fronteires, à la dificulte de contrôler les flux transfrontaliers monétaires, des marchandise et d'information, aux avancées technologiques"*

[205] ARNAUD, op. cit., pp 14/15 Tradução livre. No original: *"[l]e droit étatique est aussi relayé, de plus en plus, par des instances qui se situent, selon la hiérarchie traditionnelle, au-dessous de lui. On assiste à un déplacement de la production juridique vers des pouvoirs privés économiques ; on note*

CRIPTOMOEDAS

Nota-se, portanto, uma crescente produção normativa derivada dos "poderes privados econômicos", que cada vez mais interessam aos Estados, uma vez que inegavelmente acabam por impactar seus nacionais.

A ação da sociedade civil na formatação de políticas públicas, por exemplo, tem apresentado uma relevância cada vez maior dos atores privados face ao Estado. O cidadão deixa de se submeter ao direito simplesmente porque esta é a lei dada, a norma a ser seguida, para avaliar as normas que lhe são impostas sob o ponto de vista de eficiência e eficácia das mesmas, *"[d]e modo que o direito não se mostrará atualmente como representativo do conjunto da atividade pública"*[206].

Esse "movimento pendular" que aponta a perda da autoridade exclusiva do Estado em direção a uma outra forma de organização política global não é uniforme e, na visão de Arnaud, apresenta diferentes graus de intervenção de forças não estatais que acabam por reduzir o poder do Estado quanto à sua função de produtor do direito. Os diferentes graus de intervenção permitiriam a existência de um direito estatal *retransmitido*, um direito estatal *suplementado* e um direito estatal *suplantado*. Evidentemente, com um movimento pendular, os diferentes graus de intervenção podem ir e vir, de forma que a existência de um direito estatal mais ou menos sujeito a estas mesmas intervenções não é algo estático, sendo possível passar de um grau mínimo para o máximo (e vice-versa), dependendo da dinâmica dos acontecimentos e, particularmente, da agilidade do Estado e das forças da sociedade civil (especialmente econômicas) na organização das regras adequadas a cada momento.

Como exemplo de direito estatal *retransmitido* temos os blocos regionais, tais como a União Europeia, o NAFTA, o MERCOSUL, o CCG (Conselho de Cooperação do Golfo), entre outros. Tais blocos, que reúnem países de determinadas regiões do globo, tendem a modificar a soberania estatal como tradicionalmente conhecida. Embora os Estados continuem a ser o centro da produção do direito nacional, a conjugação de interesses comuns e a busca por soluções mais eficientes para todos faz com que surjam normas intermediárias voltadas para o funcionamento do bloco e que sem dúvida impactam a tradicional concepção de soberania estatal. Nestas circunstâncias é vigoroso

---

l'importance du rôle joué par les corporations, les codes de conduite privés, le dévelopement d'un droit négocié, la juridicisation croissante d'une normalisation technique, etc"

[206] ARNAUD, op. cit, pp. 16/17 Tradução livre. No original: « *[e]n sorte que le droit ne saurait être aujourd'hui répresentatif de l'ensemble de l'activité publique* »

4. *CRIPTOMOEDAS* E ORDEM JURÍDICA: TENDÊNCIAS REGULATÓRIAS E GOVERNANÇA

o papel desempenhado por grandes corporações privadas, com seus códigos de conduta e a negociação de regras como forma de se chegar a uma normatização aceitável para todos. Claro está, no entanto, que a normatização produzida por entes privados toma como referência a formulação jurídica, não se fazendo jamais à margem do direito e menos ainda *contra* o mesmo[207]. Por essa razão haveria uma "retransmissão" das normas jurídicas dos componentes de um mesmo bloco, moldadas também por condutas de atores não governamentais, de forma a alcançar um normativo comum que, por sua vez, será também "retransmitido" ao interno dos Estados formadores de cada bloco, de modo a conformar as novas regras de seus nacionais.

O direito *suplementado*, por sua vez, encamparia questões que desbordam dos estreitos limites territoriais dos Estados, notadamente questões relacionadas ao clima e ao meio ambiente. A necessidade de alcançar uma regulamentação que ao mesmo tempo permita a continuidade das indústrias, do comércio ao redor do mundo e a manutenção de um patamar mínimo de preservação do meio ambiente que impeça a evolução de mudanças climáticas indesejáveis parece demonstrar a necessidade de uma *suplementação* do direito estatal nacional por um tipo de regulação mundial que muitas vezes ultrapassa fronteiras sem que os Estados possam se opor à essa suplementação originada fora de sua soberania.

Esse fenômeno é verificado também em matéria econômica. Os Estados enfrentam um dilema com o surgimento de um mercado mundial que escapa à sua autoridade única, não podendo ao mesmo tempo deixar de participar da gestão da economia global, o que poderia fazer com que perdessem o controle de seus efeitos nos limites dos respectivos territórios. *"A Convenção de Marrakech e o estabelecimento de uma Organização Mundial do Comércio vão nessa*

---

[207] Arnaud traz aqui um exemplo para demonstrar como é difícil separar os diferentes graus de interferência da sociedade civil na soberania estatal, ao mencionar situações particulares: *"Il convient d'ajouter à ces exemples le développement des modes de négociation, de médiation, de conciliation introduits à doses de plus en plus importantes dans les procédures judiciaires dans la plupart des États. L'État, tout en conservant la maîtrise du procédé, délègue en quelque sorte la possibilité de dire le droit à un plus grand nombre de personnes entre lesquelles surgit un conflit, et dans une plus grande latitude. À ce faire, et de manière récurrente, l'État ne finit-il pas par concéder aux citoyens et aux instances locales ou alternatives auxquelles ce pouvoir est confié la possibilité de le suppléer ? On touche ici du doigt la difficulté qu'il y a à tracer une frontière précise entre ce qui tient du relais et ce qui tient de la suppléance ».*(op. cit., p. 16)

CRIPTOMOEDAS

direção: isto é, a suplementação está destinada a aumentar, ou mesmo se transformar em destituição da autoridade do Estado em matéria de decisão econômica.[208]» A soberania estatal, aqui, é inevitavelmente reduzida, para dar lugar a uma *suplementação* de normas que, não sendo originárias de uma autoridade estatal única, serão reconhecidas e aceitas nos limites de seu território. Em matéria econômica, num mundo globalizado, rechaçar a suplementação normativa equivaleria a negar-se a participar do mercado global, com evidentes prejuízos para seus nacionais e para a economia local como um todo.

Finalmente, o direito estatal arrisca-se a ser *suplantado* por outros tipos de regulação global em vista da emergência de ordens quase instintivas que escapam à regulação formal oficial. Esse risco ocorre sobretudo no caso dos mercados financeiros ditos "espontâneos", sendo que as empresas multinacionais se tornam os atores centrais da globalização das relações econômicas, escapando muitas vezes da regulação tanto nacional quanto internacional. Nesse sentido Arnaud considera que o direito Estatal poderia ser suplantado: *"O direito estatal, que sempre tem, em princípio, o monopólio da lei, parece ser uma estrutura cada vez mais ausente quando se trata de relações jurídicas de fato, que ocorrem cada vez mais à margem do direito estatal.*[209]"

No cenário internacional, no entanto, é que se verifica mais facilmente – especialmente no momento atual – como o Estado se deixa suplantar em sua prerrogativa de dizer o direito. Os movimentos sociais, principalmente – e particularmente nos países sem uma tradição democrática – criam uma definição alternativa da democracia para aí incluir aspectos das práticas sociais e culturais e não apenas aquelas concernentes ao Estado. Surge, daí, um novo conceito de cidadania que, por consequência, acaba por renovar o próprio conceito de democracia[210]. A cidadania assume uma conformação que ultrapassa os limites territoriais, sendo entendida não apenas como um *status* pessoal, mas como um conjunto de atitudes, perspectivas e desejos

---

[208] Arnaud, op. cit., p. 19 Tradução livre. No original: *La convention de Marrakech et l'établissement d'une Organisation mondiale du commerce se situent dans cette lignée: c'est dire que la suppléance est destinée à s'accroître, voire se muer en éviction de l'autorité étatique en matière de décision économique.*

[209] Arnaud, op. cit., pp. 20-21 Tradução livre. No original: « *Le droit étatique, qui a toujours, en principe, le monopole du droit, apparaît comme une structure de plus en plus absente lorsqu'on traite des relations juridiques de fait, qui se passent de plus en plus en marge du droit étatique.* »

[210] Arnaud, op. cit., p. 22

4. *CRIPTOMOEDAS* E ORDEM JURÍDICA: TENDÊNCIAS REGULATÓRIAS E GOVERNANÇA

que não cabem mais num determinado território limitado por fronteiras. A ultrapassagem das fronteiras parece ser um marco na nova cidadania e, particularmente, na cidadania alimentada pela nova tecnologia e pela rede mundial de computadores.

A transformação pela qual passa o Estado faz com que a regulação social, jurídica, de produção normativa, de produção do direito ou mesmo de tomada de decisões políticas deva levar em conta a fragmentação[211] da soberania e a segmentação do poder que caracteriza a sociedade moderna.

> *"Fragmentação, porque o princípio de que o Estado tem autoridade suprema sobre todos os assuntos dentro de seus limites territoriais não se aplica mais na prática. Segmentação, porque, na medida em que essa fragmentação coincide com campos de ação específicos, o poder é dividido em campos de regulação relativamente autônomos, cada um tendo seu objeto, seus atores e seus modos de decisão e implementação dessas decisões. Compreende-se que os modos de produção da regulação – e mais precisamente os modos de produção do direito – não podem senão ser consequentemente afetados.[212]"*

[211] Interessante notar que Picciotto também identifica a fragmentação estatal na origem da nova forma de governança, considerando que a fragmentação do Estado decorre dessa situação, em que o papel regulador é atribuído a entidades semiautônomas do governo em si, por vezes inclusive instituições privadas. (PICCIOTTO, Sol **Regulating Global Corporate Capitalism** Cambridge University Press, 2011, pp. 12/17)

[212] Arnaud, op. cit., p. 23 Tradução livre. No original: « *Fragmentation, parce que le principe que l'État a l'autorité suprême sur toutes les matières à l'intérieur des ses frontières territoriales ne se vérifie plus dans les faits. Segmentation, parce que, dans la mesure où cette fragmentation coïncide avec des domaines d'action spécifiques, le pouvoir se trouve fractionné en champs de régulation relativement autonomes ayant chacun son objet, ses acteurs et ses modes de décision et d'implémentation de ces décisions. On comprendra que les modes de production de lá régulation – et plus précisément les modes de production du droit – ne puissent qu'en être affectés.* »

O autor passa a discorrer em seguida sobre os modos contemporâneos de produção e implementação de normas jurídicas, apresentando uma reflexão fascinante que, no entanto, ultrapassa os limites do presente trabalho, razão pela qual cabe-nos apenas remeter o leitor interessado num maior aprofundamento ao excelente trabalho sobre os poderes e a soberania do Estado contemporâneo. Sobre a fragmentação da autoridade estatal e a governança internacional remete-se o leitor novamente ao trabalho de NASSER, Salem H. **Direito global em pedaços: Fragmentação, regimes e pluralismo** *in* Revista de Direito Internacional, UniCEUB, Brasília, vol. 12, nº 2, 2015, pp. 98-126

CRIPTOMOEDAS

É preciso ainda reconhecer que, num mundo globalizado, não é possível tratar de forma isolada certos temas que se referem ao próprio equilíbrio mundial, tais como os do clima, do meio ambiente, da segurança e da economia. Para ficarmos num exemplo bastante recente, basta que nos lembremos dos efeitos da crise econômica de 2008, que começou na Suécia e acabou por alcançar os Estados Unidos, de onde se espalhou para todo o mundo. Os sistemas financeiros estão interligados num mundo altamente dinâmico e dificilmente um problema que se origine num determinado centro econômico deixará de ter reflexos em outro (embora a velocidade e o alcance destes reflexos dependam, naturalmente, da importância e do tamanho do mercado em que se originam).

Esse quadro reforça a ideia de que a regulação estatal nos limites de determinado território não parece atender mais à realidade dos fatos. Não basta a soberania estatal a impor suas leis sobre determinado fenômeno para que este seja adequadamente organizado e, mais importante, para que seus efeitos sejam direcionados ao bem comum, com a força executória da autoridade da qual emana a regulamentação. Os diversos centros de regulação que suplementam ou suplantam a formação normativa estatal mostram-se cada vez mais ativos e oferecem meios de coerção (reputacional, por exemplo) que avançam sobre o campo de atuação anteriormente reservado de forma exclusiva ao Estado.

A liberalização econômica leva a uma fragmentação maior do Estado (premido por pressões na esfera política), permitindo o crescimento de formas de regulação híbridas (formas de regulação público-privadas), decorrentes de uma conformação dual de interesses privados e estatais, das quais um exemplo é a do mercado financeiro internacional e da *Internet*. O mercado financeiro internacional é autorregulado, de forma bastante forte, mas essa autorregulamentação não é totalmente autônoma, pois se entrelaça com regulações estatais em situações nas quais a governança privada é ausente ou fraca. A *Internet*, por sua vez, embora à primeira vista ofereça a ideia de um cenário descentralizado e, portanto, anárquico, é na verdade um sistema altamente ordenado por normas e regras elaboradas por instituições privadas, que resultaram num ordenamento bastante mais bem sucedido que as diferentes tentativas de regulação realizadas por órgãos públicos.

Discorrendo sobre as modificações nas feições estatais e no impacto que determinadas normas causam sobre os cidadãos, Picciotto nos remete a um

4. *CRIPTOMOEDAS* E ORDEM JURÍDICA: TENDÊNCIAS REGULATÓRIAS E GOVERNANÇA

modelo de governança em rede[213], indicando três grandes características desses novos modelos regulatórios internacionais que, segundo ele, seriam:

(a) *uma desestabilização da hierarquia normativa* – O modelo clássico liberal continha categorias claras e hierarquizadas no que se refere à governança: O Direito Internacional regulava Estados e o Direito Nacional regulava seus cidadãos. Era possível, assim, determinar quais regras se aplicavam a determinada transação ou atividade. No modelo em rede isso não é mais possível, pois os sistemas normativos se sobrepõem e pode-se questionar a aplicação de determinada regra por referência a outro sistema;

(b) *uma distinção obscura entre as formas normativas* – o declínio da distinção entre leis públicas e regras de caráter privado pode ser claramente observado na medida em que há uma mudança da observância das normas formais para a observância dos regulamentos privados ou da chamada *soft law*. Embora esta seja geralmente considerada mais "fraca" (inclusive por sua origem não estatal), sua força depende principalmente de sua efetividade e controle. Sendo efetiva e controlada, a *soft law* reveste-se de força considerável, como se dá, por exemplo, com as recomendações do Financial Action Task Force (FATF), da qual o Brasil é membro desde 2000. Os regulamentos do FATF têm repercussão inegável nas regulações estatais locais, de forma a tornar efetivo o combate à lavagem de dinheiro e ao financiamento de atos terroristas. A ideia do FATF é, entre outros objetivos, identificar diferentes níveis de vulnerabilidades nacionais para proteger o sistema financeiro internacional contra abusos ou desvios. O crescimento da *soft law* e a confusão entre direito público e privado indicam que as relações internacionais atuais não se enquadram mais no conceito clássico liberal de acordos entre Estados, uma vez que a *soft law* permite o desenvolvimento e aplicação de disposições regulatórias diretamente, sem que seja necessária a consulta e aprovação de ministros e ministérios, tornando sua adoção mais ágil e eficaz;

[213] Picciotto, op. cit., p. 17/24

(c) *uma fragmentação funcional, com tendência a maior tecnicidade e legitimidade* – decorre da fragmentação estatal que passa a delegar atividades públicas a órgãos técnicos, o que também reflete mudanças na relação entre a esfera pública e privada. A fragmentação da estrutura hierárquica, dando vez a uma governança em rede, no entanto, requer interações reflexivas baseadas na comunicação racional, o que pode impactar as formas deliberativas e os discursos democráticos. Devemos ter cuidado para não cair num tecnicismo exagerado, que afaste a esfera política dos debates e da tomada de decisões, o que poderia levar o pêndulo para um extremo não desejável.

Com base nestes três pontos norteadores da governança em rede, ou da normatização estatal *suplementada* ou *suplantada*, cabe refletir sobre um aspecto específico da soberania estatal que até então parecia infenso a grandes desafios: o poder de emitir moeda[214]. Depois que o Estado reuniu sob seu domínio o poder exclusivo de emitir moeda dentro de seus limites, até o século XX não parece ter havido real desafio a este poder. A regulação da moeda, sua emissão, validação e a garantia de seu valor estão sob a égide dos Estados, sendo que episódios de possíveis moedas "paralelas"[215]. haviam sido até então extintos ou abarcados pela regulação estatal. O surgimento das *criptomoedas* parece ter sido o primeiro real desafio a esta porção da soberania do Estado.

O advento da tecnologia *blockchain* trouxe para o cenário uma possibilidade até então desconhecida. E não se está falando da possibilidade de transferir dinheiro de um ponto a outro do globo de forma rápida. Esta já existia com a chamada "moeda eletrônica", que nada mais é que a representação da moeda fiduciária em um meio eletrônico. A novidade da "moedas eletrônica" foi o início da desmaterialização da moeda fiduciária aliada à possibilidade de

[214] Embora a forma de produção das normas possa ter se modificado ao longo do tempo, com a fragmentação do poder soberano do Estado, não há como negar a importância e o vigor do Estado mesmo nos dias em que tal fragmentação se faz mais evidente. A verdadeira teia de regulamentos atuantes nas diversas jurisdições, sejam tais regulamentos produtos da *hard* ou da *soft law*, não substitui a importância do Estado como indutor e garantidor do bem-estar coletivo. A autoridade estatal continua indiscutível no que se refere à garantia (e implementação prática desta garantia) dos direitos de cada ser humano sujeito à determinada soberania. A menos, é claro, que se queira voltar à barbárie.
[215] Como o caso das chamadas "moedas sociais", a que já nos referimos.

4. *CRIPTOMOEDAS* E ORDEM JURÍDICA: TENDÊNCIAS REGULATÓRIAS E GOVERNANÇA

circulação em meio eletrônico. Mas sempre continuou a ser a moeda fiduciária, emitida e controlada pelo Estado.

O que a nova tecnologia permitiu foi a criação de uma "moeda" não estatal, apta a promover, entre outros, a compra e venda de bens e serviços e cuja transferência se dá de forma mais rápida que as transferências eletrônicas convencionais, de modo absolutamente transparente e sem necessidade de intermediários. Há, sem dúvida, uma regulação deste novo fenômeno. Não se trata, como vimos há pouco sobre a Internet, de um sistema anárquico, apenas pelo fato de ser descentralizado. Ao contrário: pelo fato de ser descentralizado e totalmente aberto, visível em tempo real a todos os participantes, é necessário que haja uma ordem rigorosa para que se evite contratempos e incongruências que acabariam por destruir o próprio sistema.

Qualquer *criptomoeda* tem regras de criação, manutenção e transferência plenamente estabelecidas, tanto em termos normativos internos (sujeição de seus adeptos às normas propostas) como em termos tecnológicos, já que o funcionamento das respectivas plataformas não pode se dar senão dentro dos parâmetros de engenharia computacional determinados. Há diferentes graus de comprometimento com o *blockchain*, dependendo se o interesse do usuário é ser um *minerador*, um *verificador* ou *validador* de transações, ou se seu interesse é apenas o de ser um detentor de *criptomoedas* para uso próprio (em transações comerciais ou para fins especulativos). Toda a engenharia do *blockchain* e das transações em *criptomoedas* obedece a regras rígidas que, se não observadas, simplesmente não permitem que se conclua a transação iniciada. É assim que a simples remessa de determinado valor em *criptomoedas* para outra pessoa só é completada depois que algum dos demais participantes da rede consegue solucionar o problema consistente na verificação da efetiva titularidade daquele valor pelo remetente e da disponibilidade atual do mesmo para que possa ser finalmente transferido. Não se trata, como se vê, de um sistema desregulado, mas sim de algo planejado para que funcione dentro de determinados padrões de conduta. A novidade está no fato de que tanto as regras que incidem sobre a criação, manutenção e transferência quanto as próprias *criptomoedas* são privadas, desprovidas de qualquer ingerência estatal.

As *criptomoedas* podem não representar ainda um volume de transações que impactem os sistemas financeiros nacionais e a regulação monetária estatal. Pode ser que isto nunca venha a ocorrer. Mas é inegável que esta é a primeira vez no mundo conectado pela rede de computadores que uma iniciativa privada é bem sucedida no desafio à autoridade estatal no que concerne a emissão de moeda com a possibilidade de oferecer ao público um meio de pagamento paralelo àquele regulado pelo Estado e fora de sua influência direta.

Mesmo que as *criptomoedas* não se tornem um risco aos sistemas monetários nacionais, parece que será necessário – se continuarem a jornada que já superou os dez anos – harmonizar regras privadas e regras públicas, para minimizar os impactos que tais "moedas virtuais" já têm causado em diferentes partes do globo. As preocupações crescentes dos Poderes Judiciários na regulação dos efeitos da utilização das *criptomoedas* e a atenção constante de órgãos nacionais e internacionais sobre o tema levam a crer que se está diante de mais um fenômeno que demanda uma acurada avaliação de um novo modelo de governança nesta ordem mundial cada vez mais descentralizada, sempre tendo em mente as assimetrias presentes nos partícipes desse fenômeno, de modo a minimizá-las tanto quanto possível.

5
Conclusões

5.1 Hipóteses sobre a natureza jurídica das *criptomoedas*

O fenômeno conhecido como *criptomoedas*, "moedas digitais" ou "moedas virtuais" tem atraído a atenção de acadêmicos, agentes públicos e privados[216]. Muito se tem falado sobre as *criptomoedas* que ora são tidas como um risco à legalidade e à institucionalidade, pois teriam sido criadas e se destinariam primordialmente para atender a objetivos escusos e criminosos, ora são tidas como a panaceia do problema monetário, com a facilitação de transações ponto a ponto, sem intermediários e de modo absolutamente transparente, reduzindo custos de transação e facilitando o comércio seja qual for sua dimensão.

Publicações singelas e mais complexas têm se multiplicado para oferecer aos interessados a compreensão do fenômeno que, no entanto, não parece ser tão simples quanto à primeira vista se esperava[217]. Alguns defendem a

---

[216] A título exemplificativo ver o trabalho de LITWACK, Seth. **Bitcoin: Currency of fool's gold? A comparative analysis of the legal classification of bitcoin**. Temple International & Comparative Law Journal, 2015.

[217] Avolumam-se publicações que procuram explicar tanto o *bitcoin* como a tecnologia *blockchain*. Para citar apenas algumas: Revista Super Interessante, Edição 384, janeiro de 2018, Ed. Abril, que estampava em sua capa o seguinte título: **"Bitcoin: a maior febre da história do dinheiro."**; Edição especial do Guia Mundo em Foco especial atualidades, Ed. 2, Ano 1, On Line Editora, 2017, publicação com 98 páginas, dedicada exclusivamente ao fenômeno, tendo por título **"O dinheiro do futuro?"**; Artigo **"A verdade sobre a *Blockchain*"**, Harvard Business Review Brasil, Abril de 2017, pp. 72/81.

ideia de que as *criptomoedas* são verdadeiras moedas, outros consideram-nas ativos financeiros, outros identificam as *criptomoedas* com valores mobiliários e assim sucessivamente, conforme o observador valoriza um ou outro aspecto do fenômeno.

A dificuldade parece residir na utilização generalizada de um mesmo termo para realidades diferentes. A tecnologia *blockchain* permitiu o surgimento da *criptomoeda bitcoin*, que até hoje é a mais famosa e mais utilizada de todas as *criptomoedas*. O novo fenômeno, portanto, contempla duas novidades peculiares e desafiadoras: as *criptomoedas* e a tecnologia por trás delas. Sem a *Distributed Ledger Technology* ou *blockchain* não seria possível criar, manter ou transacionar os *bitcoins*, por exemplo. Mas a recíproca não é verdadeira. O *blockchain* não precisa de uma *criptomoeda* para desempenhar suas funções. Tanto assim que hoje há estudos para utilização desta tecnologia em diferentes campos, como já tivemos oportunidade de mencionar ao longo do trabalho. De todo modo, o surgimento dos *bitcoins* necessariamente atrelados ao *blockchain* acabou por difundir a equivocada ideia de que se tratava de um único fenômeno, indissociável, o que permitiu a associação de *criptomoedas* com utilização do *blockchain* e vice versa.

Essa confusão ocorre mesmo entre aqueles que têm maior familiaridade com o assunto, não sendo incomum encontrar, por exemplo, quem imagine que os chamados *smart contracts*, por se desenvolverem num ambiente de tecnologia *blockchain*, devem necessariamente ter seus pagamentos estabelecidos em *criptomoedas*.

A velocidade com que o fenômeno se desenvolveu e a difusão acelerada da característica "disruptiva" da tecnologia *blockchain* não permitiram uma aproximação detalhada de muitos de seus aspectos. Talvez essa circunstância explique – ao menos em parte – a grande dificuldade de avaliação e categorização das chamadas *criptomoedas*.

Ora denominadas *criptomoedas*, ora *moedas virtuais* ou ainda *moedas digitais*, estas representações de valor podem assumir diferentes características, o que em determinados momentos pode aproximá-las das moedas, tal como as conhecemos, em outros pode identificá-las com valores mobiliários e em outros ainda revesti-las de características de bens imateriais ou direitos diversos.

Essa mutabilidade do que se convencionou chamar *criptomoedas* faz supor que estamos diante de diferentes institutos que, devido à novidade do assunto,

5. CONCLUSÕES

têm sido tratados como se fossem uma única e nova categoria jurídica. Talvez seja assim. Mas a hipótese mais provável parece ser a de que estamos na verdade diante de um gênero com diferentes espécies dotadas de características diversas.

O gênero seria o *token* hoje comumente designado como *criptomoeda*, que pode assumir contornos de *moeda virtual*, de valor mobiliário ou de representação de direitos atuais ou futuros. O ponto comum entre todos é o fato de serem criados e transacionados no *blockchain*, não tendo existência física concreta, senão nos *bits* armazenados em meios digitais.

A gênese do *token* pode ser a chave para uma qualificação jurídica mais adequada de cada *criptomoeda*. Note-se que os *tokens* destinados a efetuar compras ou trocas por moedas tradicionais são geralmente *minerados*, ou seja, são criados a partir da solução de problemas matemáticos complexos[218]. Outros *tokens*, destinados a fomentar o surgimento ou crescimento de determinados empreendimentos, não são "minerados", mas sim adquiridos (com moedas tradicionais ou *criptomoedas*), sendo que seus titulares tornam-se detentores do direito a usufruir, no futuro, de determinados benefícios estabelecidos quando da emissão destes *tokens*. Temos aqui os chamados ICOs (*Initial Coin Offers*) que em muito se assemelham aos IPOs (*Initial Public Offerings*) – ofertas públicas de ações. Finalmente, há *tokens* que se destinam exclusivamente a financiar determinados projetos, conferindo a seus titulares o direito estabelecido pelo criador do projeto financiado. Trata-se de um *crowdfunding* – financiamento coletivo – realizado por meio de emissão de *tokens* com valores específicos, a serem adquirido por quem se disponha a financiar uma empreitada contra o recebimento da vantagem futura determinada pelo autor do projeto.

Como se vê, embora comumente denominados *criptomoedas*, estes *tokens* na verdade traduzem diferentes institutos, unidos pela característica tecnológica de serem criados, armazenados e transacionados por meio do *blockchain* e pelo fato de nenhum deles ter existência física. Parece cômodo designar todas estas realidades como *criptomoedas* ou *moedas virtuais* ou *moedas digitais*,

---

[218] Como mencionado em nota anterior, a mineração de *criptomoedas* corresponde à primazia na solução de complexos problemas matemáticos destinados a confirmar a titularidade e disponibilidade dos valores que se pretende transferir. Aquele que primeiro soluciona tais problemas faz jus ao recebimento de um pequeno percentual do montante transacionado, que lhe é atribuído através da criação de novas *criptomoedas*.

mas esta comodidade não ajuda a desvendar as características próprias de cada situação, perpetuando um equívoco que dificulta a correta compreensão dos contornos jurídicos do novo fenômeno.

Ao analisarmos o fenômeno como um gênero *ativo imaterial* ou *ativo virtual* podemos conceber diferentes espécies desse mesmo gênero, tal como os ativos *moeda, valor mobiliário, bem incorpóreo* ou *direito*. Será útil estabelecer parâmetros diferenciadores das espécies do gênero *ativo virtual*, inclusive no que se refere à terminologia a ser utilizada na denominação de cada uma de suas espécies.

Uma alternativa, para tentar manter algo da nomenclatura aparentemente consagrada pelo público, seria designar o gênero como *criptoativos*, enquanto as espécies poderiam adotar diferentes terminologias, tais como, por exemplo: *criptomoedas* (termo que ficaria restrito aos *criptoativos* criados por meio de mineração, passíveis de aquisição por mineração ou por compra – com moeda tradicional ou *criptomoeda* – e destinados fundamentalmente a servir como meio de troca, meio de pagamento); *criptovalores* (restrito aos *criptoativos* criados por mineração mas não passíveis de aquisição por esta mesma forma, limitando-se à aquisição por compra, cessão, transferência ou doação – sendo a compra efetuada em moeda tradicional ou *criptomoeda* – e destinados fundamentalmente a capitalizar determinado empreendimento contra a concessão de certos direitos de participação nos lucros e resultados, por exemplo); *criptobens* (restrito aos *criptoativos* criados por meio digital e inseridos no *blockchain* – não necessariamente por mineração – passíveis de aquisição por compra e venda, cessão ou doação, conferindo a seu titular o direito de propriedade sobre o referido bem ou a titulação de determinado direito).

A alternativa terminológica sugerida tem por objetivo demonstrar as diferenças entre as várias espécies do gênero que hoje se convencionou chamar indistintamente de *criptomoedas*. Trata-se, no entanto, de mera hipótese que, evidentemente, comporta ajustes e desenvolvimento mais apurado, tarefa esta que esperamos possa encontrar interessados a partir desta reflexão inicial.

De toda forma, para além da sugestão classificatória, cabe responder à pergunta que suscitou a reflexão deste trabalho. Se o parâmetro para avaliarmos se a *criptomoeda* é uma verdadeira moeda, tal como hoje a conhecemos, podemos responder à nossa indagação inicial concluindo que, no estágio atual, a *criptomoeda* não pode ser qualificada da mesma maneira que a moeda que hoje utilizamos. Poderá ser considerado um processo de evolução da moeda

5. CONCLUSÕES

se e quando a *criptomoeda* tiver um nível de aceitação mínimo para que possa exercer o mesmo papel da moeda corrente. Enquanto sua aceitação estiver restrita a um grupo de entusiastas (ainda que em números absolutos possam parecer significativos, os usuários das *criptomoedas* são relativamente poucos se comparados aos usuários da moeda tradicional) não estaremos diante de uma moeda que desempenhe adequadamente sequer sua função de meio de troca. Em sua conformação atual, e levando em conta os institutos hoje conhecidos, a *criptomoeda* poderá ser considerada um valor mobiliário ou uma *commodity*, a depender de sua gênese, na linha classificatória sugerida acima.

5.2 Avaliação de uma possível linha regulatória local ou global

Tomando por base a hipótese de que estamos diante de uma realidade que abarca várias espécies de um mesmo gênero, parece lógico imaginar uma ramificação natural da regulação do novo fenômeno. Não nos parece possível, ou ao menos aconselhável, que se procure regular os *criptoativos* sob um padrão único. Tratando-se de um novo fenômeno que apresenta forma "camaleônica", como já mencionamos, é preciso que cada "cor do camaleão" leve a um regulamento particular, sem o que será difícil chegar a um padrão de regras capaz de abarcar todos os matizes presentes na figura sob estudo.

Essas dificuldades têm se evidenciado nas tentativas regulatórias ao redor do mundo. Como vimos, em uma mesma jurisdição há frequentemente diferentes órgãos regulatórios que reivindicam a primazia na regulação do fenômeno, o que não raro acarreta situações de superposição regulatória, sem que os efeitos dessa regulação alcancem os objetivos desejados. Não basta estabelecer regras. É preciso que sejam efetivas, que se ajustem ao fenômeno e sejam capazes de acompanhar seu desenvolvimento sem uma excessiva rigidez, que pode acabar por oferecer nenhuma regulação, exatamente pelo excesso de regulamentos superpostos em situações nem sempre iguais.

Alguns Estados têm procurado regular os *criptoativos* levando em conta especialmente duas de suas espécies, que parecem mais evidentes ao público: as *criptomoedas* e os *criptovalores*. Essa confusão terminológica, como já anotamos, impede uma visão mais definida do fenômeno, fazendo com que

CRIPTOMOEDAS

Bancos Centrais, Comissões de Valores Mobiliários e outros órgãos regulatórios (particularmente os órgãos destinados ao controle tributário) procurem estabelecer molduras normativas adequadas a um fenômeno que tem características diferentes em cada forma de atuação proposta.

A característica comum dos *criptoativos*, como acima indicado, parece ser sua intangibilidade física e sua vinculação necessária à tecnologia *blockchain*. Isto, no entanto, não é suficiente para que se procure desenvolver um arcabouço regulatório capaz de enfrentar as dimensões variáveis do fenômeno que ora pode se mostrar próximo a uma moeda privada, ora pode estar mais associado a uma ação ou debênture. É preciso, portanto, buscar linhas regulatórias destinadas a organizar os *efeitos* de cada *criptoativo* no arcabouço das diferentes jurisdições. Dessa forma, cada órgão regulatório observaria os impactos de determinada espécie de *criptoativo* e, constatando que a transação com este *criptoativo* tem impacto em sua área de espaço gerencial, procuraria estabelecer linhas regulatórias inaugurais, de modo a iniciar uma organização eficiente do fenômeno avaliado.

É fácil constatar que as diferentes espécies de *criptoativos* tenderiam a ser reguladas por órgãos também diversos, considerando as características de cada um. Para não nos alongarmos neste estudo, e tendo em vista os limites a que nos propusemos, passamos a avaliar uma possível linha regulatória dos *criptoativos* que se destinam a servir como meio de troca, ou meio de pagamento: as *criptomoedas*.

Como se sabe, dentre as *criptomoedas* mais conhecidas e mais experimentadas ao longo dos últimos anos encontra-se o *bitcoin*, que por esta razão será tido como modelo para o exercício reflexivo sobre linhas regulatórias possíveis do novo fenômeno.

A confusão semântica levou diferentes órgãos regulatórios a promover alertas ou mesmo estabelecer normas buscando alcançar o *bitcoin*. Os bancos centrais ao redor do mundo preocuparam-se com a possível emergência de uma moeda paralela cuja emissão estaria fora do controle estatal, com os evidentes riscos e desafios inerentes a uma tal situação. Não sendo o *bitcoin* uma moeda estatal, pouco ou nada puderam fazer os bancos centrais a não ser alertar seus cidadãos sobre os riscos associados a seu uso e confirmar que têm acompanhado a evolução do fenômeno bem como os respectivos estudos ao redor do mundo.

5. CONCLUSÕES

É certo que transações com *bitcoins* efetuadas por meio de corretoras especializadas ("*bitcoin exchanges*") também demandaram atenção dos órgãos reguladores, particularmente dos bancos centrais e comissões de valores mobiliários, na medida em que há movimentos de ambos para tentar incluir tais corretoras no sistema regulatório das instituições financeiras no que se refere à transferência de valores (no caso dos bancos centrais) ou das corretoras de valores mobiliários, quanto à própria forma de emissão e colocação de títulos no mercado (no caso das comissões de valores mobiliários). Essa tentativa de enquadramento legal das *exchanges* por diferentes órgãos regulatórios novamente põe às claras a dificuldade conceitual de um fenômeno múltiplo denominado de forma unívoca. Se o *criptoativo* almejar desempenhar um papel semelhante ao da moeda, especialmente na sua função meio de pagamento, então talvez a linha regulatória respectiva devesse estar primordialmente a cargo dos bancos centrais, pois a atuação das *exchanges* estaria muito próxima da atuação dos bancos (como mantenedores das *carteiras virtuais* e cumpridores das ordens de transferência, por exemplo) ou dos corretores de câmbio (na medida em que um detentor de *bitcoins* procure convertê-los em alguma moeda fiduciária ou mesmo em outra *criptomoeda*).

Por outro lado, se o *criptoativo* (hoje denominado comumente *criptomoeda*) é emitido não com a função de meio de pagamento, mas sim como um título de participação, a esfera regulatória será outra. Dependendo do tipo de título emitido o *criptoativo* poderá estar sujeito, por exemplo, ao regulamento correspondente da Comissão de Valores Mobiliários. É nesse sentido que muitas jurisdições se preocuparam em regular (ou mesmo impedir, banir – como no caso da China) os chamados *ICOs*. Os Estados que não declararam a total ilegalidade desta operação acabaram por limitar sua possibilidade de forma a serem aceitos como legais apenas os *ICOs* (e as transações daí decorrentes) realizados por empresas dotadas dos mesmos requisitos de funcionamento que as Comissões de Valores Mobiliários impõem às corretoras de valores regulares em cada Estado.

A jurisprudência analisada em tópico específico nos mostra que há variadas tentativas de regulação por diferentes órgãos regulatórios ao redor do mundo, sem que, no entanto, seja possível chegar a uma conclusão sobre a suficiência e adequação do regramento proposto. As decisões (sobretudo judiciais) acerca do assunto reforçam a ideia de um emaranhado de dúvidas cujas respostas parecem não coincidir a depender do regulador encarregado de fornecê-las. Os próprios magistrados procuram estabelecer parâmetros mínimos para lidar com o fenômeno, mas tal esforço parece muitas vezes excessivo e infelizmente pouco eficaz, dado o reduzido conhecimento dos diferentes tipos de *criptoativos*, da tecnologia subjacente aos mesmos e dos diversos objetivos perseguidos por cada um deles. Excelentes julgados nos ajudam a construir caminhos regulatórios, mas é sempre preciso delimitar o tipo de *critpoativo* que está sendo avaliado pelas diferentes Cortes, sob pena de consolidar a confusão semântica que dificulta uma regulação mais precisa.

Para além das dificuldades conceituais, evidenciadas tanto nas decisões jurisprudenciais como também nos esforços regulatórios iniciais, é preciso reconhecer que um fenômeno transfronteira não será facilmente regulamentado por órgãos específicos de um ou de outro Estado, por mais influente que seja, ainda que detentor de poderio econômico considerável. Os titulares de *criptoativos* parecem descobrir frestas e brechas legais nos diversos pontos do globo além de, por vezes, se aproveitarem da confusão terminológica e da simultaneidade de regulamentos distintos para procurar escapar à regulamentação oficial. Se em determinado Estado as transações com *criptomoedas* são proibidas, por exemplo, os detentores destas *criptomoedas* transferem suas *carteiras* para *exchanges* fora da jurisdição daquele Estado. Não é fácil, portanto, definir os contornos regulatórios nacionais de um fenômeno de alcance global, fundamentado em tecnologia que confere às suas transações velocidade muito maior do que as até hoje experimentadas.

Não por outro motivo vemos a preocupação crescente dos organismos internacionais com o conhecimento aprofundado do fenômeno e os estudos para avaliar uma possível regulação global, ainda que sob a forma de princípios gerais. Como vimos, o FMI tem devotado tempo e trabalho constantes na tentativa de oferecer respostas adequadas à linha regulatória a ser adotada pelos diversos países que se vêm às voltas com a questão. O debate tem permeado diferentes organizações internacionais, não se limitando apenas ao FMI. Recentemente, em Davos, um dos assuntos mais debatidos foi o das *criptomoedas* (ou *criptoativos*, para melhor estabelecermos o gênero), que têm causado inquietações e curiosidade crescente ao redor do globo.

Os estudos até agora desenvolvidos parecem apontar para a necessidade de se dar espaço para a evolução dos *criptoativos*, coibindo quaisquer atividades

5. CONCLUSÕES

ilícitas com sua utilização. A linha inicial da regulação parece ser a de se avaliar os atos praticados com os *criptoativos* de modo a verificar sua licitude, tendo por base a realização dos mesmos atos caso fossem praticados com a utilização de moedas fiduciárias: se não há ilicitude na prática do ato realizado com o emprego de moeda fiduciária, em princípio não há ilicitude no ato realizado com *criptoativos*.

Outro aspecto regulatório de âmbito internacional que parece nortear os princípios a serem adotados localmente diz respeito à identificação dos agentes que transacionam com *criptoativos*. Muito se questiona sobre a possibilidade de se atuar anonimamente nas negociações com *criptomoedas*, por exemplo, embora esse anonimato seja duvidoso, ao menos sob o ponto de vista tecnológico[219]. Mesmo assim, tendo em vista a preocupação com uma suposta possibilidade de anonimato nas transações envolvendo *criptomoedas*, o que poderia estimular atos de lavagem de dinheiro, financiamento de tráfico de drogas e armas, além do suporte financeiro a grupos terroristas, as organizações internacionais têm se manifestado no sentido de que os agentes locais procurem fazer incidir as normas de combate a tais ilícitos também sobre as transações envolvendo *criptomoedas*.

Dessa forma, muitos reguladores nacionais já têm estabelecido a obrigatoriedade, para as *exchanges*, de identificar os transmissores e receptores de *criptomoedas*, de modo a minimizar o efeito da "cortina" atrás da qual eventuais interessados no mau uso das *criptomoedas* procurem se esconder. Lembremo-nos que as transações ponto a ponto (*peer-to-peer*) valorizam a identificação

---

[219] O receio de que as pessoas que transacionam com *criptomoedas* não possam ser identificadas, o que justificaria a limitação de seu uso e mesmo seu banimento completo, assemelha-se, em parte, ao receio de que uma conta de e-mail ou de rede social possa ser anônima, no sentido de que seu titular pode ter criado um "perfil" falso para se cadastrar nestas plataformas. A evolução da Internet e seus aplicativos tem demonstrado, no entanto, que o anonimato não é algo tão simples como se imaginava, uma vez que a utilização da Internet não se dá de forma etérea, mas deixa "rastros" que podem ser seguidos até se chegar ao responsável por determinada postagem. O mesmo ocorre com os *criptoativos*. Embora não se negue a possibilidade de se escamotear a identidade nas transações com tais ativos, não há anonimato perfeito na rede, sendo possível tecnicamente seguir os passos dos negociadores até chegar à sua completa identificação. De certa forma esse anonimato fica mais reduzido num ambiente *peer-to-peer*, o que faz com que os adeptos do anonimato percam a vantagem de se evitar um intermediário, pois dele terão necessidade como "anteparo" para que suas atividades possam ter uma camada a mais de preservação do anonimato.

dos agentes (a confusão aqui diz respeito à identificação civil versus identificação tecnológica), não sendo difícil chegar à origem ou ao destino das transferências. A razão pela qual alguns preferem se utilizar das *exchanges* pode estar ligada ao fato de, em alguns países, estas não estarem ainda sob a vigilância regulatória local, permitindo que as transações por elas operacionalizadas ocorram num ambiente de suposto anonimato, o que estabelece um patamar a mais para uma eventual investigação policial. De todo modo, dado o caráter transfronteira dessas transações, resta evidente que apenas uma linha regulatória minimamente coordenada poderá evitar um número crescente de atos ilícitos envolvendo *criptomoedas*[220].

Os aspectos pontuais das transações com *criptomoedas* parecem já estar sendo adequadamente endereçados, com debates e sugestões de todos os pontos do globo, o que nos leva a crer que o instrumento pode ser burilado de forma a proporcionar meio de pagamento ágil e desburocratizado, com registro aberto a todos, o que supostamente poderá causar bons resultados num esforço de inclusão financeira das populações mais afastadas dos grandes centros. No entanto, é importante que as *criptomoedas* continuem a ser estudadas e testadas, na prática, pois se o uso das mesmas alcançar um patamar muito elevado (o que até hoje está longe de acontecer), será preciso promover uma forma de adaptação das mesmas ao sistema financeiro internacional, de modo a evitar que o volume de transações fora do sistema possa impactar as economias locais.

Essa incorporação dependerá da correta classificação das *criptomoedas* que, como já vimos, pretende abarcar diferentes institutos sob uma mesma denominação. Aos agentes regulatórios caberá aprofundar o esclarecimento da multiplicidade de institutos sob a aparência de um mesmo fenômeno, de modo a estabelecer patamares adequados a cada tipo de instrumento que se

---

[220] Esse esforço global tem apresentado bons resultados, embora haja ainda muito a fazer. O número de transações com *criptomoedas* destinadas à prática de atos ilícitos sofreu grande redução desde o surgimento do *bitcoin* até os dias de hoje. Inicialmente o *bitcoin* chegou a ser considerado de uso preferencial para a prática de delitos, pois se acreditava que (a) seus titulares seriam e permaneceriam anônimos e (b) não seria possível organizar parâmetros mínimos de regulação que coibisse tais atos. O tempo se encarregou de mostrar o grande erro de quem apostou numa forma rápida e fácil de praticar atos ilícitos sem qualquer penalidade.

quer regular. A tarefa não é simples, mas tem sido enfrentada com denodo ao redor do mundo.

Nos dez anos que se passaram desde o lançamento do *bitcoin* vimos um crescente esforço de regulação, iniciado nos países em que a "febre do *bitcoin*" foi mais aguda, chegando aos foros internacionais que, hoje, não só apresentam estudos alentados sobre o tema, como procuram estimular a utilização dessas *criptomoedas* de modo a melhor conhecê-las e delas tirar o maior proveito possível, evitando os percalços inerentes a qualquer novo instrumento, mas de forma mais expressiva quando se trata do mercado financeiro. Felizmente a comunidade internacional parece estar atenta e atuante no que se refere à formulação de linhas gerais básicas de estímulo, por um lado, e controle, por outro, do fenômeno que vem ganhando mais e mais adeptos ao redor do mundo.

5.3 Transformações nos modelos de governança e impactos sobre as soberanias nacionais quanto à emissão de moedas

O surgimento dos *criptoativos* e particularmente das *criptomoedas* parece evidenciar com mais vigor uma realidade que há muito já vinha se desenhando no cenário mundial: as transformações pelas quais passa o Estado e as novas formas de governança que se desenvolveram ao longo do tempo.

O Estado soberano, tal como reconhecido até meados do século XX, deixa de existir em sua inteireza para dar lugar a uma forma de governança que não o exclui, mas faz com que atue em coordenação com outros centros de decisão cuja importância cresceu particularmente a partir da visão neoliberal adotada pelo Banco Mundial na década de 1980, como já vimos.

A transformação do Estado e a adoção de uma governança mais afeita à colaboração de instituições da sociedade civil vinha se desenhando aos poucos, numa construção paulatina e de intenso debate entre os limites de atuação de cada integrante deste modelo gerencial que associa aspectos da vida pública e da vida privada.

Esta construção, no entanto, foi fortemente abalada com o advento de tecnologias que alteraram substancialmente os meios de comunicação, reduzindo o tempo entre ação e reação, entre fato e divulgação do fato (com eventuais

CRIPTOMOEDAS

nuances nem sempre desejadas), entre movimento do Estado e reação das chamadas organizações não governamentais e da sociedade civil como um todo. Uma discussão tópica sobre a alteração de determinada norma, que se mostrasse anacrônica, demandava tempo para elaboração de minutas e contraminutas, debates, avaliações, ajustes e finalmente chegada a um consenso para só então se tornar pública a modificação alcançada. Agora não mais. A revolução tecnológica demanda emprego de energia constante para que as formulações normativas acompanhem demandas sociais que se avolumam e se difundem cada vez com maior velocidade.

As modificações sociais, que inevitavelmente levaram a modificações legais, ocorrem normalmente com maior rapidez do que a resposta legislativa esperada. Exemplos de modificações nos costumes sociais ou empresariais cuja resposta chegou quando já estava em marcha uma nova modificação comportamental não são difíceis de encontrar. Se assim era antes da "revolução tecnológica", o advento da *Internet* imprimiu ainda maior discrepância entre o tempo social e o tempo normativo. Não é de se estranhar, portanto, que o Estado tenha dado espaço para uma "normatização concorrente" (ou suplementar, como já vimos) e que é elaborada de forma muito mais ágil e transparente.

As normas de conduta, as "políticas de privacidade", os "termos de uso" de inúmeras plataformas existentes na *Internet* são aceitas como regras válidas e adequadas não apenas por seus usuários mas também pelo Estado, quando chamado a atuar para dirimir questões entre particulares, exercendo o Poder Judiciário. Não há hoje qualquer dúvida de que a governança está modelada entre agentes públicos e privados, com benefícios para ambos. As dificuldades iniciais decorrentes da velocidade alcançada com a *Internet* parecem já ter sido superadas, de forma que não se concebe hoje um mundo sem uma comunicação quase imediata e sem fronteiras. O Estado, como único gestor das normas de conduta dentro de seus limites territoriais parece ter sido fundamente atingido pela revolução da comunicação instantânea.

A autoridade estatal tem sido desafiada em diversos campos, sendo questionadas a legitimidade dos representantes legais, a eficácia da forma de escolha dos governantes, entre outros pontos de enorme importância para a vida harmoniosa em comunidade. Um dos últimos desafios que se podia imaginar talvez fosse o que questiona a exclusividade do Estado na emissão e controle de sua moeda.

5. CONCLUSÕES

Embora a moeda não tenha sido inicialmente estatal, como vimos, a incorporação do poder de cunhar moedas de forma exclusiva nas mãos do Estado configurou um novo tempo nas finanças dos diversos países e no desenvolvimento de suas populações. A necessidade de integração dos sistemas monetários dos Estados, particularmente nos períodos pós-guerras, reforçou o que parecia ser um monopólio natural do Estado, sem possibilidade de qualquer concorrência por parte da iniciativa privada. Porém, num momento de questionamentos e rupturas, exatamente após o "estouro da bolha" dos *subprime* nos EUA, surge uma "moeda virtual" destinada a efetuar pagamentos, compra e venda, sem qualquer participação do Estado, sugerindo seu afastamento do campo financeiro, como que a desafiar um dos últimos pontos em que o Estado parecia exercer ainda maior soberania.

O desafio representado pelos *criptoativos*, e que está evidente na permanência e difusão do *bitcoin*, por exemplo, demanda do Estado e dos particulares envolvidos na governança global atual uma resposta ágil e abrangente, que ainda não se ofereceu em sua inteireza. Claro está que uma "moeda privada" afeta não apenas o Estado, em seu monopólio emissor, mas também os agentes privados, tais como bancos, instituições financeiras, bolsas de valores, empresas, negociantes maiores ou menores e, evidentemente, o cidadão comum. Este, em seu dia a dia, é bombardeado com informações sobre uma "nova moeda" que não sabe exatamente o que é e como funciona, mas que lhe é apresentada como algo vantajoso, moderno e ágil, em contraposição à moeda "velha", muito pesada e sujeita a travas estatais não desejadas.

Se é verdade que as *criptomoedas* ainda não atingiram um patamar de transações capaz de incomodar o sistema financeiro internacional (ou mesmo os sistemas financeiros nacionais), não é menos verdade que os anúncios sobre as vantagens e facilidades oferecidas pelas mesmas são constantemente apresentados aos cidadãos de toda parte do mundo. Hoje há anúncios de *exchanges* oferecendo venda e compra de *criptomoedas* em toda parte: nos estádios de futebol, nos ônibus, nas saídas do metrô, nas revistas semanais, nos jornais diários. *Bitcoin* já se tornou sinônimo de "moeda não estatal", de "moeda desburocratizada" e sem a sujeição às taxas e tributos incidentes sobre a moeda tradicional. A comunicação das "vantagens" das *criptomoedas* atinge o cidadão comum sem que este possa verificar a veracidade dessa verdadeira panaceia. Os riscos e dificuldades decorrentes do uso das *criptomoedas* dificilmente são

CRIPTOMOEDAS

apresentados ao público em geral. Tudo se passa como se uma solução ideal e sem máculas tivesse sido finalmente alcançada.

É inevitável que o Estado, em conjunto com os bancos privados, as instituições financeiras, as empresas e a sociedade civil como um todo se voltem com determinação para este fenômeno e interajam com entidades da comunidade internacional – de âmbito público ou privado – para buscar um consenso sobre a melhor forma de absorver a realidade das *criptomoedas* antes que esta se consolide sem qualquer organização, o que não é desejável.

A ideia de uma governança descentralizada das *criptomoedas* deve ser avaliada e cuidadosamente estudada, sendo necessária talvez uma nova governança adaptada à própria descentralização do *blockchain*. Essa reavaliação deve ser agilizada o mais possível, para que se evite a transferência do monopólio estatal na emissão da moeda para um monopólio particular de emissão das *criptomoedas*. Hoje corre-se o risco de se perder uma das características principais do fenômeno – a descentralização – em função da concentração dos pontos de validação nas mãos dos maiores detentores de capacidade energética e computacional do mundo. Ou seja, se não houver uma coordenação ágil e eficaz na conformação de uma nova governança global no que diz respeito às moedas tradicionais, aliadas às *criptomoedas*, com base na nova tecnologia, corremos o risco de nos ver às voltas numa economia que tem de um lado as moedas fiduciárias garantidas pelo Estado e, de outro, as *criptomoedas* impostas por atores econômicos ávidos por recuperar o investimento na "mineração" e coordenação dos novos meios de pagamento que podem oferecer vantagens importantíssimas, mas podem também levar a um colapso da conformação do Estado e da governança global tal como hoje a conhecemos, sem uma contrapartida à altura.

As modificações na governança global têm fornecido respostas importantes a problemas que atingem a toda a humanidade. Sem dúvida a forma como efetuamos nossas "trocas", o modo como financiamos nosso bem comum também são temas de relevância e que até hoje não pareciam tão debatidos em função talvez da inimaginável possibilidade de se criar um instrumento com as características tecnológicas da *criptomoeda*, subtraindo o poder do Estado no controle da moeda e das finanças públicas. Urge reforçar e dinamizar a governança global para que a descentralização das decisões pontuais não impeça uma comunicação ágil e apta a oferecer soluções ou orientações gerais, evitando assim uma profunda desconexão e fragmentação dos atores envolvidos.

Felizmente parece que a governança global está atenta e procura assumir sua responsabilidade no enfrentamento do problema. Não são poucos os debates e análises sobre o tema, congregando agentes públicos e privados ao redor do globo. Pouco a pouco o fenômeno parece começar a ser desvendado e vai se tornando menos assustador do que inicialmente parecia. Temos esperança de que as respostas virão a tempo e hora e que o novo fenômeno trará incentivos para uma melhoria na atuação do Estado e de seus parceiros em prol de uma governança ainda mais ágil e eficaz de um mundo em constante mutação e ávido por inovações capazes de contribuir para inclusão de tantos esquecidos e para a redução da vergonhosa desigualdade entre seres humanos que até hoje assola os rincões do globo.

Anexo I

Table 1. Characteristics of Currencies: A Comparison							
Feature	Bitcoin	USD (home currency)	Euro (foreign currency)	Commodity (bullion)	Commodity currency (coin)	Gold standard	U.S. Greenback Era (1861–78)
Economic demand factors							
Intrinsic value	None	None	None	Yes	Yes	None	None
Claim to issuers?	No	Yes	Yes	No	No	Yes	Yes
Legal tender	No	Yes	No (in the U.S.)	na	na	Mixed	Yes (no) to public note (private)
Used as a medium of exchange	Small, but rising especially in online retail	Yes	Limited (in the U.S.) possibly more for cross-border trade	Yes	Yes	Yes	Yes
Used as unit of account	No	Yes	No (in the U.S.)	Yes	Yes	Yes	Yes (all notes shared "dollar" unit)
Used as store of value	Yes, subject to very high exchange rate risk and sudden confidence shock	Yes, subject to inflation risk	Yes, subject to foreign exchange risk	Yes, subject to commodity price risk/cycle.	Yes, subject to dilution of quality (inflation/devaluation)	Yes, subject to devaluation risk	Yes, subject to inflation risk
Supply structures							
Monopoly/decentralized	Decentralized	Monopoly	Monopoly	Decentralized	Mixed	Mixed	Decentralized
Supply source	Private	Public	Foreign public	Private/public mining	Mixed	Mixed	Public and private
Supply quantity	Inflexible	Flexible	Flexible	Inflexible	Inflexible	Inflexible	Flexible
Supply rule	Computer program	Rule-based (inflation target)	Rule-based (inflation target)	Opportunity cost for mining	Tied to commodity in bullion	Tied to commodity by reserve ratio	Private note subject to reserve requirement.
Supply rule change (by issuers) possible?	Yes with agreement of majority miners	Yes	Yes	No	Quality of minted coins can be diluted.	Reserve ratio can be changed and economized	No for private banks.
Cost of production	High (electricity consumption for computation)	Low	Low	Very high (mining)	Medium	Low	Low
Macro-financial stability risks							
Risk of hyperinflation due to over-supply?	No for individual VCs	Possible (with policy mismanagement)	...	Limited	Possible (by diluting coin quality)	Possible (by ending convertibility)	Possible (if losing credibility to resume convertibility)
Risk of long-term hyperdeflation	High	Low	...	High	High	High	Low
Base money quantity changes to temporary shocks?	No (limited even with rule changes)	Yes	No (to US money demand shocks)	No	No	Somewhat (by changing reserve ratio subject to total holding of gold)	Yes
Can the issuer be lender of last resort with outside money?	No	Yes	Yes	No	No	Yes to some extent for credible issuer	Yes for public, harder for private (due to reserve requirement)

Anexo I

REFERÊNCIAS

ACUÑA, Gonzalo Arias e PULLAS, Andrés Sánchez **The digital currency challenge for the regulatory regime**. Revista Chilena de Derecho y Tecnologia, v. 5, n. 2, 2016 pp. 173-209

AGO, Roberto. **Lezioni di diritto Internazionale privato generale**. Giuffré, Milão, 1955.

AMMOUS, Saifedean Hisham. **Can Cryptocurrencies Fulfil the Functions of Money?** (2016). Columbia University, Center on Capitalism and Society, Working Paper No. 92, August 2016. – Acessível em https://ssrn.com/abstract=2832769

ARKELOF, George. **The Market for Lemmons: qualitative uncercanty and the market mechanism**. Quarterly Journal of Economics, vol. 84, p. 488 e ss., 1970

ASCARELLI, Tullio. **Studi Giuridici sulla moneta**. Milão, Giuffrè Editore, 1952.

ASCENSÃO, José de Oliveira. **E agora? Pesquisa do futuro próximo**. *in* Sociedade da informação: estudos jurídicos. Almedina, Coimbra, 1999.

ASENCIO, Pedro Alberto de Miguel. **Derecho privado de internet**. Civitas, Madrid, 2001.

BAER, Monica; CINTRA, Marcos A.M., STRACHAMN, Eduardo e TONETO Jr, Rudinei. **Os desafios à reorganização de um padrão monetário internacional**. Economia e Sociedade, p 82. Acessível:

https://periodicos.sbu.unicamp.br/ojs/index.php/ecos/article/view/8643209

BAHLKE, Conrad; GHEBREKRISTOS, Adam e GUHIN, Christopher. **Recent developments in the regulatory treatment of bitcoin**. Intelectual Property & Technology Law Journal, vol. 28, n. 1, 2016

BANCO CENTRAL DO BRASIL – **Estudos sobre regulação financeira**. Brasília, BCB, 2017 (org. BUSQUETS, Adriana Consoni e o.)

_____**Distributed ledger technical research in Central Bank of Brazil** Acessível: https://www.bcb.gov.br/acessoinformacao/legado?url=https:%2F%2Fwww.

bcb.gov.br%2Fhtms%2Fpublic%2Fmicrocredito%2FDistributedledger.asp%3Fidpai%3DORDALFA

_____Anais do I Fórum do Banco Central sobre Inclusão Financeira – 2009 Acessível:

https://www.bcb.gov.br/pre/microfinancas/anais_I_forum_inclusao_financeira%20ind d.pdf

BAPTISTA, Luiz Olavo. **Contratos internacionais**. Lex Magister, SP, 2011.

BAPTISTA, Luiz Olavo e RIOS, Aníbal Sierralta. **Aspectos juridicos del comercio internacional**. IDIRI, Edicion Principe, Peru, 1993.

BAPTISTA, Luiz Olavo. **Aspectos jurídicos das transferências eletrônicas de fundos**. Tese apresentada ao concurso para livre docente de Direito Internacional Privado do Departamento de Direito Internacional da Faculdade de Direito da Universidade de São Paulo. 28.03.1986

BAROSSI Filho, Milton e SZTAJN, Rachel. **Natureza jurídica da moeda e desafios da moeda virtual**. *In* RJLB, Ano I, 2015

BATIFFOL, Henri. **Les conflits de lois em matière de contrats: étude de droit international privé**. Sirey, Paris, 1938.

BIEGEL, Stuart. **Beyond our control? Confronting the limits of our legal system in the age of cyberspace**. MIT Press, Cambridge, 2001.

BORTOLOTTI, Fabio. **Diritto dei contratti internazionali. Manuale di diritto commerciale internazionale**. Pádua, 1997.

BÖHME, Rainer, CHRISTIN, Nicolas, EDELMAN, Benjamin e MOORE, Tyler. **Bitcoin: economics, technology and governance**. Journal of Economic Perspectives, vol. 29, n. 2, 2015- pp. 213-238

BROZ, J. Lawrence e FRIEDEN, Jeffry **The Political Economy of International Monetary Relations**, Annual Review of Political Science 4 (2001): 317-343.

BUCHANAN, James M. **The Limits of Liberty. Between Anarchy and Leviathan**. The University of Chicago Press, 1975

CAIAZZA **È sufficiente un sito Internet perché sussista uno stabilimento ai fini della determinazione della legge applicabile e della competenza giurisdizionale?** in DCSI, 1999.

CANET, Raphaël. 16 mars 2004. **Qu'est-ce que la gouvernance ?**. Conférences de la Chaire MCD. Acessível: http://www.chaire-cd.ca

CARBONE, Sergio M. **Principi dei contratti Internazionale e norme di origine Internazionale (com particolare riuardo al diritto uniforme)**. In Studi in onore di Gustavo Romanelli, Milão, 1997.

REFERÊNCIAS

CENTRO DE PESQUISAS DO PARLAMENTO EUROPEU. **Virtual currencies: challenges following their introduction**.. SCHEINER, Christian, 2017

CIAIAN, Pavel; RAJCANIOVA, Miroslava e KANCS, D'Artis. **The digital agenda of virtual currencies: Can bitcoin become a global currency?** Inf Syst E-Bus Manage (2016) 14:883–919 DOI 10.1007/s10257-016-0304-0 – creativecommons – sem alterações – publicado online em 02 de fevereiro de 2016.

CONGRESSIONAL RESEARCH SERVICE. **Bitcoin: questions, answers and analysis of legal issues** – acessível em www.crs.gov R43339

CORRÊA, Gustavo Testa. **Aspectos jurídicos da internet**. Saraiva, SP, 2000.

CORTE DE JUSTIÇA DA UNIÃO EUROPÉIA – **The exchange of traditional currencies for units of the 'bitcoin' virtual currency is exempt from VAT**. – Press

Release n.128/15 – 22 de outubro de 2015

COSTA, J. A. F.. **Proteção e Promoção do Investimento Estrangeiro no Mercosul – uma ferramenta para a implementação de um bom clima de investimentos?**.

Revista Brasileira de Política Internacional, v. 49, p. 60-77, 2006.

COSTA, J. A. F.. **Notas sobre o discurso da integração econômica**. Espaço Científico (ULBRA), Santarém, v. 5, n.1/2, p. 83-88, 2004.

DE LUCCA, Newton. **Aspectos atuais da proteção aos consumidores no âmbito dos contratos informáticos e telemáticos**. In Direito & internet – aspectos jurídicos relevantes – vol. II (DE LUCCA, N. e SIMÃO FILHO, A. org.) Quartier Latin, SP, 2008.

DE LUCCA, Newton. **Títulos e contratos eletrônicos**. in Direito & internet – aspectos jurídicos relevantes. (DE LUCCA, N. e SIMÃO FILHO, A. org.), Edipro, Bauru, 2000.

DE VECHIS, Pietro. **Moneta e carte valori: profili generali e diritto privato**. Enciclopedia Giuridica, Istituto della Enciclopedia Italiana, vol. XXIII, Istituto Poligrafico e Zecca dello Stato, Roma, 2007

Deutsch Bank Wealth Management **CIO insights reflections: cryptocurrencies and blockchain – their importance in the future** Deutsch Bank AG, Frankfurt, 2017

DI GIOVANNI. **Il contratto concluso mediante computer alla luce della Convenzione di Roma sulla legge applicabile alle obligazioni contrattuali del 19 giugno 1980**. In DCI, 1993.

DOLINGER, Jacob. **A evolução da ordem pública no direito internacional privado**. RJ, 1979.

_____**O direito monetário internacional**. Doutrinas Essenciais de

Direito Internacional | vol. 2 | p. 45 | Fev / 2012 DTR\2012\2378

DOWD, K *Laissez-faire* **banking**, Routledge, Londres, 1993.

ELIAS, Paulo Sá. **Alguns aspectos da informática e suas consequências no Direito.** Revista dos Tribunais nº 766, SP, 1999.

European Banking Authority **EBA opinion on 'virtual currencies',** EBA/Op/2014/08, 2014.

Financial Action Task Force **Virtual currencies: key definitions and potential risks** AML/CFT, 2014.

FINKELSTEIN, Maria Eugênia Reis. **Aspectos jurídicos do comércio eletrônico.** Tese de doutorado apresentada à FADUSP em 30 de maio de 2003 (defesa).

FOBE, Nicole J. **O bitcoin como moeda paralela – uma visão econômica e a multiplicidade de desdobramentos jurídicos** Dissertação de mestrado, FGV-Direito-SP, 2016

FORUM ECONÔMICO MUNDIAL **The future of financial infrastructure: an ambitious look at how blockchain can reshape financial services** – relatório de Agosto de 2016.

_____**Blockchain, cryptocurrencies and central banks: Opportunity or threat?** – NIEPELT, David – paper de outubro de 2016 – acessível em https://www.weforum.org/agenda/2016/10/blockchain-cryptocurrenciesand-central-banks-opportunity-or-threat

_____**Can fintech restore our trust in the financial system?** – CARY, Nicolas – paper de fevereiro de 2016 – acessível em https://www.weforum.org/agenda/2016/02/imagine-a-world-in-which-all-people-cantrust-each-other

_____**Joseph Stiglitz: Why we need new rules to tame globalization.** – Agosto de 2016 – acessível em https://www.weforum.org/agenda/2016/08/joseph-stiglitz-why--we-need-new-rules-totame-globalization-d7c8fc88-5ea4-4b6e-9540-01bc983274cd

FRANCO, Gustavo. **A moeda e a lei – uma história monetária brasileira "1933-2013"** Zahar, RJ, 2017

FRIEDMAN, M **A program for monetary stability**, Fordham University Press, New York, 1959.

FUNDO MONETÁRIO INTERNACIONAL **Virtual currencies and beyond: initial considerations**, Janeiro 2016 (IMF STAFF DISCUSSION NOTE)

GARCIA, Marco Aurélio Fernandes e OLIVEIRA, Jean Phelippe Ramos de **To bit or not to bit? – vires in numeris. Propostas de regulação do uso de criptomoedas em transações comerciais.** Acessível:

http://www.bidforum.com.br/PDI0006.aspx?pdiCntd=239802

GICO JUNIOR, Ivo Teixeira. **O documento eletrônico como meio de prova no Brasil.** *in* Novas fronteiras do direito na informática e na telemática (BAPTISTA, Luiz Olavo – coord), Saraiva, SP, 2001.

REFERÊNCIAS

GOMES, Orlando. **Contratos.** Forense, RJ, 1997.

_____**Obrigações.** Forense, RJ, 1997.

GRECO, Marco Aurélio. **Estabelecimento tributário e sites na internet** *In* Direito & internet – aspectos jurídicos relevantes. (DE LUCCA, N. e SIMÃO FILHO, A. org.), Edipro, Bauru, 2000.

HAYEK, F. **Denationalisation of money,** Institute of Economic Affairs, Londres, 1976.

HSIEH, Ying-Ying; VERGNE, Jean-Philippe e WANG, Sha, **The Internal and External Governance of Blockchain-Based Organizations: Evidence from Cryptocurrencies** (May 11, 2017). Campbell-Verduyn M (ed.). Acessível: https://ssrn.com/abstract=2966973

HUCK, Hermes Marcelo. **Contratos com o Estado: aspectos de direito internacional.** Aquarela, SP, 1989.

IANSITI, Marco e LAKHANI, Karim R. – **A verdade sobre a blockchain** *in* Harvard Business Review Brasil, abril 2017

International Finance Corporation (IFC), do Banco Mundial: **Blockchain: Opportunities for private enterprises in emerging markets** IFC, Washington, USA, 2017

IPPOLITO, Fulvio Sarzana Di S. **I contratti di internet e del commercio elettronico.**

Giuffré, Milão, 2001.

IWAMURA, Mitsuru; KITAMURA, Yukinobu; MATSUMOTO, Tsutomu e SAITO, Kenji. **Can We Stabilize the Price of a Cryptocurrency?: Understanding the Design of Bitcoin and Its Potential to Compete with Central Bank Money** (October 25, 2014) Acessível: https://ssrn.com/abstract=2519367

JEONG, Sarah, **The Bitcoin Protocol as Law, and the Politics of a Stateless Currency,** 2013. Acessível: https://ssrn.com/abstract=2294124

KEVIN V.Tu e MEREDITH, Michael W. **Rethinking virtual currency regulation in the bitcoin age** – Washington Law Review, vol. 90, 2015 – pp. 271-347. Acessível: https://ssrn.com/abstract=2485550

KEYNES, John Maynard. **A treatsy on Money.** Londres, McMillan and Co., 1950

_____**Teoria Geral do Emprego, do Juro e da Moeda.** Relógio D'Água, Lisboa, 2007.

KINDLEBERGER, Charles P.; ALIBER, Robert Z. **Manias, panics, and crashes: a history of financial crises** John Wiley &Sons, Inc., Hoboken, New Jersey, 2005

KLEINEBERG, Kaj-Kolja e HELBING, Dirk. **A "social bitcoin" could sustain a democratic digital world,** Barcelona, 2016

KNIGHT, Will **China's Central Bank has begun cautiously testing a digital currency.** MIT Technology Review, 2017. Acessível:

CRIPTOMOEDAS

https://www.technologyreview.com/s/608088/chinas-central-bank-has-beguncautiously-testing-a-digital-currency/

LAFER, Celso. **A OMC e a regulamentação do comércio internacional: uma visão brasileira.** Livraria do Advogado, Porto Alegre, 1998.

LAGARDE, Christine. **Winds of change: the case for new digital currency** Singapore Fintech Festival, November 14, 2018 Acessível:

https://www.imf.org/en/News/Articles/2018/11/13/sp111418-winds-of-change-thecase-for-new-digital-currency

_____**Central Banking and Fintech – A Brave New World?** Acessível: http://www.imf.org/en/news/articles/2017/09/28/sp092917-central-bankingand-fintech-a-brave-new-world

LAGARDE, Paul. **Introduction a les contrats internationaux et la Convention de Rome Du 19 juin 1980.** In Rev ULB, 1994.

LALIVE, V. **Introduction au droit international privé.** v. I, 1988.

LALIVE, Pierre. **Cours general de droit international privé.** Recueil des Cours de l'Académie de Droit International de la Haye, Haia, v. 155, nº 2, 1977.

LE GOFF, Jacques. **Mercadores e banqueiros da idade média.** Martins Fontes, SP, 1991

LEISTER, Margareth Anne. **Estado de direito e comércio internacional.** *in* Direito do Comércio Internacional – Pragmática, diversidade e inovação (Estudos em homenagem ao Prof. Luiz Olavo Baptista), Juruá, Curitiba, 2005.

LEONARDI, Marcel. **Tutela e privacidade na internet** Saraiva, SP, 2012

LEVITIN, Adam J. **Safe banking: finance and democracy.** The University of Chicago Law Review. Acessível: http://www.jstor.org/stable/43741602

LITWACK, Seth. **Bitcoin: Currency of fool's gold? A comparative analysis of the legal classification of bitcoin.** Temple International & Comparative Law Journal, 2015

LORENZETTI, Ricardo Luis. **Contratos "eletrônicos".** *In* Direito & internet – aspectos jurídicos relevantes – vol. II (DE LUCCA, N. e SIMÃO FILHO, A. org.) Quartier Latin, SP, 2008.

LOYOLA, Gustavo. **Bitcoin: criptomoeda ou pseudomeda?** – publicado no Valor Online em 05.02.2018 Acessível: http://www.gsnoticias.com.br/noticia-detalhe/bitcoincriptomoeda-ou-pseudomoeda

MAGALHÃES, José Carlos de. **Breve análise sobre o direito aplicável a bens no Direito Internacional Privado Brasileiro: a caução das ações.** RDM, SP, v. 30, nº 82, 1991.

REFERÊNCIAS

_____O controle pelo Estado da atividade internacional das empresas priva-das. *in* Direito e comércio internacional – tendências e Perspectivas. Estudos em homenagem ao Prof. Irineu Strenger. (BAPTISTA, L.O., HUCK, H. M. e CASELLA, P.B – coord.), LTr, SP, 1994.

_____Arbitragem comercial. Freitas Bastos, RJ, 1986.

MANN, F. A. **The Legal Aspect of Money**. Fifth Edition – Clarendon Press – Oxford, 1992

MARIAN, Omri. Y. **A conceptual framework for the regulation of cryptocurrencies**. University of Chicago Law Review Dialogue 53 (2015). Acessível: https://papers.ssrn. com/sol3/papers.cfm?abstract_id=2509857

MARQUES, Garcia e MARTINS, Lourenço. **Direito da informática**. Almedina, Coimbra, 2000.

MARTINS, Guilherme Magalhães. **Formação dos contratos eletrônicos de consumo via internet.** Forense, RJ, 2003.

MARTINS, Pedro Baptista. **Da unidade do direito e da supremacia do direito internacional.** Forense, RJ, 1998.

MATIAS, Eduardo Felipe P. **OMC e soberania**. *In* Direito do Comércio Internacional – Pragmática, diversidade e inovação (Estudos em homenagem ao Prof. Luiz Olavo Baptista), Juruá, Curitiba, 2005.

MAYER, Thomas; DUESENBERRY, James S.; ALIBER, Robert B. **Moeda, Bancos e a Economia**. Editora Campus, RJ, 1993

McKINNON, Ronald I. **Rules of the Game: International Money in Historical Perspective.** Journal of Economic Literature, Vol. 31, No. 1 (Mar., 1993), pp. 1-44 publicado por American Economic Association

McLEAY, Michael; RADIA, Amar and THOMAS, Ryland. **Money creation in the modern economy**. Bank of England Quarterly Bulletin, vol. 54(1), 2014, p. 15. Acessível: www.bankofengland.co.uk

MENDES, Rodrigo Octávio Broglia. **A empresa em rede: a empresa virtual como mote para reflexão no Direito Comercial.** *in* Revista do Advogado nº 115, AASP, SP, 2012.

MINIUCI, Geraldo. **O direito e a cooperação internacional em matéria ambiental: a estrutura de um diálogo.** *In*: Nasser, Salem; Rei, Fernando. (Org.). Direito Internacional do Meio Ambiente. São Paulo: Atlas, 2006, v. , p. 31-50.

MONNET, Cyril **Private versus public money** International Economic Review, vol. 47 n. 3 – agosto 2016 – pp. 951-960. Acessível: www.jstor.org/stable/3877475

NASSER, Salem H. **Direito global em pedaços: Fragmentação, regimes e pluralismo** *in* Revista de Direito Internacional, UniCEUB, Brasília, vol. 12, nº 2, 2015

_____O que se diz e o que se cala: a governança entre a fuga do direito e a busca pelo controle Acessível:

http://periodicos.ufc.br/nomos/article/view/39812/95992

NEGER, Antonio Eduardo Ripari. **O ordenamento jurídico em face da realidade tecnológica**. *In* Novas fronteiras do direito na era digital. (FERREIRA, Ivete Senise e BAPTISTA, Luiz Olavo – coord.), Saraiva, SP, 2002.

NIFOROS, Marina, RAMACHANDRAN, Vijaya e REHERMANN, Thomas. **Blockchain – Opportunities for private enterprises in emerging markets**. International Finance Corporation (IFC) – World Bank Group, 2017 Acessível:

ifc.org/ThoughtLeadership

NUSDEO, Fabio. **Curso de Economia. Introdução ao Direito Econômico**. RT, SP, 2000

OST, François, KERCHOVE, Michel van de **De la pyramide au réseau? Pour une théorie dialectique du droit**. Bruxelles, Publications des Facultés universitaires Saint-Louis, 2002

PEREIRA, Joel Timóteo Ramos. **Direito da internet e comércio electrónico**. Quid Juris?, Lisboa, 2001.

PERUGINI, Maria Letizia e MAIOLI, Cesare. **Bitcoin: tra moneta virtuale e commodity financiaria**, Universidade de Bologna, 2014. Acessível: https://ssrn.com/abstract=2526207

PETTIFOR, Ann **The production of money – how to break the power of bankers** Verso, UK, 2017

PINTO, Nathália Regina. **A importância dos marcos regulatórios na prevenção à criminalidade econômica**. Dissertação de mestrado USP, 2016.

PONSFORD, Matthew P. **A comparative analysis of bitcoin and other decentralized virtual currencies: Legal regulation in the People's Republic of China, Canada, and The United States**. *in* Hong Kong Journal of Legal Studies – Hong Kong, vol. 9, 2015 – pp. 29-50

PROCTER, Charles. **Mann on the legal aspect of money**. Oxford University Press, 2012

RATTI, Bruno. **Comércio internacional e câmbio**. Aduaneiras, SP, 1994.

REYES, Carla L. **Conceptualizing cryptolaw**. – Nebraska Law Review, 96, 2017.

RIGO, Ariádne Scalfoni. **Moedas sociais e bancos comunitários no Brasil: aplicações e implicações, teóricas e práticas** Tese de Doutorado apresentada à Escola de Administração da Universidade Federal da Bahia em fevereiro de 2014 Acessível:

https://repositorio.ufba.br/ri/bitstream/ri/23908/1/ARI%C3%81DNE%20SCALFONI.pdf

REFERÊNCIAS

ROSENN, Keith S. **Law and inflation** University of Pennsylvania Press – Philadelphia, 1982

SADDI, Jairo. **Crise e regulação bancária – navegando mares revoltos.** Textonovo, SP, 2001

SCHAPIRA, Jean. **Le droit international des affaires.** Presses Universitaires de France, Paris, 1972.

SCHAPIRA, Jean. **Direito comunitário das actividades econômicas.** Resjuridica, Porto, 1991

SCHWARTZ, Gilson **Moedas sociais reinventam a definição de valor.** Entrevista à Rádio USP/Jornal da USP em 15 de maio de 2017

SIQUEIROS, José Luis. **Ley aplicable en materia de contartación internacional.** *In* Direito e comércio internacional – tendências e Perspectivas. Estudos em homenagem ao Prof. Irineu Strenger. (BAPTISTA, L.O., HUCK, H. M. e CASELLA, P.B – coord.), LTr, SP, 1994.

SKINNER, Quentin **A genealogy of the Modern State.** Acessível :

http://www.his.ncku.edu.tw/chinese/attachments/article/291/8Quentin_Skinner_A_Ge nealogy_of_the_Modern_State_.pdf

SOUZA, Henrique Pavan Beiro de; FERNÁNDEZ, Ramón Vicente Garcia. **Moedas sociais e desenvolvimento: uma discussão teórica.** Acessível:

https://socialcurrency.sciencesconf.org/conference/socialcurrency/pages/MOEDAS_ SOCIAIS_E_DESENVOLVIMENTO_PAVAN.pdf

TAYLO, PS. **KILL BILLS? NOT LIKELY.** Canadian Business. 88, 1, 29, Jan. 2015.

ISSN:00083100. Acessível:

http://searchebscohostcom.ez67.periodicos.capes.gov.br/login.aspx?direct=true&Auth Type=ip,shib,sso,uid&db=bth&AN=99941588&lang=ptbr&site=edslive&scope=site

THE LAW LIBRARY OF CONGRESS. **Regulation of bitcoins in selected jurisdictions.** Global legal research directorate staff – janeiro de 2014. Acessível: www.law.gov

TSUKERMAN, Misha. **The block is hot: a survey of the statute of bitcoin regulation and suggestions for the future.** Berkley Technology Law Journal, vol. 30: 385, 2015 – pp. 1127-1170.

VANDEZANDE, Niels. **Between bitcoins and mobile payments: will the European Commission's new proposal provide more legal certainty?** International Journal of Law and Information Technology, 2014, 22, 295-310. Acessível: https://www.resear-chgate.net/publication/274163745_Between_Bitcoins_and_mobile_payments_will_ the_European_Commission's_new_proposal_provide_more_legal_certainty

VEIGA DA ROCHA, Jean-Paul. **Moeda, direito e sociedade: regulação financeira e Constituição**. Revista da Escola de Magistratura Regional Federal, v. 1, p. 353-388, 2010

_____**Os incríveis poderes normativos do Conselho Monetário Nacional e do Banco Central: o caso paradigmático do vácuo regulatório (STF, RE nº 286.963-5/ MG)**. Revista de Direito Público da Economia, v. 48, p. 107-130, 2014

_____**Direito e moeda no debate constitucional**. *In*: Carlos Ari Sundfeld; André Rosilho. (Org.). Direito da regulação e políticas públicas. 1ed.São Paulo: Malheiros, 2014, v. , p. 240-255

WALD, Arnoldo. **Algumas aplicações da *lex mercatoria* aos contratos internacionais realizados com empresas brasileiras**. *in* Direito e comércio internacional – tendências e Perspectivas. Estudos em homenagem ao Prof. Irineu Strenger. (BAPTISTA, L.O., HUCK, H. M. e CASELLA, P.B – coord.), LTr, SP, 1994.

WOODFORD, M. **Interest and prices: foundations of a theory of monetary policy**. Princeton University Press, Princeton, 2013.

World Economic Forum **Realizing the potential of blockchain: a multistakeholder approach to the stweardship of blockchain and cryptocurrencies**

Colony/Geneva -Suíça, 2017 Acessível: www.weforum.org

YERMACK, D. **Is Bitcoin a real currency? An economic appraisal**, NBER Working

Paper No. 19747, 2013. Acessivel: http://www.nber.org/papers/w19747

Yily Zhang, **The Incompatibility of Bitcoin's Strong Decentralization Ideology and Its Growth as a Scalable Currency**, 11 N.Y.U. J.L. & Liberty 556, 599 (2017)

Artigos de revista, jornais, páginas eletrônicas, conferências e portais

FOLHA DE SÃO PAULO, 04 de julho de 2016: **Com crise e inflação, Buenos Aires lidera em bitcoin na América Latina. Instabilidade monetária e restrições à compra de dólar impulsionam uso de moeda virtual.** (Caderno TEC, p. A20)
_____Sobre pagamento de taxis com criptomoedas https://www1.folha.uol.com.br/tec/2016/02/1739004-taxistas-de-budapeste-passama-aceitar-bitcoin-como-forma--de-pagamento.shtml

Revista Super Interessante, **Bitcoin: a maior febre da história do dinheiro**. Edição 384, janeiro de 2018, Ed. Abril.

Edição especial do Guia Mundo em Foco especial atualidades. **O dinheiro do futuro?** Ed. 2, Ano 1, On Line Editora, 2017,

Harvard Business Review Brasil. **A verdade sobre a Blockchain**, Abril de 2017, pp. 72/81.

REFERÊNCIAS

https://ec.europa.eu/digital-single-market/news/blockchain-and-digital-curren-ciesworkshop – Conferência da Comissão Europeia sobre moedas virtuais realizada em abril de 2015.

http://ecoredesocial.com.br/2015/06/extrativistas-de-canavieiras-criam-moeda-sociale--mudam-realidade-da-comunidade/

- reportagem sobre moedas sociais – **Extrativistas de Canavieiras criam moeda social e mudam realidade da comunidade**

http://coinmap.org – portal atualizável sobre estabelecimentos ao redor do mundo que aceitam pagamentos em criptomoedas

JPMorgan CEO Jamie Dimon says bitcoin is a 'fraud' that will eventually blow up" Acessível: https://www.cnbc.com/2017/09/12/jpmorgan-ceo-jamie-dimon-raises--flagon-trading-revenue-sees-20-percent-fall-for-the-third-quarter.html?utm_sour ce=MIT+Technology+Review&utm_campaign=134961918d-The_Download&utm_ medium=email&utm_term=0_997ed6f472-134961918d-153875273

https://www.reuters.com/article/us-crypto-currencies-bis/the-bigger-cryptocurren-ciesget-the-worse-they-perform-bis-idUSKBN1JD0QF – reportagem Reuters sobre desconfiança do BIS acerca do bitcoin

20 anos do Banco Palmas – Manifesto Acessível:

https://pt.scribd.com/document/369586788/Manifesto-20-Anos-Banco-Palmas#download&from_embed

Filmes

TRABALHO INTERNO. *(Inside Job)* Direção: Charles Ferguson. Produção: Audrey Marrs. Entrevistados: Paul Volker; George Soros; Eliot Spitzer; Barney Frank, Christine La-garde, entre outros. Narração: Matt Damon. 2010 Sony Pictures Classics Inc. Trailer: <www.insidejobfilm.com>